골프 표준참고서 (1권 퍼팅 요령)
Golf, Standard Practice Pt. 1 HOW TO PUTT

저자 최원규

특기(Remarks)

☆ 골프는 알면 알수록 '왜?'라는 질문이 쌓이는데, 이 책은 그 모든 것을 파헤쳐 놓아서 접해보지 않았던 내용과 어려운 설명이 많습니다.

제목(Title)에 이미 핵심의 50%가 포함되어 있습니다. 먼저 제목과 그림 및 표에 집중하고, 책 내용 전부를 알고 이해하려 할 필요는 없으며, 내용 중에 어려운 '심화' 사항은 과감하게 Skip과 Pass를 하면 될 것입니다.

쉬운 것만 찾다가 골프를 영영 못 치고 궁금증만 쌓을 것인지, 이 책을 보고 전체(거시적) 식견을 얻을 것인지는 선택입니다.

☆ 이 책은 골프를 인체 신경 및 근육학, 역학(동역학, 재료역학, etc), 수학(기하, 확률)을 이용하여 분석한 내용들로 기술되어 있습니다. 두리뭉실한 내용은 최대한 배제되었습니다.

☆ 이 책에 있는 많은 수치는 대략적인 근삿값들로써, 이해를 돕고자 사용된 것입니다. 골프는 신경과 신체 근력, 그리고 실력, 스윙과 장비 사양이 상대적으로 달라서, 골퍼마다 결과도 조금 상대적입니다.

☆ 이 책은 오른손잡이 골퍼를 기준으로 설명되어 있습니다.

☆ 전체 5권으로 구성되어 있으며, 3권에 전권의 서문과 에필로그가 있습니다.

☆ 퍼팅은 신경을 거스르는 동작과 습관이 대부분입니다. 그래서 귀찮고 짜증 나는 과정을 거쳐야 하며, 요령 하나하나를 습득하는 데 생각보다 훨씬 긴 시간(약 3개월)이 소요됩니다. 조급한 마음으로는 해결되지 않으니, 여유를 가지고 접근하세요.

목차

서문	4

1장 퍼팅 똑바로 보내기   9
    1절 퍼터 드는 근육 vs 스트로크하는 근육 분리 사용   11
    2절 어깨 펴는 자세와 오른 아래 승모근 끄는 다운스트로크   24
    3절 퍼팅에서 손·손가락 감각 죽이기   41
    4절 Feedback 반응 제어 – 템포 맞추기   52
    5절 다운스트로크, 상완 삼두박근 수축   69
    6절 퍼팅 방향성 영점 잡기와 영점 보정   76
    7절 퍼팅 볼의 구름 (Roll 생성 타격)   91
    8절 퍼팅 핸드포워드 (Option)   109
    9절 퍼팅 방향성 확률   115

2장 퍼팅 읽기와 맞추기   127
    1절 중요도   128
    2절 퍼팅 거리 읽고 거리 맞추기   135
    3절 퍼팅 Break 읽기   190
    4절 퍼팅 방향성   226
    5절 실전 퍼팅 Data   245
    6절 퍼팅을 못 하는 방법   257

서문

퍼팅은 요령이다.

만약 요령을 모르면 10년, 20년 연습해도 제자리걸음을 할 것이다. 퍼팅 실력향상을 위하여 이 책에 기술된 요령을 하나씩 터득해가는 것은 큰 즐거움이 될 것이다.

똑바로 치는 요령
- (고정)
- 드는 근육 vs 스트로크 근육 분리 사용
- 어깨 펴기 & 오른 아래 승모근 끌기
- 손·손가락 감각 죽이기
- Feedback 반응 제어 – 템포 맞추기
- 다운스트로크 상완 삼두박근 수축
- (Roll)

거리 읽는 요령

세기 맞추는 요령

Break 읽는 요령

퍼팅 스트로크는 샷의 스윙 동작과 비교해서 95% 정도 다른 영역이다. 같은 또는 유사한 것이라는 선입견이 있다면 과감하게 버릴 것을 먼저 추천한다.

퍼팅 동작을 몸이 습득하는 데는 생각보다 아주 긴 시간(많은 시간보다는 긴 시간)이 소요된다. 주말골퍼 기준으로, 한 가지 요령의 근육 움직임 동작을 습득하는 데는 3개월 정도가 걸리고, 자연스럽게 그 동작이 구현되어 정착에 필요한 시일은 추가로 3개월 정도가 걸릴 것이다.
- 퍼팅 동작 습득에 긴 시간이 필요한 이유로, 첫째는 일상생활에 최적화되어 있는 상체 근육·신경 작동에 반하는 움직임이 있어야 하는 것이 퍼팅 스트로크이기 때문이며, 둘째로는 아주 작은 힘이 사용되면서 정교함을 요구하기 때문이다.
- 퍼팅 스트로크 요령을 쉽게 깨닫지 못하는 이유로 첫째는 하루 이틀, 한두 시간에 (심지어는 10분 만에 된다, 안 된다는 식으로) 답을 찾으려 했기 때문이고, 둘째는 뭐 하나만 바꾸면 잘 될 것이라는 마음을 갖기 때문이며, 셋째는 요령을 명확히 알려주는 안내자(안내서)가 없었기 때문이다.

책에 설명된 퍼팅 똑바로 보내는 스트로크 방법들은 대부분 의외성이 있는데, 방증으로 그동안 똑바로 보내려 그렇게 애썼던 것이 통하지 않았던 결과로써 가늠할 수 있을 것이다.

그린 위에서 퍼팅 거리와 세기, 그리고 Break을 읽는 것에는 여러 함정 요소가 있다. 그 함정 형태는 **첫째**로 뇌가 스스로 만든 무의식적 착각들이고, **둘째**로 반복되는 외부의 혼란스러운 이야기들에 의한 오판 때문이다.

퍼팅 거리를 읽고, 세기를 맞추고, Break을 읽고, 목표 방향을 정하는 것은 대부분 요령을 알면 해결된다.

본서 1장에서 '퍼팅 똑바로 보내기'에 대한 요령을 설명한다. 그리고 *2장에서는* 그 외 '퍼팅 읽기와 맞추기'의 요령을 설명한다. 두 장의 중요도 비율은 대략 '50 vs 50'이다.

퍼팅 이론에 필요한 사항은, 근육 움직임과 신경 작용(시차), 기하학과 확률(그린 분석과 움직임, 선택), 물리학(볼의 진행) 3가지를 기본으로 하고 있음을 미리 밝혀둔다.

경험상 실력별 평균 퍼팅 개수는 대략 다음과 같다.
  초보 --- 42±3
  100타 --- 39±3
  90타 --- 36±3
  80타 --- 33±3
  프로 --- 31±3
  * 단, 롱게임 대 쇼트게임 실력 및 그린 조건에 따라 차이 발생

경험상 OK 거리(0.8~0.9m, 3ft 안쪽)를 제외한 실력별 퍼팅 Hole In 개수는 대략 다음과 같다.
  초보 --- 2±2 (OK 16회)
  100타 --- 4±2 (OK 14회)
  90타 --- 6±2 (OK 12회)
  80타 --- 9±2 (OK 9회)
  * 컨시드 거리는 누구나 거의 넣을 수 있는 것으로써 실제 퍼팅 개수에는 별 의미가 없다고 생각하면 된다. 보통 OK 거리를 뺀 실제 의미 있는 퍼팅 개수는 대략 21회(상급)~29회(하급) 정도를 차지한다.

이 퍼팅 요령 참고서는 37개 정도인 일반 골퍼의 필드 라운드 평균 퍼팅 수를 32개 정도로, 평균 기준 5타 정도를 줄여주는 요령을 담았다. 자신의 평균 퍼팅 수가 31개 안쪽이라면, 이미 퍼팅

Logic이 잡혀있다고 볼 수 있으므로 굳이 이 책을 볼 필요가 없음을 밝혀둔다.

지금까지 오래도록 쉬운 것에서 답을 찾아왔는데, 못 찾았다면 찾아왔던 곳에는 답이 없는 것이다. 이 책은 어렵게 보일 뿐, 쉽다. 쉽다고 최면을 걸면 답이 쉽게 보일 것이다.
쇼트게임, 특히 퍼팅은 농부의 수확에 해당한다. 정성 들여 가꾼 농작물을 소중히 잘 거둬들이듯, 퍼팅은 맞는 방식을 찾아서 정성을 들여 그린을 읽고, 결정하고, 자세를 잡아 스트로크해야 한다.

이 책의 내용이 골퍼들에게 사랑받게 된다면, 독자의 퍼팅 실력은 만족할 만한 성장을 하게 될 것이고, 일반 골퍼들의 평균 퍼팅 실력은 훗날 적은 노력에도 의미 있는 향상이 있게 될 것이다.
골프에서 가장 큰 스트레스는 퍼팅이 안 될 때 받는데, 향상된 퍼팅 실력은 스트레스를 희열로 바꾸어줄 것이다.

2024년 3월
최원규(W.G.Choi)

시행착오

가끔 엉뚱한 상상, 엉뚱한 착각을 한다.
간단한 데도 참 많은 착각을 일으키는 것들이 있는데,
단연 골프 Tip(훈수)일 것이다.

일반 시행착오는 결론에라도 도달하는데,
골프는 평생 모른다는 것도 모르고 클럽을 놓게 된다.

'퍼팅의 50%는 똑바로 보내는 능력'

퍼팅 똑바로 보내기
(어떻게 스트로크할 것인가?)

퍼팅 실력은 좀처럼 빨리 늘지 않는다.
Break 읽기, 거리 읽고 세기 맞추기는 연습량으로 어느 정도 극복되는데, 똑바로 보내는 것은 연습량으로 쉽게 극복되지 않는 특성이 있다.

좌우 경사도 없는 짧은 거리 퍼팅에서, 볼을 쳐 보내서 Hole In 하지 못하는 이유는 무엇일까?
    어깨(등)로 스트로크를 안 해서?
    손목을 꺾어서? (손목이 꺾여서?)
    퍼팅그립을 잘 못 잡아서?
    에이밍(조준) 또는 Setup이 틀려서?
    연습이 부족해서?

교습내용, 그리고 이론에 설명된 것들을 다 찾아보고, 해 보았는데 그런데도 짧은 직선거리 퍼팅마저 성공하지 못한다면, 똑바로 치기 위한 해답은 무엇일까?
〈답〉
1. 퍼터를 드는 근육과 퍼팅 스트로크하는 근육을 분리 사용 〈--- 흔들림 완화
2. 어깨 펴고, 오른 아래 승모근으로 끄는 다운스트로크 〈--- 아크 직선화
3. 손 & 손가락 감각 죽이기 〈--- 반사신경 없애고 신경 반응 줄이기
4. 템포 맞추기 〈--- Feedback 신경에 대한 타이밍 맞추기
5. 다운스트로크, 상완 삼두박근에 폄 수축 주기 〈--- 페이스면 펴기

그리고 참조해야 할 것들은 다음과 같다.
A. 영점 조정 방법

B. Roll 이해
C. 핸드포워드 득실
D. 퍼팅 성공할 확률 현상 파악

Remarks

#1. 퍼팅 똑바로 보내는 것은 방법을 모르면 아무리 많은 퍼팅연습을 한다고 해도 소용이 없다. 구력이 오래된 (10년, 20년 된) 주위 동반자를 보면 이해될 것이다.

#2. *"임팩트 구역에서 퍼터 페이스를 똑바로 해라."* 라고 아무리 외쳐봐야 아무 도움 안 되는 이야기다. 다 하고 싶지만, 안 돼서 (몰라서) 못하는 것이다. 되는 방법을 하나라도 일러주어야 도움이 되는 것이다.

#3. 전혀 똑바로 치지 못하는 골퍼가, 한 가지 핵심 방법을 적용한다면, 결과는 겨우 1%~5% 정도 향상된다. 적용 전후 변화가 거의 구별되지 않을 수도 있다. 기대(희망) 값과 확률적으로 실제 향상되는 값에는 큰 차이가 있다. 그런데도 대다수 일반 골퍼는 어떤 한 가지 방법을 잘 적용하면 획기적인 효과가 있을 것이라는 착각 속에서 이리저리 좋다는 방법을 찾고 있는 것이 현실이다.

#4. *"이렇게 하라, 저렇게 하라." "이것이 좋다, 저것이 좋다."* 라고 참 많은 퍼팅 방법이 제시되고 *"OOO 하지 마라, OOO 하면 안 된다."* 라는 금지 말도 많다. 정작 문제는 그 말들의 옳고 그름을 판가름할 근거와 지식이 부족하다는 것이다.

#5. 1,000시간을 퍼팅연습했는데, 도움이 안 되는 헛연습을 했다면, 노력 대비 손실이 이만저만한 것이 아니다. 연습에 앞서 맞는 요령을 찾는 것이 무엇보다 중요하다고 하겠다.

#6. *1절~5절의 내용*을 종합하여 한줄로 요약하면, *"퍼팅 스트로크는 오른손 아래 손바닥 살과 소지(5th)& 약지(4th) 첫마디 부위로 볼을 쓰다듬어 올리는 동작이다."*

1.1 퍼터 드는 근육 vs 스트로크하는 근육 분리 사용
(흔들리지 않는 백스트로크 만들기)

스트로크 궤도와 페이스 각의 제어를 설명하는 것은 나중으로 하고, 먼저 퍼터 헤드가 흔들리면서 스트로크 되는 것에 대하여 원인과 방지법을 살펴본다.
헤드의 흔들림은 퍼팅 세기, 페이스 각, 스트로크 궤도의 제어에 악영향을 미치는데. 이것은 타점, 방향, 거리 편차를 발생시키는 요인으로 작용한다.

팔 근육의 움직임에서 자동으로 연동되는 것이 있다.
팔꿈치 & 손목을 **위로 굽히는** 근육과 **아래로 펴는** 근육의 수축에 따라 손목이 돌아가는 연동 현상이 있다.

퍼팅에서 '고정'이라는 말이 많이 사용되는데, 초보 단계 내용으로써 먼저 간략하게 이해하고 헤드 흔들림을 방지하기 위한 전완 근육의 연동 현상 방지 요령을 살펴본다.

1) 고정
(본 항은 초보 단계를 위한 내용이다. 구력이 10년 이상 된 골퍼는 Skip)

퍼팅 동작에서는 3개의 고정이 필요하다. 이들이 고정되지 않으면 퍼터 헤드가 이들의 움직임에 연동되어 흔들리는 스트로크가 진행되게 된다.

하체 고정		헤드업 하지 않기	
축 고정		손목 고정	상급자 손목 변형
어깨 Level 고정		어깨 & 팔 모양 유지	상급자 팔 변형

a) 3개 고정

① 하체 고정 : 무릎, 골반(엉덩이)이 전후방, 앞뒤로 움직이면 퍼터 헤드가 흔들린다.

② 축 고정 : 척추 축이 전후방, 앞뒤로 이동되면 퍼터 헤드가 흔들린다.
  단, 다운스트로크~임팩트~폴로스루 스트로크에서 척추 축이 후방으로 기울어지는 것은 악영향이 아니고 긍정 요소가 될 수 있다. **실제 다운스트로크에서 어깨 회전 중심점은 척추가 아니고 우측 쇄골 5cm정도에 형성된다.**
  * 셋업~어드레스에서 복부를 뒤로 1cm 당겨 복근에 해당 Tension이 들어가게 하면 척추 축 고정이 수월하다.

③ 어깨 Level 고정 : 어깨가 상하로 들썩이면 퍼터 헤드가 상하로 흔들린다.

Remarks
#1. 이들 3개의 고정에 관한 이야기는 퍼팅 초보 시절의 내용이다.
  이것이 어느 수준에 도달하려면 1~3년 정도 걸린다고 예상해야 한다. 비유하자면 수학의 덧셈과 뺄셈을 습득하는 과정(기간)과 비슷하다.

#2. 하체를 흔들흔들하면서 리듬감 있게, 감각적으로 퍼팅하면서 세기와 페이스 면을 맞추면 좋겠다는 생각과 그렇게 할 수 있겠다는 생각을 가질 수 있지만, 그것은 인간 능력 밖의 일이다.
어느 정도 시행착오 과정 끝에 이들 고정이 필수 조건임을 깨닫게 된다.

#3. *"퍼팅, 하체를 견고하게 잡아라."* 라는 말은 초보 시절 3개의 고정을 빨리 습득하기 위한 것이다.
어느 정도 숙달된 단계에서 매우 강하게 하체 자세를 잡는 것은 득보다는 실이 많다. 의도적으로 하체를 매우 견고하게 하면, 상체 근육 경직도와 그립 악력이 세지게 되어 부드러운 스트로크(팔 동작)에 방해된다.

b) 기타 고정 또는 유지

그 외 고정에는 '헤드업 하지 않기', '손목 고정', '팔 모양 유지' 3가지가 더 있다.

④ 헤드업 하지 않기 : 임팩트 되기 전 어깨와 머리가 전방으로 향하는 (시각이 볼보다 선행하는) 심리적 또는 습관적인 동작이 불쑥불쑥 나타나는 것이다. 스트로크 전 어드레스 상태에서 마음 속으로 '머리 고정'이라고 되새기면 거의 해결된다.
가끔 '머리 고정'이라고 되새기는 것이 귀찮거나, 다른 상황에 직면하여 잊힌 상태에서는 마음이 앞서서 헤드업이 유발된다.

⑤ 손목 고정 : 다음 두 가지로 구성되어 있어서 이해하는데 혼동을 준다.
첫째로, 혹자가 이야기하는 *"손목을 고정하세요."* 라는 말은 중·하급자 단계(과정)에서 퍼터 헤드를 다운스트로크 하는 동력에 손목을 전방으로 꺾어서 만들려는 회전력을 사용하지 말라는 내용이다. 즉 등과 어깨의 동력으로 팔과 손 그리고 퍼터 헤드를 가속하라는 의미다.
만약 손목을 꺾는 전완 근력을 사용하면, 연동 현상으로 손의 로테이션이 함께 발생하는데, 퍼터 페이스 각이 바뀌게 된다. 문제는 인간이 그렇게 만들어지는 로테이션 양을 제어할 수 없다는 것이다.
둘째로, 중·상급 단계(수준) 내용으로, 스트로크 중 (엄밀히 백스트로크. 다운스트로크, 폴로스트로크 3가지로 구분하고, 백스트로크 및 다운스트로크에서, 특히 다운스트로크 임팩트 직전에) 어드레스에서의 손목 모양을 유지하라는 의미인데, 이것은 생각대로 쉽게 안 된다. 퍼터 헤드의 가속 관성력의 변화에 따라서 반사신경과 Feedback 신경이 의지와는 다르게 손목을 꺾고 돌려버리는 현상을 만들기 때문이다. *(3절과 4절에서 설명)*
* 상급자의 퍼팅에서는 보통 손목이 풀리는 다운스트로크를 하여 페이스가 덜 돌아가게(펴지

게) 한다. '손목 고정'이라는 주제는 본 1장의 전체 내용과 결부시켜 생각해야 하는데, 고정이 필요한 형태와 반대로 풀림이 이용되는 형태로 구분될 수 있기 때문이다.

⑥ 어깨 & 팔 모양 유지 : 혹자는 *"5각형(삼각형 또는 오각형, 육각형) 모양을 유지하며 스트로크 하라."* 라고 한다. 중·하급 퍼팅 실력까지는 팔 모양의 유지에 중점을 둔다.

그러나 상급의 퍼팅 실력이 되려면 모양이 변형되어야 한다. 상완 삼두박근(팔꿈치 폄 근육)을 수축시켜 팔꿈치를 조금 펴는 다운스트로크가 되어야 한다. *(5절에서 설명)*

* 오른 팔꿈치를 펴면서 다운스트로크 하는 골퍼는 최소한 중·상급 이상의 퍼팅 실력을 갖췄다고 인정해주어야 한다. 팔꿈치 모양을 그대로 하고 퍼팅하는 골퍼는 중·하급 퍼팅 실력 단계라고 유추할 수도 있다.

중계방송을 보면 거의 대다수 골프 선수는 임팩트 직전에 오른 팔꿈치를 조금 펴면서 다운스트로크를 하는 형태를 취한다.

위에서 언급된 고정(3 + 3가지)이라는 것들이 아무리 잘 되어 있어도, 퍼팅 스트로크에서 클럽 헤드가 흔들리는 이유가 하나 더 있는데, *다음 2) 항에서* 자세히 설명하는 퍼터를 드는 근육과 스트로크하는 근육의 상호 간섭 때문이다.

2) 퍼터를 드는 근육과 퍼팅 스트로크하는 근육의 분리 사용
(본 항은 퍼팅 스트로크 Level up의 필수 요소인데 간과되는 내용)

퍼터를 드는 근육은 그림과 같이 상완(위팔)과 전완(아래팔)의 앞면 부분에 있다.
반면, 스트로크하면서 등과 어깨의 회전력을 전달하는, 그리고 퍼터 헤드의 관성력을 버티는 근육은 상완과 전완의 안쪽 & 바깥쪽인 양 측면 부분에 있다.

핵심은 백스트로크에서 이들 두 근육을 분리 사용하여 서로 간섭이 발생하지 않도록 하는 것이다. 쇼트퍼팅을 잘 넣는 것에 있어서 첫 번째로 꼭 필요한 사항이다.

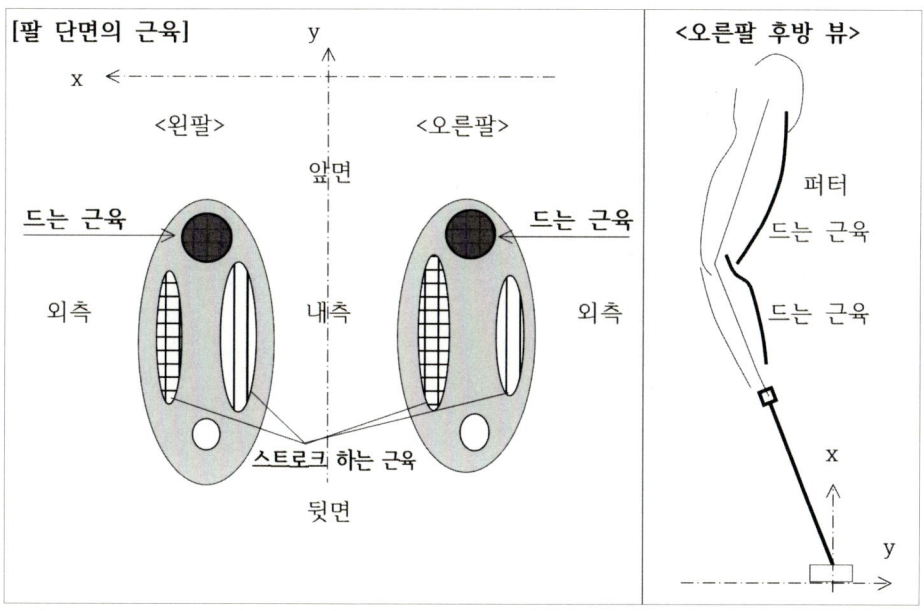

그림 1.1.1 퍼터를 드는 근육 팔 단면 (어드레스와 백스트로크)

만약 백스트로크 시작과 동시에 퍼터 드는 근육의 힘이 급변되면, 팔의 측면 근육들이 연동되는 반응을 해서 움직이게 되는 것이 손목/손/손가락 근육 신경 특성이다. 이것은 손동작의 정교함을 위한 인체 근육·신경계의 자동 연동 반응이라고 생각하면 된다.

드는 근육 힘의 변화로 인해서 의도하지 않은 손목 움직임이 생기고, 각각의 손가락 힘도 변하게 되는데, 이는 퍼터 헤드의 흔들림(좌우, 앞뒤, 상하, 회전)으로 나타난다.

이 현상을 최소화하는 방법은 스트로크 직전의 어드레스에서, 퍼터 헤드가 바닥에 놓인 상태에서 95%~99%의 퍼터 무게를 손목~전완~상완~어깨의 앞면 근육들을 사용하여 들고 서 있다가 스트로크를 시작하는 것이다. 1~5%의 헤드 무게만 지면(바닥)에 둔 상태이다.

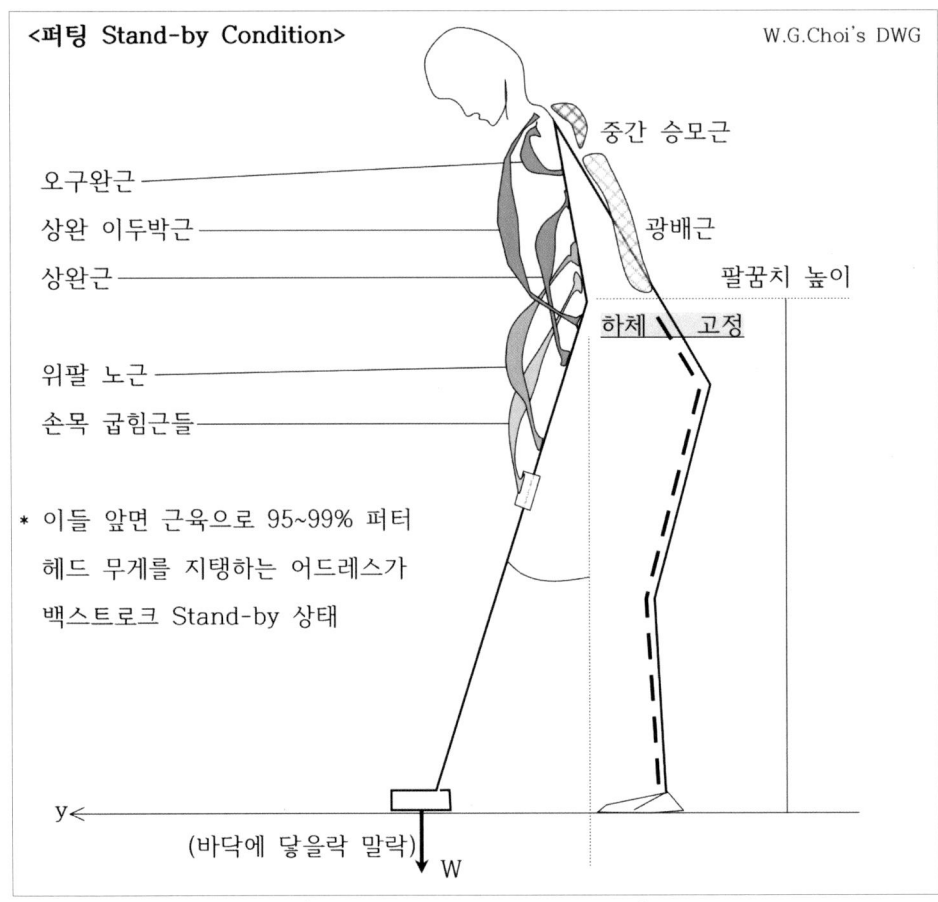

그림 1.1.2 퍼터를 들고 있는 근육(어드레스 자세 = Stand-by Condition)

이렇게 어드레스가 된 상태에서 스트로크하면, 이후 퍼터 헤드를 드는 근육의 힘 변화가 거의 제로가 되어서, 그 변화가 전후방으로 스트로크하는 측면 근육에 영향을 미치지 않아, 퍼터 헤드 흔들림을 줄어들게 하여 스트로크를 진행할 수 있게 된다.

Remarks
#1. 퍼터 헤드의 하방 무게는 변화가 없으므로, 백스트로크 진행 중에 퍼터를 들고 있는 팔 앞면 근육의 근력 변화도 거의 없다고 보면 된다.

단, 스트로크 중에 팔을 굽혀 퍼터를 급격히 들어 올리거나, 팔을 뻗어 낮게 내리면 근력 변화가 생긴다. 팔의 앞면 근력 변화가 최소화 되도록 하는 것이 관건이다.

#2. 바닥에 놓은 퍼터를 번쩍 들어 올리며 백스트로크를 시작해서는 흔들리지 않는 퍼팅을 할 수는 없다. 들어 올릴 때 사용된 근육 수축력의 편차만큼 퍼터 헤드가 흔들리며 스트로크 될 것이기 때문이다.

#3. 상당수 선수가 그립을 만지작거리며 스트로크 직전 퍼터 헤드를 살짝 *"들었다 놨다, 들었다 놨다."* 또는 *"잡았다, 놓았다."* 하는 것은 드는 근육을 'Stand-by Condition'으로 만드는 것이다.

#4. 일부 골퍼는 퍼터 헤드를 지면에서 띄워 100% 들고 있다가 백스트로크를 진행 시키는데, 이때는 근육들이 들고 있는 밸런스(평형)를 맞추는 데 가담하고 있어서 백스트로크를 진행할 때 또 다른 흔들림 요인으로 작용하기 때문에 불리한 형태가 된다. 이것은 가속도가 커지는 긴 거리 퍼팅에서는 더욱 불리하다. 또한 어드레스 루틴 만들기에도 불리하다.
그래도, 쇼트퍼팅에서 헤드를 100% 드는 어드레스에서 퍼팅을 시작하는 것이, 퍼터 헤드를 바닥에서 번쩍 들어 올리며 백스트로크 진행하는 것보다는 훨씬 낫다.

#5. 퍼터를 드는 데 가장 큰 역할을 하는 근육은 상완 이두박근(알통 근육)이다. 팔꿈치의 바로 위·아래의 앞면 근육에 근력 느낌이 집중된다. 물론, 손목 윗면과 어깨 윗면에도 근력의 텐션이 느껴진다.

#6. 쇼트퍼팅은 미들·롱퍼팅처럼 가속력이 커서 반사신경 영향이 큰 것도 아니고, 그리고 스트로크가 작아서 헤드의 궤적이 아크를 급하게 그리는 영향도 적어서, 퍼팅 똑바로 보내는 것에는 이것 '드는 근육과 스트로크하는 근육을 분리 사용하는 것'의 가부가 가장 중요하게 작용한다.

#7. 이 방법을 몸에 어느 정도 익히는 데는 2~3개월이 소요된다. 당장 (하루 이틀 만에) 쉽게 숙달되지는 않는다. 익숙하게 익히는 데는 6개월 정도가 소요될 것이다.
숙달 과정에서, 그냥 퍼터를 들고 치는 것이 아니라, 시간적인 공간에서, 일정한 비율을 맞추고 치는 형태이므로, 맞춘다는 동작과 그 의지는 굉장한 귀찮음의 요소로 작용한다.
* 귀찮음 = 마음속으로 하기 싫음

이제 선택의 문제이다. 적용하고 흔들리지 않는 퍼팅, 쏙쏙 넣는 쇼트퍼팅을 할 것인지? 아니면 안 하고 흔들리고 불안한 퍼팅, 자신 없는 쇼트퍼팅을 할 것인지?
이것으로 얻는 이점을 나열하면 다음과 같다.

① 바닥 끌림 없는 백스트로크

　* 어깨가 많이 들린 모양의 Setup은 퍼터 바닥이 잔디에 쓸린다. 반대로 어깨를 과도하게 내린 모양의 Setup은 퍼터가 번쩍 들리는 형태로 백스트로크 진행되어 상승·상향타격에 불리하다.

② 어깨 움직임 이외에 몸의 흔들림 적은 스트로크

③ 퍼터 헤드 궤도 더 일정하게 유지되는 스트로크

④ 부드러운 팔과 팔꿈치의 이동 움직임 (등과 어깨 기준 회전)

⑤ 퍼터 헤드를 드는 동작에 손목 관여를 제한 (견고한 그립 유지)

⑥ + α (퍼팅 개수 편차가 적어진다.)

#8. 이것은 눈에 보이지 않는 것이다. 즉 눈으로 보고 배우는 요령이 아니고, 근육과 신경 작용을 이해해야 한다.

#9. Test : 요리용 저울을 바닥에 놓고 (저울 면에 천을 깔고 Zero Setting 후), 퍼터를 그 위에 올리고 어드레스를 취해보자. 어드레스에서 팔의 앞면 근육에 텐션을 주어 95~99%의 퍼터 무게를 들고 있는 상태 변화를 만들어보면 양쪽 손과 손목~전완~상완~어깨 일련의 앞면 근육의 근력을 느낄 수 있다.

3) 퍼팅에서 관절에 걸리는 모멘트

(심화 : 본 항목은 공학 이용한 심화한 설명 내용. 거부감 있으면 Skip)

(근육에 걸리는 힘을 계산하여 드는 근육의 분리 사용을 강조하고자 함)

a) 퍼터 들고 있는 굽힘 모멘트 (팔꿈치의 헤드 무게)

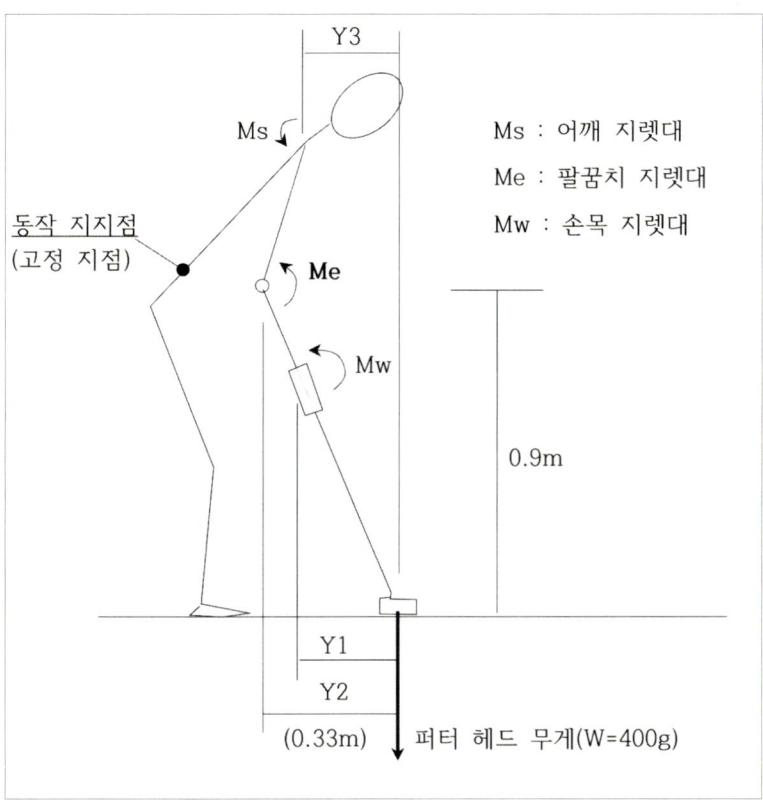

그림 1.1.3 퍼팅 자세와 퍼터 헤드 하방 무게

그림의 Setup에서 퍼터 헤드 무게는 W이며, 손(손목), 팔꿈치, 어깨에는 관절을 기준으로 시계방향으로 회전하려는 모멘트가 걸리게 된다.
헤드를 바닥에 내려놓은 상태는 0(Zero), 들고 있을 때는 100% W이다.

그림에서 손목 근육이 버티는 모멘트는 Mw, 팔꿈치 근육이 버텨야 하는 모멘트는 Me, 어깨 근육이 버텨야 하는 모멘트는 Ms이다. 이들 중에 Y2가 가장 길어 팔꿈치가 버텨야 하는 모멘트(Me)가

가장 크다. 그래서 퍼터를 들고 지탱하는 느낌은 팔꿈치 부근 근육의 텐션 감각(느낌)이 주도한다.

그림 값들(퍼터 무게 400g, Y2 0.33m)을 기준으로 팔꿈치에 걸리는 굽힘 모멘트를 계산하면 다음과 같다.

$Me = W \times Y2 = 0.4 \times 0.33 = 0.131$ kgf-m

이 모멘트 크기는 라면 1봉지를 1m 막대기에 매달고 수평으로 들고 있을 때 손목에 느끼는 굽힘 모멘트와 같은 크기이다.
이 모멘트 값은 퍼터 헤드가 무거우면 커지고, 퍼터의 라이 각을 뉘면 수평거리(Y2)가 길어져 커진다.

Remarks
#1. 모멘트란 ? : 모멘트는 '힘 × 거리'이다. 지렛대 원리의 일종이다.
질량에 중력이 작용하면 무게가 된다.
그리고 각 관절에 걸리는 돌아가려는(젖혀지려는, 꺾이려는) 힘의 상태가 굽힘 모멘트(관절 회전모멘트)인데, 이것을 지탱하는 것이 반력모멘트이다.

#2. 각 관절에 걸리는 퍼터 헤드 무게에 의한 반력모멘트(견디는 근력) 크기는 다음과 같다. 이 값은 지렛대의 받침점에서 버티는 근력이다.
 -. 손목   : $Mw = W \times Y1$
 -. 팔꿈치 : $Me = W \times Y2$
 -. 어깨   : $Ms = W \times Y3$

#3. 공학자 이외의 일반인들은 모멘트라는 용어가 생소하여, 골프에서는 이런 하중(Load) 상태를 모두 무게(Weight)라고 하고, 또 어떤 이들은 그냥 "헤드 무게"라고 총칭하는 것 같다.

#4. 우연이겠지만, 퍼터를 드는 모멘트 크기는 일반 클럽의 비틀림 변형량을 재는 기준 토크 값과 비슷한 크기이다.

토크 변형량[°] = 1 파운드 × 1 피트 / k = 0.45kgf × 0.3048m / k
           = 0.137 kgf-m / k
* 드라이버 TQ 5°는 0.137kgf-m 가했을 때 샤프트가 5° 비틀린 것.

#5. 간혹 혹자가 "퍼터 헤드를 낮게 빼세요."라고 백스트로크 때 퍼터 헤드가 낮게 진행되어야 함을 강조

하는 말을 한다.

퍼터 헤드를 급하게 위로 들어 올리면 하방의 가속 관성력까지 걸린다. 이것 때문에 퍼터 헤드를 급격히 들어 올리지 말고 낮게 빼라고 표현하는 것이지, 진짜 억지로 낮게 하라는 것이 아니다.

즉, 어깨 중심 상하 이동 없고, 어깨부터 퍼터 헤드까지 길이 변화 없이, 손을 들어 올리지도, 내리뻗지도 않게 백스트로크 해야 한다는 의미이다.

(심화) 증명 예) 0.1초에 0.5cm(=0.4초에 8cm)를 들어 올리는 가속력과 그때의 팔꿈치 굽힘 모멘트를 계산하면 다음과 같다.

가속도(a) = h × 2 / t^2 = 0.005 × 2 / 0.1^2 = 1 m/sec^2

가속 관성력(F) = m × a = 0.4 × 1 = 0.4 N = 0.04 kgf

팔꿈치에 걸리는 굽힘 모멘트 = 0.04 × 0.33 = 0.013 kgf-m

(0.1초에 0.5cm 들었을 뿐인데, 전체 퍼터 드는 모멘트의 10% 변동 초래)

겨우 0.5 cm 들어 올렸을 뿐인데, 추가로 퍼터를 들어 올리는 것의 10%만큼 증가한 근력이 작용 되는 것이다.

들거나 내리는 것 둘 다 마찬가지이며, 작용 방향만 거꾸로이다. 억지로 들어 올리는 것만큼이나 억지로 낮게 내리는 것도 팔의 앞면 근력 변화를 만들므로 이것도 스트로크를 흔들리게 한다고 봐야 한다.

#6. 만약 앞·뒤(토우·힐 쪽)로 0.1초에 0.5 cm(0.4초에 8cm) 궤도 변경을 했을 때는 퍼터를 드는 근육 사용량의 대략 30% (모멘트 변화 = 0.04 kgf × 0.9 m = 0.036 kgf-m) 정도만큼 퍼터 드는 근육의 근력 변화가 발생하게 된다.

이 또한 스트로크하는 근육에 연동 작용을 하므로, 백스트로크 시에 일정한 앞뒤 궤도로 빼는 것이 필요하다.

b) 퍼팅 스트로크에서 가속 관성모멘트 (측면 하중)

퍼팅 스트로크에서 퍼터 헤드는 '가속 -> 감속 -> 가속 -> 감속'으로 변한다. 다운스트로크에서 최대 가속을 한다.

예) 3m 거리 퍼팅에서는 대략 10 m/sec^2 (1g 중력 가속), 12m 거리 퍼팅에서는 20 m/sec^2 (2g 중력 가속) 다운스트로크 가속을 한다. 이때의 가속 관성력과 팔꿈치 측면에 걸리는 굽힘 모멘트는 다음과 같이 계산된다.

(*그림 1.1.3의* 퍼터 헤드 무게 400g, 팔꿈치 높이 0.9m 조건)

⟨3m 퍼팅⟩

가속 관성력 　　　　　　　팔꿈치 측면에 걸리는 굽힘 모멘트

F = 0.4 × 10 / 10 = 0.4 kgf 　Mes = F × H = 0.4 × 0.9 = 0.36 kgf-m

⟨12m 퍼팅⟩

가속 관성력 　　　　　　　팔꿈치 측면에 걸리는 굽힘 모멘트

F = 0.4 × 20 / 10 = 0.8 kgf 　Mes = F × H = 0.8 × 0.9 = 0.72 kfg-m

퍼터를 드는 근육의 하중 조건은 거의 변화가 없는 것에 비해, 다운스트로크 가속을 할 때 손목, 팔꿈치, 어깨 측면 근육에 걸리는 하중 조건(굽힘 모멘트)은 시간에 따라 변하고, 또 퍼팅 거리가 달라지면 크기가 변하게 된다.

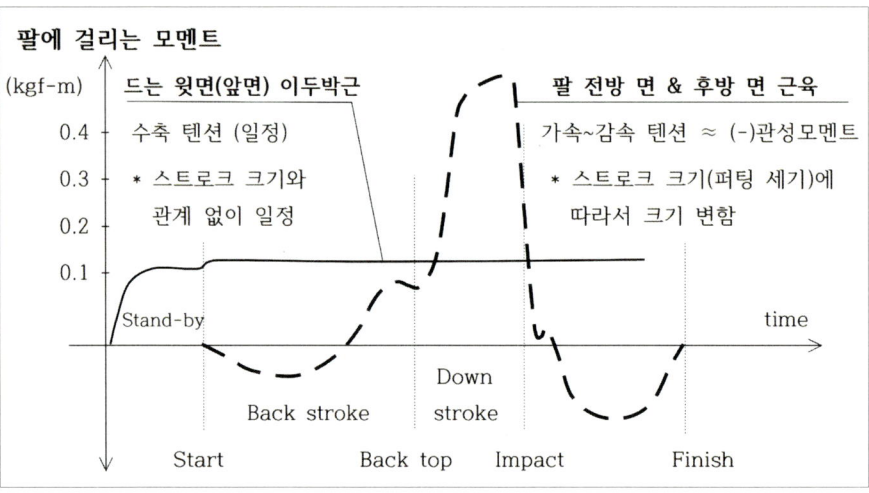

그림 1.1.4 퍼팅 팔 근육에 걸리는 텐션(굽힘 모멘트) 그래프

Remarks

#1. 대략 1m 퍼팅 거리의 경우가 퍼터를 드는 (팔 상면) 굽힘 모멘트와 퍼팅 다운스트로크 가속 관성에 의한 (손목, 팔 측면) 굽힘 모멘트 크기가 엇비슷하고 하겠다.

#2. 팔에 걸리는 가속 관성모멘트(M) 크기는 퍼팅 거리(D)의 0.5승(제곱근)에 비례한다.
　또한 백스트로크 크기(S)는 헤드속도(V)와 가속 관성모멘트에 비례한다.
　$D^{0.5} \propto M \propto$ 백스트로크 크기(S) $\propto$ 헤드속도(V)

* 이 관계 식은 퍼팅 거리 내용에서 상세 설명

#3. 드는 것과 스트로크하는 것의 팔 앞면과 측면에 걸리는 모멘트를 그래프로 표시하면 그림과 같다. 가속 관성모멘트는 팔의 측면에 걸린다.
- 퍼터를 드는 근육의 텐션은 스트로크 중에 거의 일정
- 스트로크하는 근육의 텐션은 가속, 감속 양에 따라 변화

#4. 드는 근육과 스트로크하는 근육의 연동성은 그립 잡은 손의 모양, 팔꿈치 위치에 따라 차이가 있다.
- 팔꿈치 오므림 ≒ 그립 안쪽으로 모아 잡음 ≒ 신경 연동성 작아짐
- 팔꿈치 벌림 ≒ 그립 밖으로 벌려 잡음 ≒ 신경 연동성 커짐

"(오른) 팔꿈치를 옆구리에 붙이면 퍼팅 잘된다." 라는 것은 그림의 좌측과 같이 팔꿈치를 오므린다는 것이며, 드는 근육의 영향을 적게 받게 하는 긍정 효과와 다음 절에서 설명하는 어깨를 펴는 자세에 연관된다.

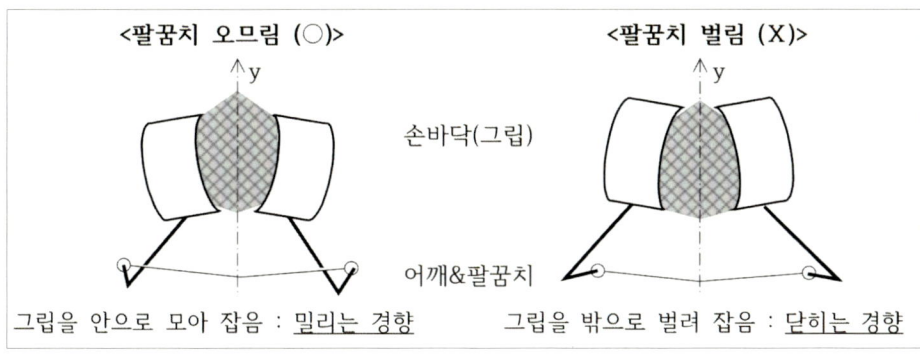

그림 1.1.5 퍼팅 팔꿈치와 그립 오므림과 벌림

1.2 어깨 펴는 자세와 오른 아래 승모근 끄는 다운스트로크

(스트로크 아크 직선화 = 큰 아크 그리기)
(관찰하면 대략 잘하는 선수 80%는 어깨 펴는 자세, 20% 모으는 자세)
cf) 어깨 모으는 자세 20% 골퍼는 다른 스트로크 동작 메커니즘 사용

퍼팅 스트로크를 하면 퍼터 헤드는 크든 작든 아크를 그린다.
아크는 수평면 아크와 수직면 아크 두 가지 모양이다.

수평면 아크 모양은 임팩트 타이밍에 따라 Full & Push 궤도에 영향을 주니, 가능하면 임팩트 구간에서 직선에 가까운 수평면 아크가 좋다.
수직면 아크 모양은 퍼터 페이스 Loft 각과 함께 Roll 생성에 영향 주는데, 임팩트 구간에서 상승과 상향 양이 많은 모양이 좋다.

수평면 아크에서 임팩트 구간, 직선에 가까운 모양을 만드는 방법은 무엇일까?

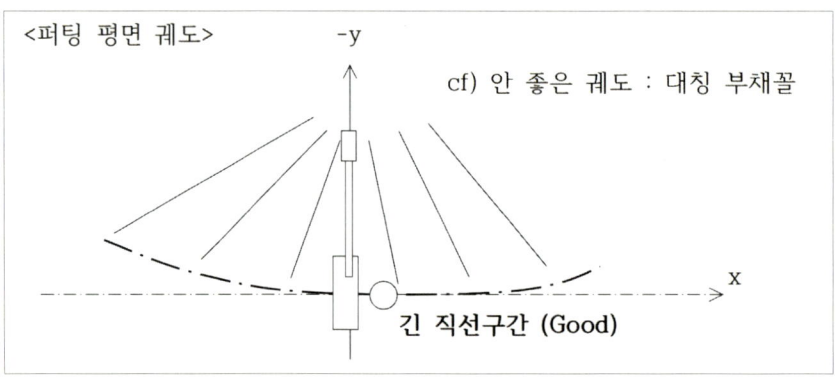

그림 1.1.6 퍼팅 수평면 아크 모양

퍼팅하는 선수들의 퍼팅 자세를 보면, 어깨를 뒤로 펴는 형태와 앞으로 모은 형태 두 가지가 있는데, 대략 4(80%) : 1(20%) 비율로 관찰된다.
  - 펴는 형태는 다운스트로크에서 오른 아래 승모근으로 헤드를 당겨 끈다.
  (본 절에서는 이 형태 위주로 설명함)

- 모은 형태는 스트로크에서 왼 손목 고정과 왼 어깨 올림이 사용된다. 왼 어깨를 올리면서 임팩트 전후 페이스가 닫히는 양을 줄여주는, 즉 페이스를 펴는 역할과 상승·상향타격이 이루어지도록 한다. 집게 그립도 이 형태의 퍼팅 형태를 취한다.
  * 일반 골퍼는 어깨를 '펴는 형태 vs 모으는 형태'가 대략 '1(20%) : 4(80%)' 비율로 관찰된다. 퍼팅을 잘하기는 좀처럼 힘든 상태다.

Remarks

#1. 그립 모양은 퍼팅 능력에서 차지하는 비율이 1%도 되지 않는 것 같다.
  - 증거 1 : 초일류 선수들의 퍼팅 그립 모양을 보면 모두 제각각이다. 그렇다는 이야기는 그립 모양이 퍼팅 능력과 별 관련이 없다는 이야기다. 단, 일관성은 필요한데, 그립 잡는 것은 거의 무의식중에 이루어지기 때문에 그 일관성이라는 것마저도 조금은 무의미하다.
  - 증거 2 : *다음 3절에서 설명하겠지만,* 손·손가락의 감각은 억제되어야 하는데, 느끼지 않으려 하는 것은 역으로 그 기능이 중요하지 않다는 이야기다.
    * 돌이켜 보아서 그립을 잡는 손의 모양과 그것의 악력 분배에서 긴 세월 동안 퍼팅 똑바로 맞추는 방법을 찾으려 했다면, 그것은 아마 헛수고였을 것이다.

#2. 퍼팅 스트로크 자세에서는 어깨 모양이 제일 중요하며, 동작에서는 등 근육의 사용 방법이 제일 중요하다. 어깨 모양은 스트로크 형태를 결정하고, 등 근육의 사용은 동력을 만들기 때문이다.
  * 스트로크에서 손의 사용은 극히 제한적이다. 극단적으로 말하면 손의 사용률은 거의 Zero에 가깝다. 그런데 시선이나 카메라의 클로즈업은 볼과 손으로 간다. 그래서 뇌는 자주 봐 왔던(노출 빈도가 높은) 손이 중요하다고 선입관을 형성한다.

#3. 누군가의 퍼팅을 관찰한다면, 자세에서는 제일 먼저 어깨 모양을 보고, 스트로크에서는 페이스 면을 펴는 동작(방법)을 눈여겨봐야만 할 것이다. 그러나 이것들은 움직임(변화량)이 너무 작아서 시선을 거의 끌지 못한다.

#4. 주의 : 어깨를 펴는 퍼팅 자세에 열중(주력)하면, 일반 샷 Setup에서 어깨를 모으지 않고 펴버리는 형태가 나타날 수 있다. 이것은 망각 때문에 반복된다(롱 게임에서 10타 내외 손실).
  일반 스윙(Setup, 백스윙, 다운스윙)에서 어깨를 모으지 않고 벌리면, 삼두박근 Tension이 약하게 형성되므로 손목 스냅이 덜 생성되어서 대략 비거리 10% 감소와 5° 우향의 슬라이스 구질이 발생한다 (어깨 1cm 벌어지면 1% 헤드 스피드 감소 및 1° 우향 방향성). 그리고 약간에 얼리 익스텐션 스윙이 되면서 조금 두꺼운 토우 타점이 나타날 수 있다.

1) 퍼팅 Setup, 어깨 폄 vs 어깨 모음 모양
(시선을 끌지 못해서 쉽게 구별하거나 깨닫기 힘든 어깨 모양)
(어떤 퍼터 진행 궤도를 만들 것인가?)

퍼팅 자세에서 어깨를 펴는(뒤로 젖히는) 형태와 어깨를 앞으로 모으는(일반 스윙에서의 Setup 모양) 형태가 있다.

어깨를 위로 올리지 않고 아래로 내리는 것은 퍼팅과 스윙 둘 다 비슷하다. 팔의 모양은 삼각형 또는 오각형이 아니라, 엄밀히 말하면 육각형의 모양이 된다.

퍼팅 자세를 위에서 보았을 때 어깨 모양은 그림과 같이 두 형태이다.

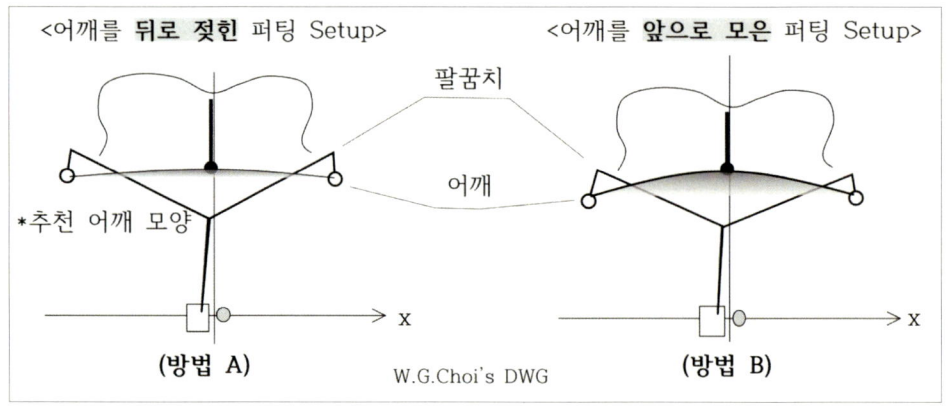

그림 1.1.7 퍼팅 어깨 폄 vs 어깨 모음 자세

그림 (A) 는 가능한 범위에서 어깨를 앞으로 모으지 않고 편 모양을 표시한 것이다. 펴기 위해서는 양어깨를 뒤로 살짝 젖혀주어야 모양이 만들어진다. 추천하는 어깨 모양이다.
그림은 조금 과장해서 어깨가 거의 앞쪽으로 나오지 않음을 표시하였다.

그림 (B) 는 척추 기준으로 양어깨가 앞쪽으로 내밀어지며 동그랗게 모인 모양을 표시한 것이다. 보통 자연스럽게 팔을 내려서 퍼터를 잡으면 만들어지는 형태이다.

어깨 Setup 모양을 변경하면서 퍼터 헤드의 궤적을 살펴보면 다음 그림과 같이 헤드가 만드는 궤적의 아크 모양이 바뀐다.

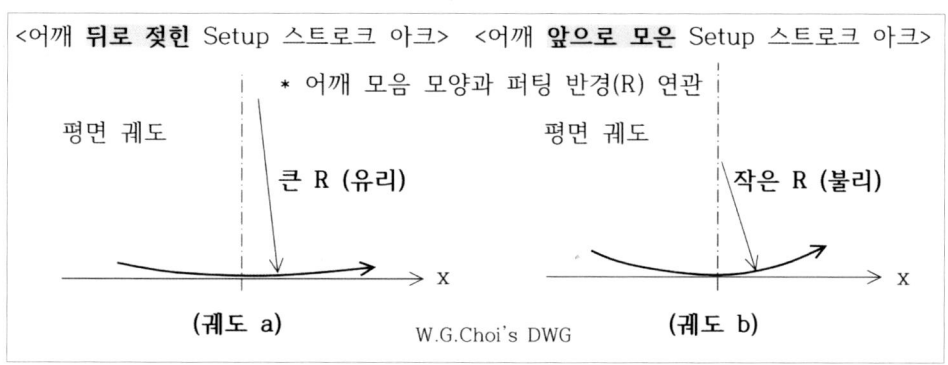

그림 1.1.8 퍼팅 어깨 Setup 모양에 따른 수평면 아크 모양

양어깨를 펴는, 즉 뒤로 젖히면 젖힐수록 아크의 반경은 커진다. 그림 (a) 와 같이 임팩트 존에서 직선에 가까운 구간이 길어진다. 단, 오른 어깨 젖힘(폄)이 너무 심하면 Push 궤도를 만들어서 우측으로 가게 된다.

양어깨를 앞으로 모을수록 그림 (b) 와 같이 아크의 반경은 작아진다. 즉 직선구간이 작다. 똑바로 맞추기 불리하다는 이야기이다.
   cf) 허리를 세우면 작은 아크 반경, 허리를 푹 숙이면 플렛한 큰 직선 궤도

그림에서 (A)의 어깨 모양으로 (a)의 헤드 궤도를 얻는 것이, (B)의 어깨 모양으로 (b)의 헤드 궤도를 얻었을 때보다 좋은 결과를 얻는 것은 자명한 것이다.
그림 (A)의 어깨 모양은 바이킹 궤도에 가까운 어깨, 팔의 궤적이 만들어져, 수평 아크 반경이 펴지게 되는 것이고, 수직 궤도에서는 퍼터 헤드가 상승 궤도를 만들면서 타격 되어 Roll 생성이 좋다. 이는 스트로크에 큰 이점이다.

그림(B)의 어깨 모양은 회전 그네 궤도에 가까운 어깨, 팔 궤적이 만들어져 수평 아크 반경이 작은 급커브를 만들게 되는 것이다. 많은 수의 일반 골퍼가 이 자세를 취하는데, 스트로크 반경이 작아서 타격에서 궤도 방향성 오차가 커지는 환경이 된다.

그림 (A)의 어깨 모양을 추천하며, 그림(B)의 어깨 모양을 그대로 사용하고자 한다면 다음 논외로 간략히 정리한 내용에서 필요한 방법을 찾아야 한다.

〈어깨를 모으는 방식의 퍼팅 Setup에서 적용 방법〉 --- 본서에서 논외

선천적으로 어깨를 펴기 힘든 경우, 또는 연습으로 고착되어서 어깨를 젖힌 모양의 퍼팅 Setup을 선택하기 힘들 수가 있다.
정 그립 잡고, 어깨를 앞으로 모으는 모양에서 퍼터 궤적 아크가 작으면서도 타격 직선 구간을 키우고 타격 Roll을 많이 생성되게 하는 것으로 다음과 같은 방법이 있다.

방법 ① : 왼 손목을 꺾어 그립 위치를 후방으로 하는 핸드백워드 모양을 하고 자세를 잡은 후, 그 손목 모양을 그대로 유지하고 백스트로크 하고, 다운스트로크에서 왼 어깨는 위로 많이 올리고 오른팔을 밀어주어서 손목이 조금 펴지게 하여 아크를 직선화하는 임팩트를 만드는 방법.
　　　　꺾인 왼 손목은 손목 고정을 담당하면서 임팩트 직전에 조금 풀어주면서 퍼터 페이스를 펴주며, 오른팔은 동력 전달을 주관한다. 매우 복잡한 메커니즘을 가지고 있다.
방법 ② : 백스트로크 직전 핸드포워드를 만들어서 진행하고, 다운스트로크에서 손이 먼저 진행되도록 만들면서 퍼터 페이스가 닫히지 않게 펴주는 방법
방법 ③ : 집게 그립 적용
방법 ④ : 역그립 잡고 어깨 조금 펴는 하이브리드 방식

대략 선수 20%, 일반 골퍼 80%가 어깨를 모으는 퍼팅 Setup 하는데, 그들 중에 퍼팅 잘하는 골퍼는 위의 방법을 사용한다.

* 어깨의 접음~폄 모양은 사람마다 같지는 않다. 다수 사람은 어깨를 펴는 것이 쉬울 수 있으나, 어깨를 펴는 것이 부자연스러운 사람도 일부 있고, 어깨를 모으는 것이 부자연스러운 사람도 일부 있다.
　- 어깨를 모으는 것이 부자연스러운 사람은 저절로 퍼팅 스트로크 일부가 해결될 수 있다. 스윙에서는 부정적으로 작용하지만, 퍼팅에서는 긍정적으로 작용하는 것이다.
　- 어깨를 펴는 것이 부자연스러운 사람은 임팩트 구간에서 퍼터 페이스를 오래 Square로 유지되는 방법을 따로 찾아야 한다.
　- 허리에 통증이 있을 때, 어깨를 펴기 불편하다.

Remarks

#1. 퍼팅 궤도 형태는 특별한 몇몇(핸드포워드. 핸드백워드)을 제외하고 어깨 모양이 가장 큰 영향을 준다. 그리고 어깨 사용 근육에 따라 퍼팅 궤도가 바뀐다.
* 팔과 손으로 퍼팅 궤도를 만들려 하면 일관성을 갖는 것이 거의 불가능하다고 하겠다.

#2. 퍼팅 자세 Tip 중에 *"어깨와 팔을 늘어트려 잡아라."*라는 말이 있다. 이것의 핵심은 *"어깨를 앞으로 모으지 말고 펴서 그대로 내려 Setup 하라."*는 이야기다. 그런데 팔을 늘어트리다 보면 어깨가 앞으로 모여 (보통 어깨 모양을 간과하게 되어서) 작은 아크 반경을 갖는 불리한 퍼팅 스트로크를 하게 된다.

#3. *"오른 겨드랑이를 붙이고 퍼팅하라."*라는 Tip의 핵심은 어깨를 앞으로 모으지 말고 어깨를 펴라는 것이다. 어깨를 펴면 겨드랑이가 몸에 붙게 된다.
어깨를 펴는 Setup은 스트로크에서 헤드 아크를 직선화되게 해준다.

#4. 어깨를 뒤로 젖히는(펴는) Setup 했을 때 다음과 같은 이득이 있다.
 ① 수평 아크 반경이 큰 스트로크 궤도
 ② 임팩트 존에서 직선이 긴 형태의 스트로크 궤도
 ③ 임팩트 존에서 상승 궤도가 만들어져 Roll 형성에 유리
 ④ 닫혀 당겨지던 퍼팅이 밀리는 퍼팅으로 바뀌게 된다.
 ⑤ 다음 항에서 설명하는 오른 아래 승모근으로 끄는 다운스트로크 수행하기가 쉬운 조건이 된다.
 ⑥ + β (유지보수에 적은 노력)

#5. 무릎을 굽히는 자세는 어깨를 내리고 펴는 데 도움을 준다. 단 관리 포인트가 추가되는 불편이 있다. 무릎을 구부릴 것인지, 펼 것인지는 선택이다.

#6. 그린 밖에서 퍼팅하는 것은 그림의 (B) 모양 어깨를 하고 볼을 때려 Roll이 적게 먹는 수평 타격을 해야 한다. 조건이 바뀌니, 방법이 바뀌는 것이다. 만약, (A) 어깨 모양 자세로 그린 밖 퍼팅을 하면, 약하고 Break 많이 타는 볼의 진행 결과를 얻게 될 것이다.
그리고 아주 긴 거리의 퍼팅에서도 어깨를 조금 오므려서 스트로크하면 타격하기 편하게 된다. 이때 억지로 어깨를 펴서 강한 타격을 하려 하면 오히려 편차가 커진다.
위의 두 가지 예외 조건은 인지하고 상황에 맞게 적용하여야 한다.

#7. 일부 선수들이, 퍼팅 자세를 만들면서 왼손으로 오른 어깨를 대며 오른 어깨가 앞으로 튀어나오지 않

게 잡는 동작은, (B) 어깨 모양을 (A) 어깨 모양으로 하고자 취하는 행동이다.

#8. 타인의 퍼팅 자세를 관찰하려면, **가장 먼저** 어깨가 펴진 모양인지, 아니면 모인 모양인지를 구별해야 한다.

그리고 **둘째로는** 왼 손목 기준, 손목 각을 변화시켜 사용하는지 여부, **셋째로는** 다운스트로크에서 등 근육 회전 이외에 오른 아래 승모근을 이용하여 끄는(당기는) 것을 하는지 아닌지이다. **넷째는** 왼 어깨가 올라가며 퍼터 헤드를 올려 상승, 상향타격 되는 모양 여부이다.

cf) *"손목이 꺾이지 않게 하라!"와 "팔 모양을 유지하라!"* 라는 사항에 대해서는 다음 절의 신경 관련 사항에서 원인과 요령을 설명한다.

#9. 몇몇 퍼팅 스트로크를 분석하는 기계가 있다. 퍼터의 궤적, 페이스, 속도, 거리(위치) 등을 인식하여 분석한다.

스트로크에서 가장 중요한 것은 퍼터 헤드 가속도이다. 이것은 실시간 힘의 변화를 나타내기 때문이다. 두 번째로 중요한 것은 손의 위치이다.

실시간 퍼터 헤드와 손 위치 두 가지가 기하학적으로 퍼터의 궤적과 페이스 각을 만들기 때문이다. 이 두 가지(가속도 & 그립 위치)의 4차원 Data는 스트로크 형태를 정의할 수 있게 된다.

* 가까운 시일 내에, 퍼터 헤드와 그립의 동적 움직임을 가속도 센서로 읽어서 스트로크 형태를 분석하여, 골퍼가 퍼팅 스트로크를 빠르게 습득하도록 도와주는 장비가 나올 것이다. 여기에는 AI(인공지능) 분석이 이용될 것이다.

〈허리 통증 있을 때 퍼팅〉
(퍼팅 능력 저하)

허리에 통증이 있는 경우, 앞 1절 2) 항에서 설명한 퍼터 드는 근육으로 Stand-by condition을 만들기가 어렵다. 퍼팅에서 척추를 기울여서 중심을 잡는 지점(동작 지지점)이 허리인데, 그곳 근육이 뻐근해져 미세한 퍼터 들기 시행이 안 되고 불안정해진다.

여기에 더하여, 어깨가 펴지지 못하고 모이게 된다. 펴려고 하면 허리에 통증이 발생한다.

결과로, 퍼팅 타격 방향성과 거리감에 오차가 크게 발생한다. (+)3~5타 내외의 영향을 받게 된다. 스윙 연습에서 발생한 허리 부상이 전혀 무관할 것 같은 퍼팅 스트로크에 악영향을 주는 것인데, 허리가 아픈 조건에서 플레이할 때는 이점을 인지하고 있어야, 그나마 그것에 따른 퍼팅 손실을 절반으로 줄일 수 있다.

Remarks

#1. 주의 : 처음 골프 Swing을 배울 때, 허리가 아플 가능성이 매우 크다. 아픈 상태에서 퍼팅을 함께 배우면, 어깨가 모이는 자세가 만들어지는데, 이것이 고착될 수 있다. 이런 문제를 사전에 방비하기 위해서는,

- 퍼팅에서 어깨는 펴서 내려야 한다는 것을 되새긴다.
    cf) 스윙에서는 어깨를 모으고 내림
- 스윙보다 퍼팅을 먼저 배우든, 스윙을 다 배우고 나서 허리 통증이 없을 때 퍼팅을 배운다.
    처음 퍼팅을 배울 때 허리에 통증이 있는 상태라면, 엉거주춤한 자세가 형성되어서 교정이 쉽지 않게 된다.

#2. 허리가 아픈 경우 지지점 형성이 부실해져 Head up 현상이 쉽게 발생한다.

2) 퍼팅, 등 근육 사용 - 오른 아래 승모근으로 끄는 다운스트로크

(보통 구별 못 하는 사항인데 엄청난 결과의 차이를 만든다.)

어깨 모양을 어떻게 Setup 하느냐에 따라서 사용되는 등 근육의 비율이 달라진다.

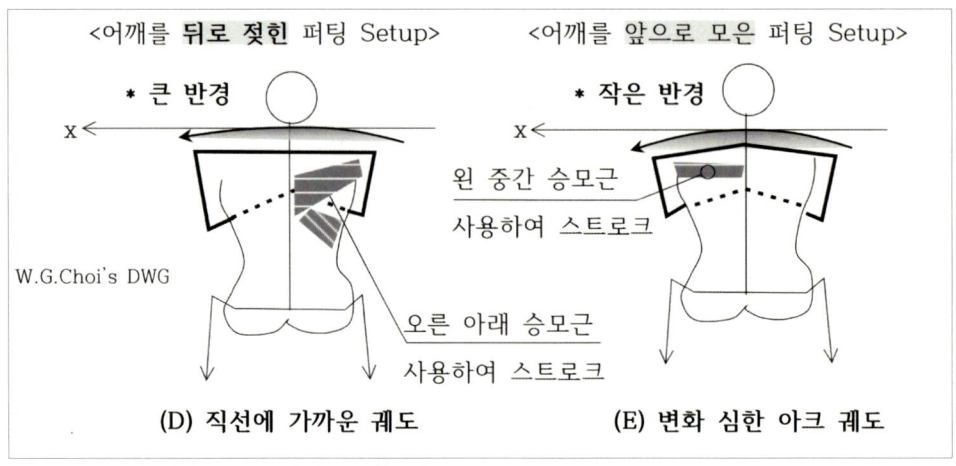

그림 1.1.9 퍼팅, 어깨 Setup 모양별 등 근육 사용

중간 승모근은 어깨의 회전을 주관한다. 우측 그림 (E) 경우로서, 왼쪽 어깨 근육을 수축하며 어깨를 회전시키게 되는데 작은 아크를 만들게 된다. 그 결과로써 궤도와 타격 방향성이 불량하게 된다. 그리고 팔 근육에 회전근이 작용하여 반사신경과 Feedback 신경에 민감하게 반응되어서 손목이 꺾이고 그립이 돌아가는 단점이 유발되기 쉬운 환경을 만든다.

좌측 그림 (D) 경우에서는, 어떤 비율로 오른 아래 승모근을 수축하여 퍼터 헤드를 끄는 다운스트로크를 포함하게 되면, 근육 사용에 직선 운동이 가미되어 궤도 아크가 직선화되고, 부드러운 가속과 더불어 스트로크 세기 조절이 수월하다.
스트로크 세기 조절이 수월하다는 이야기는 거리 맞추기가 쉽다는 이야기다.
그리고 임팩트 존을 지나면서 큰 상승 궤적을 만들어서 쉽게 전진 Roll이 생성되게 해준다.
짧은 거리 퍼팅에서 Hole In 하기 굉장히 유리한 퍼팅 스트로크를 갖게 해준다.

실제 퍼팅 스트로크는 (D)와 (E) 모양의 근육 사용량이 조합되어 이루어진다.
등의 회전으로만 퍼팅하려 하면 오차가 큰 불량한 결과를 얻게 되지만, 오른 아래 승모근을 사용하여 끄는 양이 많아지면 스트로크 아크가 직선화되어서 고품질의 퍼팅 결과를 얻게 될 것이다.

롱퍼팅에서는 거리감, 즉 스트로크 세기가 중요하다. 적당한 방향성(크게 벗어나지 않은 방향)에 거리 정확도가 확보되면 2-퍼트로 마무리할 수 있는데, 오른 아래 승모근으로 끌어서 가미되는 파워가 스트로크 세기 오차를 줄이는데 한몫하게 된다.

아울러, 어드레스를 하고 나서 백스트로크를 시작하는 사이의 대기시간이 길지 않아야(일정하면서 짧아야) 열리고 약하게 맞는 것을 방지할 수 있다.

Remarks

#1. 오른손 한 손 퍼팅연습법 : 왼손을 허리춤에 집고, 오른손 한 손으로만 퍼터를 잡고 퍼팅하는 Drill은 (오른쪽 가슴 근육과 함께) 오른 등 아래 승모근을 사용하여 끌며 다운스트로크 하는 것을 익히는 연습법이다.

오른손 한 손으로 퍼팅스트로크를 하면, 퍼터 헤드는 거의 원호를 그리지 않고, 신경 작용에 맞는 템포로 스트로크를 하면 페이스가 돌아가지도 않는다.
다운스트로크 동작을 의성어로 표현하면, '쭉~ -> 딱 -> 쭉~'이다. 가능한 한 반듯하게 와서 맞고 반듯하게 가는 것이다.
이 연습을 할 때, 오른손에 반사신경과 Feedback 신경에 의한 헤드 돌아감이 잘 느껴져서 페이스 각이 Even으로 유지되는 상태를 만들고, 헤드가 흔들리는데 그것을 잡아 Center 타점에 맞추고, Full & Push 궤도를 Even으로 만드는 제어 연습도 같이하게 된다.

뇌의 동작 명령체계는, 두 손으로 퍼터를 잡고 있을 때(두 손이 결합하여 있을 때)는 등을 돌려 퍼팅하는 것을 최우선으로 선택하게 된다.
오른손 한 손으로 퍼터를 잡았을 경우는, 뇌 신경이 끌어당기는 근육 사용에도 중요도를 부여하게 되는데, 이렇게 하여 끌어당기는 등 근육의 인지도를 높이고자 하는 것이다.

연습의 의도를 알고 해야 한다. 즉, 무슨 효과를 얻기 위한 것인지 알고 해야 하는 것이다.
의미를 모르고, 오른손 한 손으로 스트로크 연습을 할 때, 어깨를 앞으로 모으고 왼 등의 중간 승모근을 수축해서 어깨를 돌리면서 다운스트로크 연습을 한다면 핵심 취지에서 벗어난 것이다. 이렇게는 아무리 오른손 한 손 연습을 해도 별로 도움도 되지 않는다.

#2. (심화) 오른 아래 승모근의 끄는 동작은 이 하나의 근육으로 이루어지는 것은 아니고, 이 근육에 연동되는 주위 등/어깨/가슴/상완 근육들의 협동 형태이다. 위치상 대표 근육이라는 입장에서 '오른 아래

승모근의 끌기'라고 명명했을 뿐이다.

실제 끄는 근육의 위치는 오른 옆구리 뒷부분인데, 아래 승모근, 광배근, 능형근, 대원근, 소원근과 가슴 근육이 협력하여 오른팔을 통하여 퍼터 헤드를 끌어당기는 것이다. 주로 능형근이 견갑골을 당기고, 대원근이 팔을 당기는 역할을 한다고 여겨진다.

#3. 외관상 퍼팅 잘하는 사람과 못하는 사람을 구별하는 방법은 '어깨를 뒤로 젖혀 펴는 모양을 하는지와, 오른 아래 승모근을 이용하여 끄는 다운스트로크를 하느냐 안 하느냐'를 기준으로 할 수 있다. (단, 논외 Setup 20% 제외)

퍼팅 하급자 골퍼들의 대다수는 왼 중간 승모근만으로 어깨를 회전하는 동력원을 조달하여 다운스트로크를 하려는 경향이 있다. 수평 아크가 작은 궤도가 만들어져서 타격 페이스 각 오차가 크고, 회전 근력만 사용되어 손목 회전, 손목 꺾임의 유발로 퍼팅 방향성에 큰 오차를 만든다. 거리감도 떨어진다.

#4. 자세와 동작은 잘 이루어지는데, 짧은 퍼팅에서 종종 당겨지는 결과를 만든다면, 그것은 다음 두 가지 원인이 가장 크다.
  - 첫째 : 백스트로크 템포가 빠를 때 (≈ 급감속 후 전환)
  - 둘째 : 어깨 근육 경직도와 관계되는, 목표지점 바라보는 횟수가 많고 (여러 번 홀컵을 보고), 대기시간이 짧은 퍼팅 했을 가능성이 매우 크다. 즉, 스트로크 직전의 루틴과 연관된 것이다.

#5. 어깨를 펴는 Setup 만들기와 오른 아래 승모근으로 끄는 다운스트로크 적용 연습은 1~3개월의 기간이 소요된다. 또한 계속된 유지보수 연습도 필요한 사항이다.

두 가지 다 일상생활에서는 사용되지 않는 근육 움직임 형태라서 익히는 몇 개월 과정에서 낯설고, 거부감이 느껴지며, 불편하다.

#6. 등 근육 Tension이 사라지는 특이한 경우 :
어깨를 늘어트리고 삼두박근을 당겨서 팔꿈치를 내려야 등 근육에 Tension이 걸린다.

팔꿈치를 내리지 않고 들면 등 근육 Tension이 생기지 않아 오른 아래 승모근으로 끄는 퍼팅을 할 수가 없고, 등 근육 강도가 제어되지 않아서 퍼팅 세기 맞추기가 어렵다.

일반 Full swing에서, 테이크어웨이 길이(오른 팔꿈치 눌러주는 시간 조정) 조절 연습, 오른 골반 접는 시점 변경 연습, 왼 어깨 Brake timing 변화 연습을 하면서, 오른 팔꿈치를 펴며 눌러주는 삼두박근 Tension을 이랬다저랬다 하면, 등 근육 강도 기준이 없어지고 팔꿈치가 들리는데, 이것이 퍼팅 스트로크할 때도 영향을 주게 된다.

구체적으로, 다음 상황이 발생하여 엉터리 스트로크를 하게 된다.
- *1절에서 설명한 퍼터 드는 근육*에 대한 감이 떨어지게 된다.
- 등 근육 강도 및 사용 감각이 떨어지게 된다.

3) 오른 아래 승모근 사용 (상세)
(부연 & 심화 내용)

그림 1.1.9 (D)에 덧붙여, 등 근육 사용 방법은 다음과 같다.

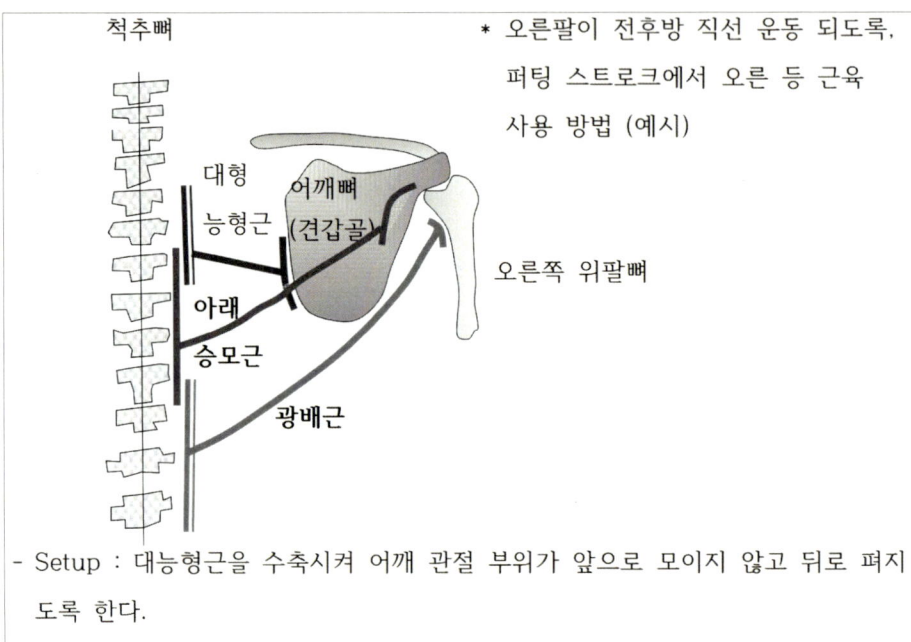

그림 1.1.10 퍼팅 다운스트로크에서 오른 등 근육의 사용

퍼팅 다운스트로크는 어깨를 돌려 퍼터 헤드가 부채꼴 모양(원호 모양)의 진행 경로를 만든다고 생각하는 일반 골퍼들이 많다. 착시로 그렇게 보이거나, 착각으로 그럴 것으로 생각한다.
그러나 일정 비율 그림과 같이 오른쪽 등 근육을 당겨서 손과 퍼터 헤드가 끌려오게 하는 방법이 상급자들에게서는 사용된다.
등을(어깨를) 돌린다고 생각하면, 그림의 오른 등 근육을 이완시켜야 하는 것이고 오른팔을 끌어당긴다고 생각하면 그림의 오른 등 근육을 수축시켜야 한다. 정반대의 근육 사용인 것이다.
결론은 오른팔을 끌어야 더 큰 스윙 아크(더 긴 Straight 퍼팅 구간)를 만들 수 있다는 것이며, 근육을 대표하여 아래 승모근을 수축시켜(당겨) 다운스트로크 한다고 Simple 하게 생각하자.

Remarks

#1. 혹자가 *"퍼팅은 등 근육을 사용하는 것이야!"* 라고 말했다면, 의미상 팔 근육 사용을 자제하라는 것이다.

정확하게는 *"오른 등 근육을 수축시켜 다운스트로크에 사용하라."* 라고 해야 한다. 이렇게 안 하면 백년, 천년 퍼팅연습을 해도, 원하는 만큼 똑바로 보내면서 거리 맞추는 것은 어렵게 될 것이다.

#2. 퍼팅 스트로크 아크 크기는 'C(기준값) + (오른 등 근육 당김 양 – 어깨 돌린 양)'이라고 보면 된다.

#3. 혹자는 *"내리막 퍼팅은 조금 부드럽게 밀어치고, 오르막 퍼팅은 조금 세게 때려서 쳐라."* 라고 한다. 이유는 내리막에서는 중력 영향이 더 강하고, 약간 당겨진다. 오르막에서는 마찬가지로 중력 영향이 조금 약하게 먹고 약간 밀린다.

이것을 상쇄하기 위해서 내리막에서는 약간 부드럽게, 오르막에서는 조금 강하게 스트로크하도록 하라는 것이다.

 * 약간 부드럽게 스트로크하려는 마음은, 퍼팅 그립 왼손을 얇게 (팔꿈치를 오므려) 잡게 된다. 얇게 잡으면 반 컵/5보 정도 밀리는 경향이 있다.

 조금 강하게 스트로크하려는 마음은, 퍼팅 그립 왼손을 깊게 (팔꿈치를 벌려) 잡게 된다. 깊게 잡으면 반 컵/5보 정도 당겨지는 경향이 있다. 깊이 잡으면 임팩트에서 헤드 밀리는 양이 적어지기 때문에 닫힌다고 봐야 한다.

 이런 현상은 경사지 영향과 퍼팅 타격 변화가 서로 상쇄 효과를 만든다.

 단, 위와 같은 상쇄 현상은 다운스트로크를 오른 아래 승모근 수축시켜서 끌어당기는 퍼팅 했을 때 나타나고(유효하고), 어깨를 돌려서 퍼팅하는 스트로크에서는 크게 나타나지 않는다. 즉 혹자의 Tip은 상대성이 있다고 봐야 한다.

4) 퍼팅 자세와 동작의 형태 (참조 용도)
(심화 : 유리한 것과 불리한 것, 도움 되는 것과 안 되는 것의 예시, Skip 가능)

퍼팅 자세와 스트로크 방식의 조합은 다양한 퍼팅 형태를 만든다.
중요한 것은 궤도, 면각, 세기, 구름의 일관성, 즉 똑바로 보낼 수 있는 정확도가 얼마나 보장되느냐 하는 것이다.

분류는 다음과 같다.
- 잡은 손 모양에 따라 : 역그립, 정그립, 집게그립
- 자세에서 어깨 모양에 따라 : 어깨 펴기, 어깨 모으기
- 자세에서 왼 손목 꺾기 모양에 따라 : None. 핸드포워드, 핸드백워드
- 백스트로크에서 왼 손목 고정 여부 : 고정, 핸드포워드(후방으로 꺾음)
- 다운스트로크 오른 아래 승모근 끌기 포함 여부 : 끌기, None(어깨 회전만)
- 손·손가락 감각 느끼기 여부 : 죽이기, 느끼기

6가지 분류사항 조합으로 원하는 일관성 있는 퍼팅을 할 수도 있고, 아니면 최악의 결과를 얻을 수도 있다.

손 모양	어깨 모양	Setup 손목 꺾기	백스트로크 손목 고정	아래 승모근 끌기 포함	손 감각 느끼기	일관성 (결과)
정그립	어깨 펴기	None	고정	끌기	죽이기	Good
〃	〃		핸드포워드	끌기	죽이기	Good
〃	〃			끌기	느끼기	Bad
〃	어깨 모으기	핸드백워드	고정	None	죽이기	Good(논외*)
〃	어깨 모으기	None	고정	None	느끼기	최악
역그립	어깨 펴기	None	고정	끌기	죽이기	Best
〃	〃	None	고정		느끼기	Bad
〃	어깨 모으기				느끼기	최악
집게그립	어깨 모으기	삼두박근을 수축하는 팔꿈치 폄 이용			죽이기	Good

표 1.1.11 퍼팅 형태와 퍼팅 품질 결과 (예시)

표에서 '논외*' 자세의 다운스트로크에서 대략적인 동력원 사용 비율은 '**왼 등 중간 승모근 회전**

50% + 오른팔 밀어줌 30% + 왼 어깨 들어 올림 20%'이다. (오른 등 근육을 끌지 않고) 오른팔 미는 것은 손목을 회전하는 것이 아니고 오른 가슴 근육을 사용해서 팔이 땅겨오게 하는 형태이다. 느낌은 오른팔을 미는 것처럼 인식되지만 실상은 내측 근육이 수축하는 당김이다.

최악의 조합은 정그립에서 '어깨 모음 + 손목 바로 잡고 + 스트로크에서 손목 고정하고 + 손 감각은 잘 느끼려 하고 + 어깨만으로 회전하는 스트로크'다. 해야 한다고 생각했던 것들이 실상은 절대 하면 안 되는 것들로 묶인 조합이다.
이 최악의 것에다가 바닥에서 퍼터를 번쩍 들어 올리며 백스트로크를 시작한다면, 흔들리기까지 할 것이다.
의외로 많은 일반 골퍼들이 이 최악의 퍼팅 형태를 하고 있다.

어떤 방법을 사용하는 것이 유리한지는 앞에서 설명하였다.
얼마의 양을 사용할 것인지? 조절은 어떻게 할 것인지? 그 영향은 어떻게 변하는지? 그리고 일관된 양의 사용과 응용범위에 대한 것은 골퍼 각자가 연습해 가며 체득해야 한다.

Remarks

#1. 일관성을 확보할 수 없는 형태로 하는 퍼팅연습은 아무리 많은 연습을 한다고 할지라도 발전의 한계가 낮게 정해져 있다.
10년, 20년 퍼팅연습해도 스트로크 실력향상이 거의 없는 골퍼들을 주위에서 흔히 볼 수 있는데 (자기 자신일 수도 있음), 이런 상황 자체는 다수가 틀린 접근 방법을 사용하고 있다는 증거일 것이다.

#2. 다음과 같은 오해와 착각이 있었는지를 자문해 봐야 한다.
(A) 앞의 1) 항에서 설명하였듯이, 퍼팅은 어깨를 펴는 모양이 유리하다.
그러나 높은 비율의 일반 골퍼들은 어깨를 앞으로 모으는 자세를 취한다.
혹시 "모든 스윙 자세는 같다."라는 혹자 말에 현혹되어 퍼팅 자세에서 어깨 모양을 스윙 자세의 어깨 모양과 비슷하게 모으고 있지는 않은지?

(B) 백스트로크와 다운스트로크 중에 손목을 유지(고정)하려 무지 애를 쓰려는 골퍼가 있는데, 정그립에서 퍼팅 잘하는 사람의 대략 50%는 손목 유지, 50%는 손목을 핸드포워드 모양(손보다 퍼터 헤드가 후방으로 더 가는 형태)으로 스트로크한다. 정그립 스트로크에서 손목 고정 여부는 선택사항이다. 꼭 고정해야만 하는 필수 사항이 아니다.
실제 "퍼팅 손목 고정"이라고 하는 말은 신경 작용의 억제에 대한 것인데, 혹시 이것을 스트로크 때 손목을 고정해야 한다는 것으로 오해하고 있는 것은 아닌지? 그 손목 고정이, 그 손목 고정이 아니다.

(C) 퍼팅에서 손의 감각은 억제하는 것이지 잘 느끼려 하면 안 된다. 퍼팅해서 볼을 똑바로 보내는 것은 운동신경과 관련 있다고 하기 어려우며, 민감한 운동신경은 과민반응(Over action)을 일으켜 오히려 방해된다고 볼 수 있다. 퍼팅에서 반사신경 영향에 대한 것은 다음 절에서 설명된다.

#3. 그린 밖 퍼터를 사용하는 어프로치에서 퍼팅하는 방법은 그린 위에서 하는 것과 다르다. 초기 Roll이 없도록 어깨를 모으고 수평 타격을 해야 한다. 자세한 것은 *2권 어프로치 방법, 그린 밖 퍼터 어프로치*에서 설명된다.

#4. 퍼팅 그립 방식을 달리할 때는 다른 퍼터를 사용해야 한다.
하나의 퍼터로 정그립과 역그립 퍼팅연습을 같이한다면, 어느 그립의 방법이 자신에게 (방향성과 거리감에 있어서) 더 잘 맞는지 정확한 확인이 어렵다고 봐야 한다. 몸의 근육 동작 메모리가 두 가지 동작을 헷갈리려 하기 때문이다.

기구학적으로 정그립의 스트로크 크기가 작으며 대략 15% 정도 약하므로, 정그립 퍼터 무게는 역그립 퍼터 무게보다 50~100g 무거운 것을 사용하는 것을 추천한다. 무거운 퍼터가 아니라면, 같은 거리에 큰 백스트로크를 해야 한다.

　　＊ 보통 퍼터 헤드 무게는 대략 다음과 같이 분류한다.
　　　- 가벼운 것 : 350g 이하
　　　- 중간 무게 : 350g ~ 400g
　　　- 무거운 무게 : 400g 이상

1.3 퍼팅에서 손·손가락 감각 죽이기
(척수 반사신경 완화로 손목 꺾임과 돌아감 방지)

몇몇 혹자는 *"퍼팅에서 손 감각이 중요하다."* 라고 말한다. 또는 *"퍼팅을 잘하려면 손의 감(감각)이 중요하다."* 라고 말한다.

이 말에 대해, 아마도 누구나 손 감각을 잘 느껴야 한다는 의미로 추측할 것이다. 그리고 화자도 그런 의미로 말했을 것 같다.

그러나 한마디로 정반대이다. 퍼팅에서는 손과 손가락의 감각을 억제해야 한다. 느끼려 하지 말아야 한다. 감각이 둔해야 반사신경 반응이 나타나지 않는다. 그리고 Feedback 뇌 신경 동작도 약하게 나타난다. 그래야 타격 페이스 각 변화가 작게 된다.

Remarks

#1. 손가락과 손 감각을 잘 느끼면서 퍼팅하려 한다면 10년, 20년이 흘러도 여전히 발전이 없을 것이다. 이유는 그것이 스트로크 진행 시간상으로 제어할 수 없는 영역에 해당하는 것이기 때문이다.

#2. 퍼팅할 때, 발바닥 어떤 부분에 신경을 집중하기, 시각적으로 볼 특정 부분을 바라보기 등은, 몸의 신경(감각)을 그쪽에 집중하여 손의 감각을 일시적으로 약화하는 방법(다른데 신경 돌리기)들인데, 일시적인 효과일 뿐 요요 현상처럼 결국 원래의 하급자 퍼팅 실력으로 돌아갈 것이다.

#3. 퍼팅 그립에서, 손목 꺾이는 것을 방지(완화)하고자 손목에 뭘 끼우고 하는 Drill 같은 이야기가 있다. 그것이 해결책인지 생각해봐야 한다. 그럴싸하게 들리지만, 과연 *"효과 있던가?"* 하고 반문해보자.

#4. 콜럼버스의 달걀처럼 다음과 같이 역발상(사고의 전환)을 해보자.
"퍼팅을 잘하려면 손의 감각을 죽이는 것이 중요하다."
손 감각 죽이는 것이 퍼팅 능력 전환점을 맞이하는 첫 번째 필요조건이다.

1) 퍼팅 스트로크에서 척수 반사신경
(반사신경 억제하기)

어떤 자극에 대해 신경은 다음과 같이 시간 차이를 두고 2가지 반응 동작을 만들게 된다.

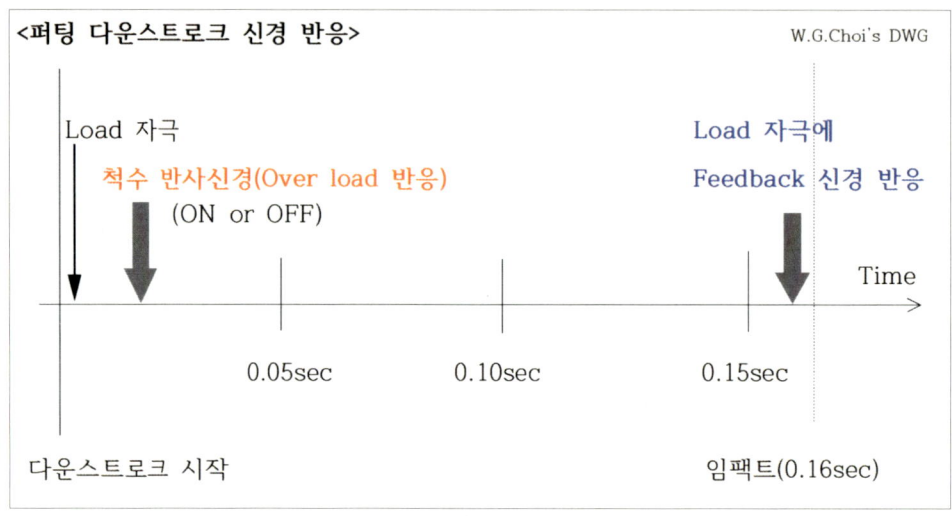

그림 1.1.12 퍼팅 스트로크 시간 동안 신경 반응 (예시)

그림의 가로축은 Time이다. 다운스트로크 시작에서 급가속은 퍼터 헤드에 가속 관성력이 걸리고, 이것은 손목, 팔꿈치, 어깨에 Load 자극을 만든다. Load 자극은 팔의 측면에 급변하는 굽힘 모멘트의 근력을 요구하게 된다.

요구되는 근력의 크기 변화, 즉 가속도의 변화(=가가속도)가 어떤 한계치 이상이면 대략 0.015초 정도 전후에서 척수 반사신경 동작이 만들어진다. 인체를 보호하기 위한 현상이다. 뇌의 제어와 관계없이 척수에서 근육 동작 명령을 내린다. 이것은 일반 스윙에서 손목 캐스팅이 일어나는 현상과 같다고 하겠다.
반응 형태는 특정 근육들의 수축을 만들어 손목이 꺾이게 하고, 그립이 돌아가게(닫히게) 만든다. 감각이 민감할수록 반응은 작은 하중(Load) 변화 조건에서 나타날 것이다.

손목이 아무리 꺾이지 않게 하려 해도 계속 꺾인다.
혹자는 *"손목 꺾지 말라."*고 계속 요구하나, 손목이 왜 꺾이는지? 또 어떻게 해야 안 꺾이는지의 설명은 거의 없다.

방법은 손에서 느끼는 감각을 안 느껴지게, 아니면 작게 느껴지게 하는 것이다. 느낌이 작으면 자극이 작게 여겨지면서 반사신경도 일어나지 않는다. 반사신경 동작이 일어나지 않으면, 원치 않던 손목 꺾임과 그립이 돌아가 닫히는 현상도 일어나지 않는다.

반사신경이 작동하는 경계선(최소 Load 조건 ≒ 어떤 퍼팅 거리 ≒ 어떤 퍼팅 세기)은 골퍼마다 다르다.
그 경계선을 결정하는 요소는 다음과 같다.
    (A) 각 골퍼의 신경 민감도
    (B) Setup의 모양과 사용 근육, 그립 악력
    (C) 스트로크 형태 (가속~감속 패턴, 의도보다 백스트로크가 작을 때)
    (D) 퍼터 사양 (그립 두께, 촉감, 테이퍼 형태 및 헤드 모양)
    (E) 느끼려는 의지
    (F) 특정 부위 하중 집중도

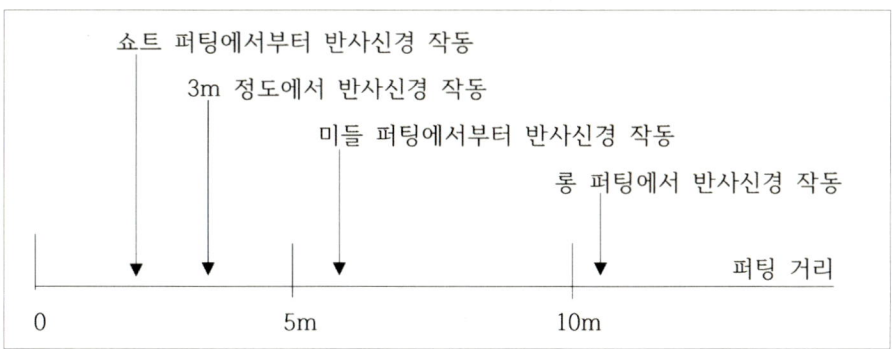

그림 1.1.13 퍼팅 반사신경(손목 꺾임, 그립 돌아감) 작동 거리

Remarks

#1. *1절의* 드는 근육 분리 어드레스 방법과 *2절의* 어깨 펴는 모양과 오른 아래 승모근 사용 방법으로 반사신경이 작동하는 퍼팅 거리 한계를 키울 수 있는데, 근본적으로는 손과 손가락에 하중을 느끼지 않으려는 의지가 더 중요하다.

#2. 퍼팅 그립을 손바닥으로 견고하게 잡으라는 이유는, 힘(동력)의 전달 측면도 있지만, 신경 민감도가

손가락보다는 손바닥이 무디기 때문이다. 특히 엄지손가락 바닥 살 부분의 감각이 낮고, 손가락 끝마디 쪽의 민감도가 높다.

#3. 퍼팅 그립을 견고하게 잡으라는 이유는, 흔들리지 않게 하려는 의도가 있지만, 특정 부위에 하중 집중이 되지 않게 하려는 의도가 있는 것이다. 특정 부위에 하중이 집중되는 그립이면, 반사신경 근육 수축이 짧은 퍼팅 거리부터 일어나기 때문이다.

ex) 오른손 검지를 펴서 잡은 그립 모양은 감각을 억제하기 어렵다. 굳이 검지를 펴는 자세가 편하여 적용하고 싶다면, 끝으로 지지하지 말고 전체 마디(특히 안쪽 첫째 마디 살)로 지지해야 한다.

#4. 손/손가락 감각을 느끼지 않으려는 행위 자체는 쉽다. 단지 그럴 의도, 그럴 마음이 있는가, 아니면 잘 느끼며 퍼팅하려 할 것인가의 의지 차이이다.

감각을 느끼지 않으려 하는 것은 뭘 준비하는 것도 없고, 뭘 어떻게 바꿀 필요도 없다. 전혀 어려운 동작이 없다. 의지와 마음만 필요하다.

단지 답답함이 따른다. '뭘 하는데, 뭘 하지 않은 느낌'을 가지려는 것은 인체의 기능에 역행하는 것이기 때문이다.

* 손의 감각을 느끼지 않으려는 퍼팅연습을 할 때, 때로는 역겨움까지 느낄 수 있다. 인체의 신경계는 당연히 들어오는 자극을 느껴야 하는데, 그것도 손/손가락 감각이 인체의 50% 정도를 차지하고 있는데, 그것을 무시하는 것이어서 괴로움을 느끼는 동작이 될 수 있는 것이다. 이 단계를 극복하기 위해서는 3~4주 동안 굉장한 괴로움과 귀찮음을 견뎌내는 과정을 거쳐야 한다.

#5. 이것을 어느 정도 익히는 데는 1~3개월 정도의 기간이 소요된다. 숙달하는 데는 6개월 정도가 걸린다. 그런데도 어느 정도 익숙하더라도, 가끔 반복해서 감각을 느끼려는 것이 찾아와 페이스가 닫혀 당겨지는 퍼팅을 유발한다.

퍼팅 후 *"닫혔네!", "당겨졌네!"*라고 말하는 경우가 이에 해당한다. 보통 백스트로크 Start가 느리거나, 그 크기가 작으면, 급하고 강하게 다운스트로크 전환이 되어서, 반사신경 작동하여 퍼터 페이스가 닫히게 된다.

#6. *"슬라이스 Break은 어렵고 훅 Break은 쉽다."*라는 말이 있다. 신경 반응을 알고 잘 제어하는 상급자에게는 Push가 편해서 훅 Break이 쉽고 슬라이스 Break이 어렵다. 상급자에게만 해당하는 이야기다. 반면, 반사신경에 의하여 퍼터 헤드가 닫히곤 하는 하급자에게는 슬라이스 Break은 운으로 들어가기 쉽고, 훅 Break은 좀처럼 안 들어간다. 그리고 훅 Break에서 당겨지면 3-퍼팅의 가능성을 키운다. 하급자는 훅 Break이 어렵다.

* 추측 : 막연한 추측이지만, 처음에 프로라인의 의미는 훅 Break에서 Push 되어 높은 오른쪽으로 벗어나는 것을 의미하고, 아마추어 라인의 의미는 훅 Break에서 반사신경과 날신경 작용으로 Full 되어 낮은 쪽으로 벗어나는 퍼팅 모양을 말했을 것 같다.

반사신경과 Feedback 반응의 제어 능력 차이를 퍼팅 좌측·우측 방향성으로 구분했던 말이 아니었을까? 이후, 단지 내용의 속뜻과 과정이 없어지고(사라지고 와전되어) 높은 쪽으로 가면 프로라인, 낮은 쪽으로 가면 아마추어 라인이라고 하게 된 것이 아닐까?

구분은 Push 되면 프로 퍼팅 스트로크, Full 되면 아마추어 퍼팅 스트로크라고 이해하면 쉬울 것이다.

#7. *"등과 어깨로 퍼팅하라."* 라고 한다. 돌려서 생각하면 이 말은 손의 감각을 죽이라는 이야기가 된다.

등 근육은 어깨를 움직이고, 어깨 근육은 버티며 팔을 이동시키고, 팔(전완) 근육은 손과 손가락을 움직인다. 어깨와 팔을 움직여서 퍼팅하고 손과 손가락은 직접 움직이지 말고 따라다니는 형태를 취하라는 것이다.

#8. *"눈을 감고 손의 감각으로 스트로크해 보라."* 라는 이야기가 있는데, 이런 손 감각 느끼기는 도움 되지 않고 단지 반사신경과 Feedback 신경에 의해서 헤드가 돌려는 것을 느끼는 것뿐이다. 만약 그 감각을 느끼고 그것을 제어하려 한다면 헛고생을 하게 될 것이다.

* 자극의 우선순위 예) : 엉덩이 주사 맞을 때, 찰싹 때리면서 바늘을 꽂으면 바늘 찌르는 통증을 못 느낀다. 때려 맞는 자극이 바늘 꽂는 자극을 없앤다.

2) 퍼팅 가속도 그래프, 관성력, 관성모멘트
(심화 내용 Ⅰ - 엉뚱한 이야기를 감별해내는 데 필요한 사항)

a) 가속도
퍼팅 스트로크의 퍼터 헤드 가속도 그래프는 다음 그림과 같은 형태이다.

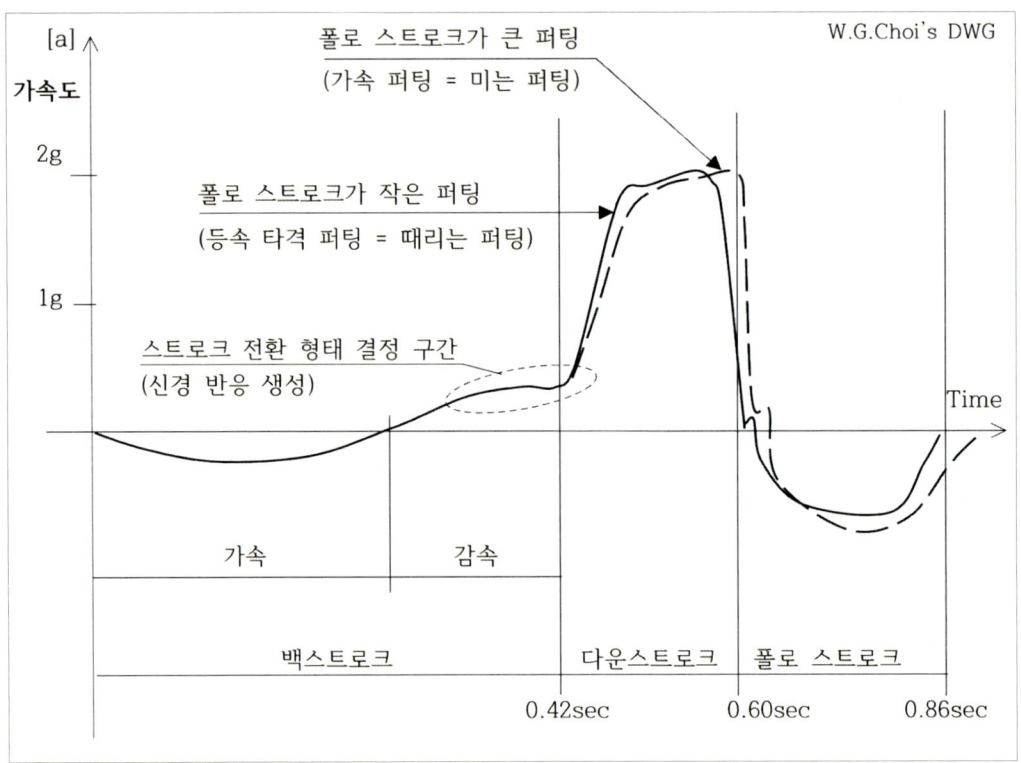

그림 1.1.14 6m 거리 퍼팅 가속도 그래프 (예시)

문제 1) 퍼팅 거리 6m, 백스트로크 크기 27cm, 다운스트로크 시간 0.18sec, 임팩트 헤드 스피드 3m/sec(볼스피드 4.5m/sec)로 스트로크한 경우, 퍼터 헤드의 평균 가속도는 얼마인가?

평균 가속도(ā) = V / t = 3 / 0.18 = 17 m/sec^2
∴ 최대 가속도는 대략 20m/sec^2 이며 2g(중력가속도)에 해당하는 값이다.
(검산 : 스트로크 크기 S ≒ 0.5 × a × t^2 = 0.5 × 17 × 0.18^2 = 27 cm)

다운스트로크 최고 가속도를 20 m/sec^2 이라고 하면, 중력가속도 9.8 m/sec^2의 2배에 해당하고, 2g라 표현할 수 있다.

일반 버스의 급출발 가속도가 0.2g 정도이므로, 버스 급출발할 때 몸이 뒤로 벌러덩 하고 쏠리는 것의 10배에 해당하는 가속 관성이 퍼터 헤드에 걸린다고 보면 무리가 없다. 그 관성은 그림의 손목 근육에 굽힘 모멘트를 걸리게 한다.

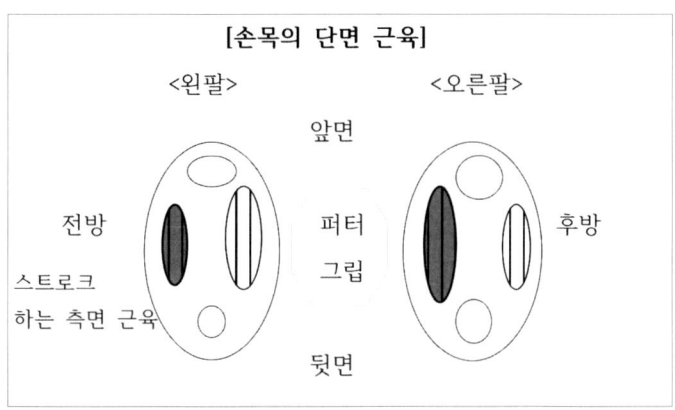

그림 1.1.15 퍼팅 다운스트로크에서 굽힘 모멘트를 받는 손목 측면 근육

퍼터 헤드의 가속을 만드는 동력원은 어깨 & 등 근육의 수축력이다.

가속도(가속력)의 크기와도 관계는 있겠지만, 손과 손목의 젖힘 반사신경 작용을 일으키는 것은 다운스트로크 초기의 가속도 급변구간의 가가속도 때문이다.

이 급변구간(가가속도가 큰 지점) 직후 반사신경에 의한 근육의 과도 반응(Over Action)이 일어난다.

근육의 과도 반응이란, 필요한 근력보다 더 큰 근력을 생성하여 과도한 추종 변위를 만드는 것이다. 이것이 일차적으로 원치 않는 손목 꺾임과 그립 돌아감을 만드는 원인이다.

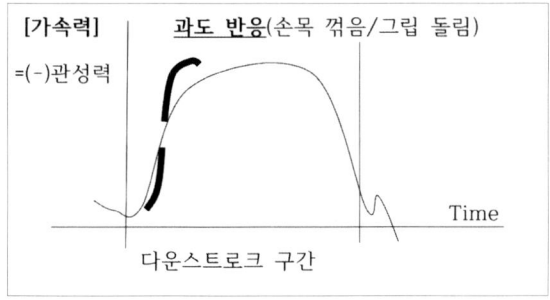

그림 1.1.16 퍼팅 다운스트로크 급가속에 의한 반사신경 과도 반응

b) 관성력, 관성모멘트
　(심화)

퍼팅, 다운스트로크 할 때 손과 손목 측면에 어떤 힘들이 걸리는지 살펴보자.

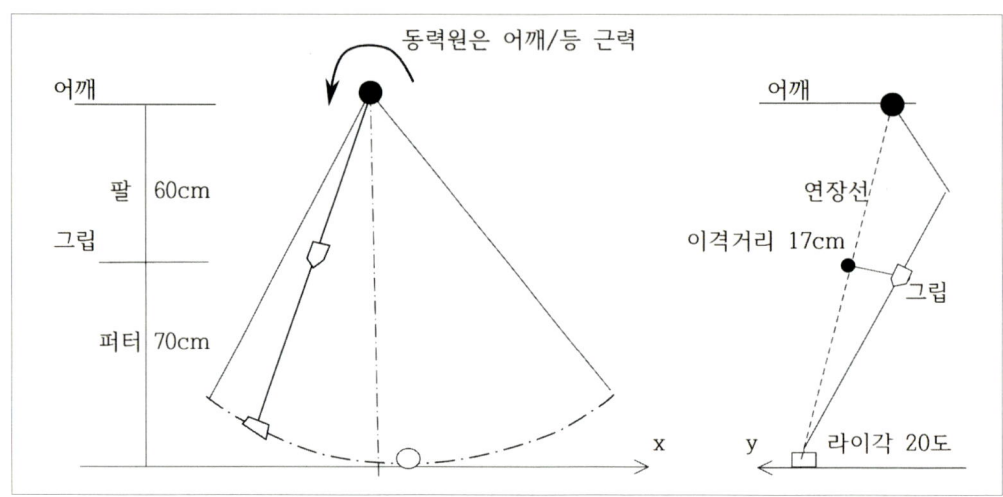

그림 1.1.17 퍼터 헤드 관성력 (손목 꺾임 모멘트, 그립 돌아감 토크)

문제 2) 앞의 *문제 1)에서* 퍼터 헤드 무게가 350g일 때, 다운스트로크 헤드의 가속 관성력은 얼마인가? 그리고 손목에 걸리는 측면 굽힘 모멘트는 얼마인가?

퍼터 헤드의 관성력 공식은 F = m × a 이다
F = 0.35 kg × 20 m/sec^2 = 7 N = 0.7 kgf <--- 퍼터 헤드 관성력

관성력은 후방으로 작용한다. 그리고 손(손목)에는 후방으로 꺾이는 관성모멘트가 작용하게 되며, 그 크기 공식은 M = L × F 이다.
M = 0.7 × 0.7 = 0.49 kgf-m <--- 손목에 걸리는 관성모멘트

이 값이 후방으로 작용하는 가속 관성력에 대하여 손목이 견뎌야 하는(버텨야 하는) 측면 굽힘 모멘트이다. 이 하중 조건은 뇌에 근육작동 메모리로 엇비슷하게 저장된 값이다.
단, 손목이 전방으로 꺾이는 반사신경의 Over Action 근력은 이값의 10%가 될 수도 있고, 30%가 될 수도 있다. 아니면, 발현되지 않을 수도 있다. 그것은 척수 반사신경 작동 조건에 따르기 때문이다.

반사신경과 다른 것으로서, 뇌의 근육 동작 메모리에 이러이러한 동작을 할 때 각각의 근육은 시간대별로 얼마의 수축력을 가지는 것으로 프로그램되어 있는데, 실제 동작에서 그 근력 대비 크거나 작게 되는 오차가 발생 된다. 이것이 단순 동작에서 근육 움직임의 정확도를 말하는 것이다.

c) 손목에 걸리는 관성 토크

동력원의 지점과 가속되는 퍼터 헤드의 연장선 안쪽에 그립이 있어서, 손에는 관성 토크가 걸린다. 회전 관성모멘트이다.

문제 3) 앞의 *문제 2)에서* 동력원인 어깨 지점 ~ 퍼터 헤드 연장선에서 손목이 17cm 이격되어 있다면 손목이 받게 되는 관성 토크 값은 얼마인가?

관성 토크 T = F × y = 0.7 × 0.17 = 0.12 kgf-m <--- 클럽 4° 비트는 크기

퍼팅하는 사람의 시각에서, 퍼터 헤드의 관성력이 그립을 시계방향으로 돌아가게 하는 모양의 토크를 가하고 그 값이 위의 계산값이다. 이 토크 하중 조건은 뇌에 근육작동 메모리로 엇비슷하게 저장된 값이다. 이 토크 값은 가속 관성력에 비례하고, 퍼팅 자세에서 만들어지는 이격 거리 크기에 비례한다.

단, 이 토크에 대항해 손목을 반시계 방향(페이스를 닫게 하는 방향)으로 돌아가도록 하는 반사신경의 Over Action 근력은 이값의 10%가 될 수도 있고, 30%가 될 수도 있다. 아니면, 발현되지 않을 수도 있다. 이 또한 척수 반사신경 작동 조건에 따르기 때문이다.

Remarks
#1. 손목이 전방으로 꺾이고, 그립이 반시계 방향으로 도는 것은 근육의 신경 동작(반사신경, Feedback 반응)이다. 의지와 관계없다.
    퍼팅 감각에서 이것은 직접 제어할 수 없는 영역으로 가능하면 없도록 하거나, 작게 나타나도록 하여야 한다. 그러기 위해서는 손·손가락 감각이 덜 느껴지도록 해야 하는 것이다. *"퍼팅 손은 내 손이 아니다."* 라고 주문을 외자.
    거꾸로, 손 감각을 잘 느끼려고 하면서 퍼팅하려 한다면 반사신경 때문에 천년만년 해도 똑바로 치는 것은 요원하게 될 것이다.
    cf) 퍼터 헤드 모양에 따라 관성 토크 형태가 조금 바뀌는데, 논외로 한다.

#2. 다운스트로크 퍼터 헤드의 가속력 전달(=버팀)에 관여되는 왼팔, 오른팔 근육들은 다음과 같이 묘사할 수 있다. 복잡하다. 느끼면서 제어할 수 없다는 이야기다. 또한 의지만으로는 똑바로 맞출 수 없다는 이야기다.

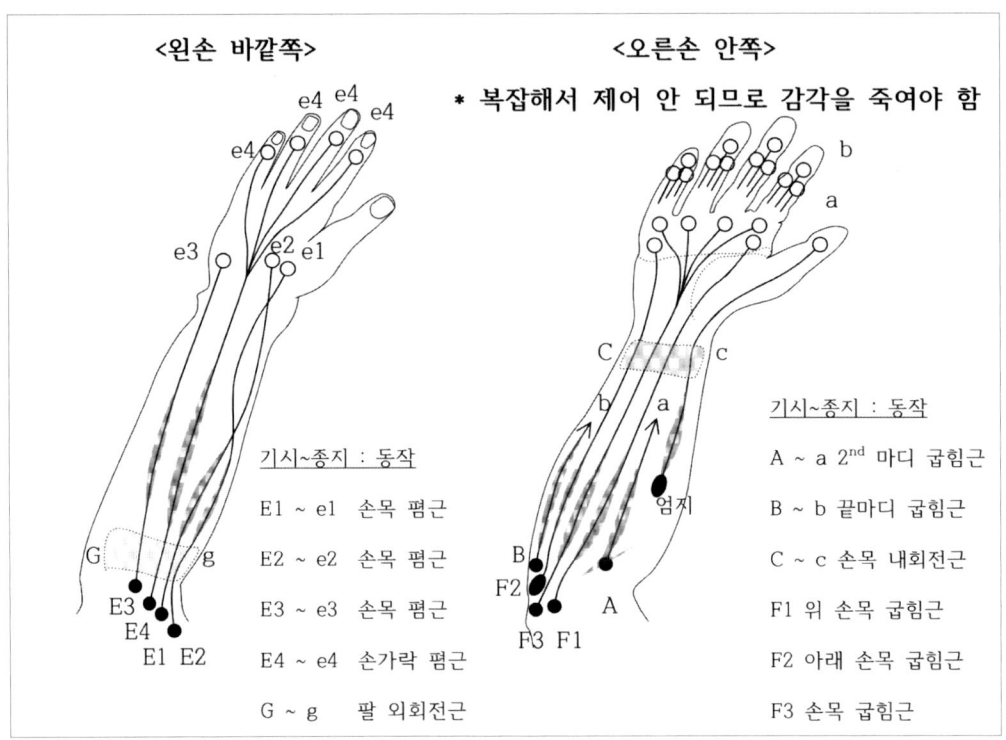

그림 1.1.18 퍼팅 다운스트로크에 관여되는 손·손가락 주요 근육

#3. 퍼팅 스트로크를 분석하는데, 속도 그래프로는 스트로크의 형태를 보기 어렵다. 속도를 미분한 가속도 그래프를 보아야 스트로크 형태를 알 수 있다,

손목이 꺾이고, 그립이 돌아가는 신경 동작 현상을 확인하는 데는 가속도를 미분한 가가속도 그래프가 필요하다.

　* 일상생활에서 가가속도는 엘리베이터, 에스컬레이터, 지하철의 출발 & 정지에서 느끼는 관성 변화인데, 한마디로 가속도 변화가 승차감에 해당한다.

#4. 장비 규정에 퍼터의 라이 각은 80도 이하여야 하는 것으로 제한되어 있다. 최소 10도만큼의 경사 요구는 그만큼의 퍼터 헤드 가속 관성 토크가 팔에 걸리게 하여 그것을 근육 제어로 해결하라는 과제이다.

보통 퍼터는 신체 구조상 70도 정도의 라이 각이 편안한 자세(신체 기구학적 관절 각도)를 만드는데,

손목에 걸리는 이 가속 관성 토크를 작게 하려고 80도에 가까운 라이 각의 퍼터를 사용하는 골퍼도 있다.

    cf) 하체 자세를 바짝 낮추고 라이 각을 60°로 줄여 퍼팅하는 일반 골퍼가 있는데, 이는 더 큰 가속 관성 토크가 걸리게 되어 퍼터 페이스 제어에 불리하다.

#5. 퍼터 헤드, 샤프트, 그립의 조립에서 보통 헤드 면이 0°~ 3° 열린 제품이 제작 출시된다. 이것은 신경 반응으로 페이스가 닫히는 현상을 상쇄하고자 미리 부여한 것이라고 봐야 한다.

#6. *2절에서 설명한* 일정 비율 오른 아래 승모근으로 끄는 다운스트로크는 퍼터 헤드를 움직이는 동력원을 어깨 아래쪽 지점으로 내리는 효과가 있어서, 손목에 걸리는 관성 토크를 작게 하는 효과가 있을 것이다.

돌리는 것, 회전하는 것에는 감각이 민감하게 반응하고, 끌고 미는 것에는 감각이 둔감하게 반응한다. 오른 아래 승모근으로 끄는 다운스트로크를 포함하라는 이야기는 동력원 전체에 감각이 둔감한 근육을 일부분 사용되도록 하라는 것이다. 더불어 이것은 스트로크 세기 조절에도 유리하다.

#7. 다운스트로크, 등·어깨 동력으로 팔을 끄는데 손이 무덤덤 한다면, 손과 손에 매달린 퍼터 헤드는 끌려오는 형태를 취한다. 임팩트 시점에 퍼터 헤드가 손보다 후행 되는 모양인데, 이것은 헤드 페이스를 De-loft 되게 만들어 준다.

De-loft 타격은 Roll을 많이 생성되게 해준다.

만약 손·손가락 감각을 잔뜩 신경 쓰면, 다운스트로크 가속에서 손목에 신경 작용이 유발되어서, 스쿠핑 모양의 손목이 되면서 퍼터 헤드 Loft가 눕게 되고, 이렇게 타격 되면 Roll이 적게 (백스핀이 걸려) 볼이 출발하게 될 것이다.

타격 Roll이 적은 퍼팅은 직진성, 방향성, 거리감이 저하된다.

1.4 Feedback 반응 제어 - 템포 맞추기

(왜 퍼팅 템포를 맞추어야 하는가?)
(어떤 템포를 맞추라는 것인가?)
(어떻게 템포를 맞출 것인가? --- 1 : 4 : 16 법칙)

퍼팅을 잘하려면 *"템포를 맞추어야 한다."* 라고 혹자들은 이야기한다. 참 막연한 이야기처럼 들린다. 퍼팅 스트로크 템포는 무엇을, 왜, 어떻게 맞추어야 하나?

- 템포 : 어떤 구간의 시간적 길이
    * 전체 퍼팅 스트로크 템포는 부차적이고, 첫째로 다운스트로크~임팩트 구간 템포가 중요한 것이다. 두 번째는 백스트로크 감속과 다운스트로크 시작 구간의 템포이다.
    하중 자극이 뇌에 전달되고 분석되어 근육 수축 동작 명령으로 하달되는 Feedback 시간과 이들 템포가 엇비슷하기 때문이다.

- 타이밍 : 어떤 것과 다른 어떤 것의 시점 비교

- 리듬 : 하나의 어떤 것에서 2회 이상 만들어지는 그 세기와 시점 형태, 또는 둘 이상의 것에서 그것들의 세기와 시점이 어우러지는 형태

- 밸런스 : 둘 이상의 어떤 것에서 서로의 크기 상태

* 위의 4가지 용어들은 골프 스윙에서 매우 많이 사용된다. 의미에 맞게 사용되는 때도 있고, 어긋나거나 구체적인 기준이 없이 두리뭉실하게 사용되기도 한다. 심화한 세부 내용은 *5권 부록에서 상세 설명된다.*

1) 자극의 Feedback 반응이란?

몸에 하중이 자극되어 감지되면 신경을 타고 뇌로 전달되고, 뇌는 정보를 분석하여 어떻게 할 것인지를 결정하고 근육에 지령을 내려 움직이게 된다. 의지하고 관계없는 뇌의 자가 판단에 의한 반응이다. 근육 신경에서 말하는 들-신경 자극에 의한 뇌의 날-신경 반응 동작 이야기다.

앞의 그림에서 표현한 것과 같이, Feedback 반응 시간은 대략 0.16초 전후라고 예상된다. 개인차가 있다.
이 시간은 들-신경의 전달, 뇌의 정보처리, 날-신경의 전달 시간이 합해진 것이다.
　* 예를 들면, 100m 달리기에서 출발 총성을 듣고, 출발하는 데는 0.15sec 이상의 반응 시간이 소요된다.

다운스트로크 시작에서 급가속이 진행되면, 뇌는 기존에 훈련된 동작 메모리에 기초하고, 자극으로 입력된 관성력 크기(굽힘 모멘트, 회전 토크)에 대항해서 뇌가 명령하는 근육 수축 동작이 대략 0.16초 이후에 나타난다. 거의 타격 직전 시점이 된다.
그리고 뇌는 자극으로 입력된 관성력 세기를 느낌으로도 인지하게 한다.

근육 수축 동작은 팔과 손목을 이용해 퍼터 헤드를 전방으로 꺾어 보내는 것과 퍼터 헤드를 닫히게 회전시키는 동작이다. 보통 예비량을 포함하여 과도 반응(Over action)을 하게 된다.
동작량은 뇌가 스스로 판단하고 결정한다. 그 양이 많으면 스쿠핑 손목이 되고, 페이스 각이 닫히는 임팩트가 된다.

이 뇌의 Feedback 동작에 대한 대책은 세 가지가 있다.
세 가지를 다 반영해야 고급 품질의 스트로크가 된다.

- **첫째**는 다운스트로크 초기 가속을 부드럽게 하는 것이다.
　말은 쉽게 들리지만, 0.01~0.02초 짧은 시간이라는 고난도 근력 조정 이야기다.
　초미세 시간인, 0.001 ~ 0.015 초에 이루어지는 근육 하중 자극과 움직임 감각을 느낌(감)이라고 한다.
　감은 자체로 조정되는 것이 아니고, 자세/길이/선행 동작으로 조금 다르게 변화시킬 수 있는 것인데, 시간이 짧은 것을 비유하자면 감은 화학 원소의 분자~원자 단위와 같은 것이다.

- **둘째**는 Feedback 반응량이 적게 되도록 하는 것인데, 그것은 *3절에서 이야기한* 손·손가락 감각을 억제하는(죽이는) 것이다. 만약 감각이 민감하면, 뇌에 입력되는 자극의 크기가 크고, 임팩트 직전에 뇌로부터 하달되는 크고 변화무쌍한 근육 수축 동작 명령에 직면하게 될 것이다.

- **셋째**는 Feedback 반응 시점을 임팩트 기준으로 일정한 시점에 나타나게 하는 것이다. *다음 2) 항에* '가속도-Time 그래프'로 표시되어 있다.

 이것이 템포를 맞춰야 하는 이유이다.

 cf) 특이한 예외 형태로서, 백스트로크를 아주 작게 하고, 짧은 템포로 다운스트로크를 하여, 뇌의 Feedback 반응이 작용(도달)하기 전에 임팩트를 해버리는 퍼팅 형태를 가지는 극히 일부 선수도 있음.

2) 어떤 템포를 왜 맞추는가?

퍼팅 스트로크에는 크게 두 개의 템포가 Feedback 동작과 관련된다. 그림에서 TB1과 TB2로 표시하였다.

-. TB1 : 다운스트로크 초기 감지된 급가속 관성력에 버티는 근력을 만들라고 뇌는 해당 근육에 명령하는데, 그것이 대략 0.16sec 후(임팩트 직전)에 나타나고, 그것은 손목 꺾음과 그립을 돌려 닫히게 하는 반응으로 나타난다.

-. TB2 : 백스트로크에서 감속으로 전환하는 감속 관성력이 다운스트로크 초기 가속 조건과 연동된다. 감속 모양과 템포에 따라 부드러운 다운스트로크 가속에 도움이 될 수도 있고, 오히려 그것을 방해하는 것으로도 작용할 수도 있다. 백스트로크 초기 가속 패턴을 바꾸면, 감속 패턴이 바뀌고, 이 가속 & 감속 패턴은 다운스트로크에 영향을 주게 된다. 의외로 큰 퍼터 페이스 각 변화를 만든다.

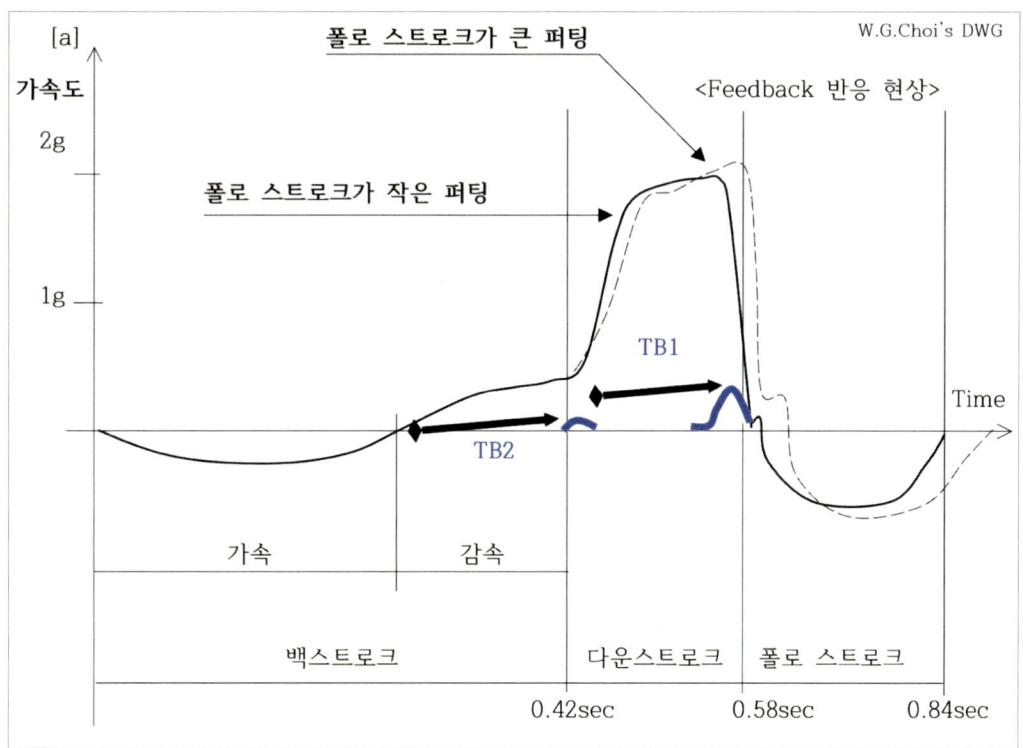

그림 1.1.19 퍼팅 스트로크 Feedback 반응 (예시)

Remarks

#1. 다운스트로크 시간을 일정하게 가져가야 함은 그림에서 TB1를 일정하게 하여, 다운스트로크 초기 영향을 임팩트 직전에 일정하게 가져가고자 함이다.

#2. 백스트로크를 일정한 형태로 해야 하는 이유는, 백스트로크 감속 변화가 TB2 시간 후에, 다운스트로크 초기 가속을 만드는 근력에 영향을 주는데, 일정한 근력 상태를 만들고자 함이다.
비유 1 : 파도와 같이, 첫 작은 파도가 두 번째 파도에 겹치면 힘이 세짐
비유 2 : 하이브리드 자동차와 같이 제동에너지를 저장하여 사용하면 연비 절감되듯, 백스트로크 감속 Feedback을 다운스트로크 가속에 사용

#3. 골프에서 시각적인 정보가 눈으로 들어와 뇌에 인지되는 시간은 대략 0.09초, 그리고 반응하는 시간은 0.09초, 합해서 눈으로 보고 동작하는 데에는 거의 0.18초 가까이 소요되는데, 얼추 다운스트로크 ~ 임팩트 구간 시간과 비슷하거나 조금 길다.
눈으로 보고 동작을 제어한다는 것은 불가능하다는 이야기다. 눈으로 본 것이 인지됐을 때는 0.1초 정도가 지난 과거의 (지나간) 일인 것이다.

퍼터 헤드가 백스트로크 최고점에 도달한 것을 눈으로 보고 다운스트로크 전환한다는 것은 불가능하다. 시각적인 백스트로크 최고점 도달 0.1sec 정도 이전에 다운스트로크 전환 의지를 갖춰야 한다.
다운스트로크 전환이 일정하지 않을 때는, 이 0.1sec 라는 시차 발생에 해당하는 헤드 위치를 생각하고 미리 명령하는 연습을 하면 도움이 될 것이다.
그리고 자신이 보고 느끼는 백스트로크 크기보다 타인이 본 것이 큰 이유는 시각 정보 인지 시간 차이에 있다고 하겠다.

#4. 보통 거리 퍼팅 스트로크는 One set(하나의 정형화된 동작)으로 같은 시간에 구현되도록 해야 한다. 오직 퍼팅 거리에 따라서 백스트로크 크기만 변할 뿐이다.

#5. 백스트로크 할 때 가속 시간과 감속 시간을 바꿔가면 방향성이 달라진다.
최적의 일정한 패턴은 연습해 가면서 만들어야 한다. 얼마만 한 백스트로크 템포가 적당한지 찾기도 어렵고, 찾았다고 해도 그것을 유지하기도 어렵다.
＊(심화) 자신의 백스트로크 템포 찾는 방법 :
이상적인 스트로크 템포는 '자기 신체 근육 & 신경계 + 퍼터 사양(무게) + 퍼팅 형태'에 의해서 결정된다.

적당한(똑바로 퍼팅하는) 백스트로크 템포는 다음 (A)-(B)-(C) 순서로 찾을 수 있다. 단, 미세한 변화와 아주 짧은 시간 조절에 관계되는 반복되는 Test라서 쉽지는 않다. 번거롭기도 하다.

(A) 더 빠른 백스트로크로 퍼터 헤드의 <u>토우 쪽에 맞추면서</u>, 백스트로크 빠르기를 변화시켜 똑바로 가는 템포를 찾는다.

빠르면 빠를수록 당겨지고, 느리면 느릴수록 밀릴 것이다.

(B) 더 느린 백스트로크로 퍼터 헤드의 <u>힐 쪽에 맞추면서</u>, 백스트로크 빠르기를 변화시켜 똑바로 가는 템포를 찾는다.

이것도 빠르면 빠를수록 당겨지고, 느리면 느릴수록 밀릴 것이다.

(C) 위의 (A)와 (B)의 백스트로크 빠르기의 중간쯤이 자기의 백스트로크 템포가 된다. 중간쯤 빠르기로 퍼팅하여 똑바로 가는지 확인한다.

ex) (A)=0.4sec, (B)=0.9sec이면 (C)=0.6sec 정도이다.

이 타점과 백스트로크 템포를 바꿔가면서 하는 퍼팅연습은 템포의 변화에 방향성이 얼마나 많이 바뀌는지 감을 잡는 데도 도움이 된다.

〈별외〉

중심타점에 (A)의 빠른 템포 퍼팅은 과감하게 치는 짧은 거리 퍼팅에 응용해서 사용할 수는 있다.

중심타점에 (B)의 느린 템포 퍼팅은 홀컵에 똑 떨어지는 짧은 거리 눈물 퍼팅에 사용할 수는 있다.

* 단, 다른 템포를 혼용해서 사용하면, 일반 퍼팅 영점에는 방해된다.

#6. 템포, Feedback 반응 이런 것도 역시 눈에 보이지 않는 것이다. 그래서 쉬워 보이지만 스윙만큼이나 퍼팅 똑바로 보내기는 어렵다.

#7. 연습 되지 않은 동작은 뇌가 자극(들-신경 정보)을 분석하고 그것에 합당한 명령(근육 움직임 프로그램을 생성하여 근육으로 보냄)을 처리하는데 0.3초 이상이 걸린다. 그래서 이제 막 퍼팅을 시작한 초보는 다운스트로크 구간에서 Feedback 반응이 나타나지 않을 수 있다.

따라서, 다음과 같은 경우의 Wi-Fi 방향성을 보일 것이다.

- 척수 반사신경만 강하게 있는 경우 페이스 닫히게 되어 좌향
- 척수 반사신경 없고, 가속 관성 저항만 받으면, 페이스 열리는 우향
- 간혹, 척수 반사신경과 가속 관성 저항이 비슷하게 공존할 때 중앙

* 이 상태는 아직 알에서 깨지도 않은 병아리와 같은 상태라고 봐야 한다.

1달 ~ 3달 정도 스트로크 연습을 하여, 퍼팅 동작 신경의 Feedback 반응 시간이 정상 궤도로 오는 기간이 필요하다. 조급하게 며칠 만에 이루려 해봐야 거의 의미 없는 것이 될 수 있다는 이야기다.

만약 초기 연습에서 퍼팅 잘하는 사람 스트로크의 세세한 부분을 모방한다면, 더 빨리 습득할 것이고, 그렇지 않으면 답을 찾는 데는 꽤 오랜 시일이 걸릴 것이다.

#8. "운동신경이 좋다."는 것은 다음의 의미이다.

첫째, 감각 자극(오감)에 신체가 빨리, 정확히 반응한다.

둘째, 동작의 습득이 빠르고 정확하다.

골프에서 두 번째의 운동신경은 도움이 되나, 첫 번째의 운동신경은 해롭게 작용 된다고 할 수 있다. 운동신경이 좋은 사람이 골프(스윙부터 퍼팅까지) 잘한다는 통계는 보지 못했을 것이다.

#9. 골프 동작 하나하나는 답답하고 짜증 나는 것이 많다.

이것저것 따질 필요 없이 그냥 퍼팅 스트로크하면 편할 것인데 다음 4가지와 같은 거슬려야 하는 것들이 있다. 그래서 퍼팅에서는 약간의 득도 단계에 오르는 것 정도의 깨우침 마저 매우 어렵다.

- 함께 하면 편한데, 드는 근육과 움직이는 근육을 분리 사용해야 한다.
- 어깨를 오므리면 편한데, 가능한 어깨를 펴고 스트로크해야 한다.
- 감각을 느끼려는 것이 신경계의 본능인데, 손 감각을 죽여야 한다.
- 이렇게도 저렇게도 시간에 구애받고 싶지 않은데, 템포를 맞추어야 한다.

대다수의 일반 골퍼가 10년, 20년 했음에도 똑바로 보내는 퍼팅이 안 되는(어려운) 이유가 여기에 있다고 하겠다. 퍼팅 똑바로 보내기에서, 어느 날 갑자기 번쩍하고 잘 되는 일은 절대 일어나지 않을 것이다.

#10. 이유와 방법을 아는 것은 지혜이다. 어려움을 아는 것도 지혜이다. 난이도를 알면, 목표 기간을 설정할 수 있고, 만족도 수준을 정할 수 있다.

#11. 템포와 관련되는 것으로써 절대 해서는 안 되는 것이 있다.

- "3:6:9 법칙", 이것은 3m는 10cm, 6m는 20cm, 9m는 30cm, 즉 거리 배수의 백스트로크 크기를 하라는 이야기인데, 이렇게 한다는 것은 각각의 거리에 각각 다르게 퍼팅 스트로크 템포 패턴을 소유하는 것을 의미한다.

백스트로크 크기의 자승이 퍼팅 거리이므로, 3m 거리가 10cm 백스트로크 크기이면, 6m 거리 = $10*2^{0.5}$ =14.1cm, 9m 거리 = $10*3^{0.5}$ = 17.3cm 백스트로크 크기여야 일정한 다운스트로크 템포를 가질 수 있다.

만약 프로선수 또는 지망생이 이런 형태의 *"3:6:9 퍼팅"*을 믿고 적용한다면, 템포가 제각각이 되어, 그 골퍼는 거리감과 방향성 제어가 안 되어서 최하위의 퍼팅 실력을 소유하게 될 것이다.

이것은 아무런 감도 없는 입문자 단계 때, 잠깐 퍼팅 동작을 습득하는 과정에서 해보는 것이고, 바로 *"3:6:9 퍼팅하면 절대 안 된다."*라는 것을 깨닫게 하려고 나온 것으로 여겨야 한다.

- *"변형 3:6:9 법칙, 백스트로크 10cm는 3m면, 2배인 20cm는 9m, 그사이 15cm는 6m 거리를 퍼팅하는 스트로크 크기를 하라."*라는 내용이다. 조금 나아졌지만, 여전히 템포를 다르게 해야 하는 스트로크 크기이다.

- 퍼팅, *"같은 거리, 큰 백스트로크에 느리게도 해보고, 작은 크기에 빠르게도 해보라."*라는 것은 다른 퍼팅 스트로크 패턴을 구사해보라는 것인데, 한 가지 패턴도 구사하기 어려운 것이 퍼팅인데, 어떻게 여러 패턴을 소유할 수 있겠는가!

3) 템포를 일정하게 하는 백스트로크 크기 비율

(퍼팅 거리 = 백스트로크 크기^2 관계)

(가장 기본이 되는 사항)

거리와 관계없이 스트로크 템포가 같아야 Feedback 반응이 일정하여 퍼터 헤드 페이스를 일정하게 하고 타격할 수 있다.
백스트로크 시간 일정하게 하고, 다운스트로크 시간도 일정하게 하면서 퍼팅 거리를 조절하려면 어떻게 해야 할까?

동일 템포 조건에서 백스트로크 크기를 2배 하면, 퍼팅 거리는 단순하게 계산해서 대략 4배가 된다. 이건 물리학의 기본적인 사항이다. (실제로는 가속 및 잔디 저항 영향으로 3.8±0.1 정도의 오차는 있을 것이나, 4배로 취급한다.)

　*퍼터페이스 면과 볼의 표면 경도에 따라 거리 비율이 달라지는 특성도 있다.

백스트로크 1 : 2 : 4 는 퍼팅 거리 1 : 4 : 16이 된다. 1:4:16 법칙이다.
예를 들면 다음과 같다.

퍼팅 거리	퍼팅거리 비율	백스트로크 크기	백스트로크 크기 비율
(0.75)	(0.25)	(7.5cm)	(0.5)
(1.5m)	(0.5)	(10.6cm)	(0.71)
3m	1	15cm	1 <--- 기준 거리
6m	2	21.15cm	1.41
9m	3	26cm	1.732
12m	4	30cm	2

　* 기준 거리를 3의 배수보다 '4의 배수 : 1보-4보-(8보)-(12보)-16보' 또는 '5의 배수 : 1.25보-5보-(10보)-(15보)-20보'로 계산하기가 더 편함

어떤 퍼팅 거리에 해당하는 백스트로크 크기를 달리한다면서 퍼터의 헤드 스피드를 맞춘다는 것은, 다운스트로크 템포를 다르게 가져간다는 이야기가 된다. 즉, 템포가 일정하지 않다는 이야기다.

만약 3, 6, 9, 12m(보) 퍼팅을 하는데, 9, 18, 27, 36cm 백스트로크 크기를 한다고 해 보자. 6m(보) 퍼팅 거리의 타격 퍼터 헤드 스피드를 3m/s라고 가정하면, 나머지 거리의 헤드 스피드는 '헤드 스피드 ∞ 퍼팅 거리^0.5 = (1.5 × D)^0.5'에 의해 각각 2.12m/s(at 3m), 3.67m/s(at 9m), 4.24m/s(at 12m)의 헤드 스피드로 퍼팅하는 것이 된다.

이때 다운스트로크 시간(템포)을 계산하면 0.085sec, 0.12sec, 0.147sec, 0.169sec으로 각각 다르게 되는데, 이것은 거리별로 뇌의 Feedback 반응 동작을 다르게 먹게 하여 방향성이 완전히 다르게 나타나게 만드는 원인을 제공하게 된다.

이렇게 거리별로 다른 템포(시간)로 퍼팅하면 방향성을 제어할 수 없게 된다.

Remarks

#1. 혹자는 *"3보, 6보, 9보 퍼팅 거리에 백스트로크 크기를 2배, 3배로 키우면 된다."*라고 설명한다. 곱셈까지 해서 백스트로크 크기를 설명하기도 한다. 그럴싸하게 들린다.

맨 처음 이 황당한 이야기를 한 사람은 누구일까? 그리고 왜 했을까?

골프를 시작하고 반복해서 이 이야기를 들은 사람은 아마도 머릿속에서 쉽게 떨쳐버리기 어려울 것이다. 단순한 것, 쉬운 것을 찾는 것이 인간 심리이기 때문이다.

만약 이것을 따른다면 템포 맞추기는 요원하게 되고, 페이스 똑바로 맞추기와 거리 맞추기는 참 힘들게 될 것이다. 퍼팅 못 하는 골퍼의 첫 번째 형태이다.

#2. 템포를 바꿔서 치는 예외의 경우로써, 일정 크기 이상의 초장거리 퍼팅에서는 스트로크 크기 한계 때문에 템포를 빠르게(타격 정확도를 높이려 백스트로크 크기 키우는 대신 세기를 변경) 하는 다운스트로크를 할 수밖에 없다.

#3. 퍼팅 거리는 볼 스피드의 제곱에 비례한다.

볼 스피드는 헤드 스피드에 스매쉬 팩터를 곱한 값이다.

헤드 스피드는 다운스트로크 가속도 그래프가 만드는 면적이다.

가속도는 퍼팅 근력 사용량에 비례한다.

다운스트로크 템포가 같다면,

'퍼팅 거리 = 백스트로크 크기^2 = 속도^2 = 가속도^2 = 근력^2' 이 된다.

퍼팅 스트로크에서 헤드속도에 연연하지 말고, 가속도 또는 근력과 그에 따른 신경(반사신경 & Feedback 신경) 작용에 대한 것에 관심을 가져야 한다. 헤드속도는 단지 결과물에 불과하다.

#4. 부드럽고 일정한 템포의 백스트로크 형태를 만드는 데는 꽤 긴 시일이 걸린다. 그리고 Feedback 반응을 작게 만들면서 일정한 영향을 주는 다운스트로크를 찾고 그것을 어느 정도 익숙하게 하는 데는 최소 1~3개월 정도 걸린다.
연관 근육 사이에 신경 뉴런이 연결되고, 뇌가 근육 움직임 동작 메모리를 만드는 데 필요한 기간이 최소 1~3개월이다.

#5. 퍼팅에서 어떻게 하는 것이 볼을 똑바로 때리는 것인지의 답을 찾았더라도, 그것을 몸에 익히는 데는 긴 시일의 연습 기간이 필요하다.
퍼터 바꾸었다고, 스트로크 방법 하나 바꾸었다고 못 하던 퍼팅이 바로 잘 될 수는 없다. 자신의 퍼팅 스트로크를 만드는데 장기적인 관점에서 접근하는 것이 필요하다.

#6. 퍼팅 템포 맞추는 연습은 굉장히 귀찮고 어려운 작업이다.
사람의 근육이 느낄 수 있는 시간 감각이 10/1000초 정도인데, 그것의 반절인 5/1000초(0.005초) 정도의 변화를 맞추려 하는 것이 퍼팅이기 때문이다.
이것은 청각 구별 시간 0.004초, 근육 명령 하달 주기 0.007초, 시각 영상 촬영 시간 0.04초에 비하면 엄청나게 빠르고(짧고) 정교한 템포(시간) 맞추는 능력을 요구하는 것이다.

#7. 거리별로 특정 퍼팅 거리에서 방향성과 거리감이 잘 맞고, 그보다 짧거나 긴 거리에서는 방향성이 흐트러지는 골퍼가 있다. 이 경우에 그 거리의 퍼팅 스트로크 템포가 근육과 신경 반응에 들어맞았을 가능성이 크다.
이때는 그보다 짧은 거리와 긴 거리의 퍼팅 스트로크 형태(템포)를 그 특정 잘되는 거리에 맞추는데, 먼저 그 거리의 백스트로크 크기를 기준으로 '퍼팅 거리(D) 증감 = 백스트로크 크기^2 가감'으로 비율을 맞추는 것을 추천한다.

4) 퍼팅 스트로크 근육·신경 영향

(심화 내용 Ⅱ : 어떤 것으로부터, 얼마만한 페이스 각 영향이 있는가?)
(대학교 공대 재료역학 과목 수준으로, 최고 난도 응용 내용임)
(흐름 파악용이니 계산에 거부감 있다면 Skip)

앞의 3절과 그리고 본 절 앞의 내용으로부터 퍼팅 스트로크에서 근육과 신경이 얼마만한 페이스 각 편차(방향성 오차)를 만드는지를 대략 계산할 수 있다.

다음 문제 풀이에서 가정된 값이 작아지도록 하는 것이 퍼터 페이스를 보다 직각으로 맞추는 방법이라 하겠다.

문제 1) 어떤 골퍼의 앞 절 6m 퍼팅에서, 동작 정확도와 신경 작용으로 얼마만 한 페이스 각 오차가 발생하여 타격 될 것인가? (3절의 문제 속 가속력, 굽힘 모멘트, 비틀림 토크 값을 사용한다. 그리고 다음 가정을 사용한다.)

(A) 뇌의 근육 움직임 작동 메모리 정확도는 90%(±10% 오차)로 가정
(B) 다운스트로크 가속 시작에서 반사신경 과도 반응량(Over action)은 최대 가속력의 20%로 가정
(C) 임팩트 직전 Feedback 신경 작용 변화는 최대 가속력의 ±10%로 가정
(D) 퍼팅 그립의 손목과 팔의 강성은 클럽보다 2배 강하다고 가정한다. 즉, 팔 손목 클럽의 다음 값은 대략 2배 큰 수치이다.
  ^ 손목의 굽힘 변형량 계수 ≈ 4cm/kgf
  ^ 손목의 비틀림 변형량 계수(일명 토크 변형량) ≈ 2도/ft-lb

⟨풀이⟩
- 뇌의 근육 움직임 작동 오차에 의한 페이스 각 편차 :

10% M = 0.49kgf-m × 0.1 = 0.049kgf-m ⟨--- 손목 꺾임 유발 모멘트
∴ 손목 꺾인 양(헤드 선·후행량) = 0.049 × 4cm/kgf = 0.196 cm
  손목 꺾임 각도 = atan(0.196/70) = 0.16도
  페이스 닫힘 각도 ≒ 0.06도 ⟨--- 오일러 각도 변환 적용

10% T = 0.12kgf-m × 0.1 = 0.012kgf-m ⟨--- 그립 돌아감 유발 토크

∴ 손목 돌아감 양(헤드 닫힘) = 2 × 0.012 × 1 / 0.137 = 0.175도
　페이스 닫힘 각도 ≒ 0.16도

위 두 값을 합하면, 근육작동 정확도에 따라 대략 (±)0.22도 정도 임팩트 페이스 각 오차가 발생한다고 추정할 수 있다.

- 다운스트로크 시작 가속 반사신경에 의한 페이스 각 닫힘은 위와 같은 계산 방식으로 대략 (-)0.44도 정도이다.

- 임팩트 직전 Feedback 신경 작용에 의한 페이스 각 오차는 같은 계산 방식으로 대략 (±)0.22도 정도이다.

세 가지 오차를 합하면 (-)0.88도 ~ (+)0.44도 정도가 되는데, 이는 6m 퍼팅 거리에서 좌측 9.2cm와 우측 4.6cm의 평균 방향 오차를 만들 수 있다. 0.66°의 오차 발생환경이다.
* 품질 문제는 분산의 합 개념으로 오차 합을 계산하는 데 반해, 위 페이스 각 오차는 동일 방향성이 있는 것으로 세 개의 오차를 그냥 합함.

위 문제 풀이 결과로 구한 값은, 평균적으로 얼추 6.9cm Hole Cup 중앙을 벗어난 퍼팅 방향성을 갖게 된다는 것을 보여 준다. Break 오차 제외하고, 이 오차로 *Hole In 될 확률은 9절에서 상세 계산*, 바닥 & 딤플 & Break 영향 없는 이상적인 조건이라면 대략 40% 성공률을 보인다.

결론적으로 이야기하면 신경과 관련 사항으로써, 퍼터 페이스 각이 직각으로 되는 타격을 위해서는 다음이 필요하다고 하겠다.
　① 연습으로 연관 근육 작동 오차가 적은 근력의 사용
　② 손 감각 죽이기로 다운스트로크 가속 시작에서 반사신경 작용 억제
　③ 일정한 템포로 임팩트 직전 뇌의 Feedback 반응 동작상태를 같게 함.
　　단, 적정 템포를 찾는 노력이 먼저 필요하다.

Remarks
#1. 언젠가는 AI가 퍼팅 스트로크를 분석해 줄 것인데, 위의 내용들은 어떤 것이 잘못 되었는지를 분석할 때 그런 것을 프로그래밍하는 알고리즘의 기초가 될 것이다.

#2. 가까운 시일 내에 가속도 Base로 다양한 분석 기능이 있는 퍼터가 나와서, 퍼팅 스트로크 연습의 번거로움을 간소화 시켜줄 것이다. 그리고 실제 Roll Data를 알려주는 센서를 탑재한 퍼팅 연습용 Ball도 출시 될 것이다.

#3. 인체 감각과 근육 신경 작동 메커니즘은 참 오묘하다. *(5권 부록에 설명)*
흔히 이야기하는 보상 동작이란 반사신경과 Feedback 반응 두 가지를 말한다.

#4. 미는 가속 타격하는 사람도 있고, 초기 급가속에 때리는 등속 타격하는 골퍼도 있다.
- 체중이 발끝 쪽에 있으면 --- 미는 가속 타격
- 체중이 발뒤꿈치 쪽에 있으면 --- 끊어치는 등속 타격
* 체중을 발끝에 두고 끊어치려 하면 어색하고, 체중을 발뒤꿈치에 두고 밀어치려 하면 부자연스럽다.

#5. 퍼팅 그립, 손 모양에서 가장 실력 향상에 저해를 주는 것은 오른손 검지를 펴서 그립에 대는 것이다. 선택은 자유이나, 퍼팅 실력은 기대할 수 없다.
오른손 검지로 가속과 감속을 잘 느끼려는 의도를 가지며, 퍼터 헤드를 받치고 동력 전달을 잘하고자 함인데,
- 그곳 손가락이 느껴서 얻는 이득보다는 그것으로 인해 커진 반사신경과 Feedback 반응은 편차가 더 확대되는 결과를 만든다.
- 헤드를 받치고 동력 전달을 하는 과정에서 편심 되게 지탱하여 만들어지는 영향(오차)도 더 커진다.

#6. 퍼터 헤드 모양에 따라서, 타격 페이스 각(방향성)이 달라지는 것은, 헤드의 무게 위치 분포에 따라서 가속 관성 및 가속 회전 관성이 반사신경 및 Feedback 반응에 끼치는 영향이 달라지기 때문이다.

5) 미는 퍼팅 vs 끊어치는 퍼팅
(체중이 발바닥 뒤쪽에 있으면 끊어치기, 앞쪽에 있으면 밀어치기)

혹자는 *"1:1 끊어치는(때려서 치는) 퍼팅을 해야 한다."* 라고 한다. 어떤 타격법이 좋은지 정확한 이유와 근거는 없는 상태다. 또 그린 빠르기에 따라서 스트로크 비율이 어떠해야 하는지 애매모호하다.

경기 중계방송을 보면 빠른 그린에서 플레이하는 선수들은 평균적으로 '1(Back) : 1.5(Follow)' 정도의 스트로크 크기 비율을 가진다. 그보다 훨씬 큰 선수들도 많다. 또 그보다 작은 1(Back) : 1(Follow) 비율 골퍼도 많다.

미는 퍼팅은 초기 가속은 작고 임팩트 때의 가속이 큰 형태이다. 그래서 폴로스트로크가 길게 된다.
때리는 퍼팅은 초기 가속이 크고 임팩트 때의 가속이 줄어드는 형태로써, 등속도 타격에 가깝다. 그래서 폴로스트로크를 짧게 할 수 있다.
두 가지 퍼팅 스트로크, 헤드의 가속도 그래프를 비교하면 앞 2) 항의 그림과 같다.

때리는(끊어치는) 퍼팅을 하고 싶다면 다운스트로크 초기 가속에서 (더 가파르게 커지는 가속을 줌) 반사신경이 더 잘 억제되도록 해야 한다. 미는 퍼팅보다는 때리는 퍼팅의 신경제어 난도가 높기 때문이다.

때로는, 상상하는 것과 실제 모습이 정반대인 경우가 있다.
  - *"때리는 퍼팅을 해 가속을 주며 타격을 한다."* 라는 이야기는 오류이다. 때리는 퍼팅은 임팩트 시점에 가속을 팍 줄이는 형태이다. 거의 등속 운동으로 페이스 변화를 줄여서 타격하고자 하는 것이다.
  - 1 : 1 스트로크는 거의 완벽한 의미의 때리는 (타격에서 가속 Zero에 가까운) 타격이다. 이것은 최고 난도의 스트로크 기술이다.
    왜 때리는 퍼팅이 좋은지의 설명(이유) 없이, 이것이 좋으니 이걸 하라고 그냥 쉽게 이야기해서는 안 될 것이다. 일반 골퍼에게는 *"옥스퍼드 영영사전 다 외우면 영어 잘하니 그렇게 해보세요."* 와 비슷한 이야기가 될 수 있다.
  - 느린 그린에서는 밀어치는 가속 임팩트 퍼팅을 할 수밖에 없다.
    느린 그린에서 때리는 등속 임팩트 퍼팅은 오히려 필요한 만큼 강한 타격을 만들기 어렵다.

a) 발바닥 체중과 타법

끊어치기 타법과 밀어치기 타법은, 의외로 손과 가장 멀리 있는 발바닥 체중과 관련이 크게 있다. 체중의 앞뒤 위치에 따라서 폴로스트로크 크기(비율)가 그림과 같이 달라진다.

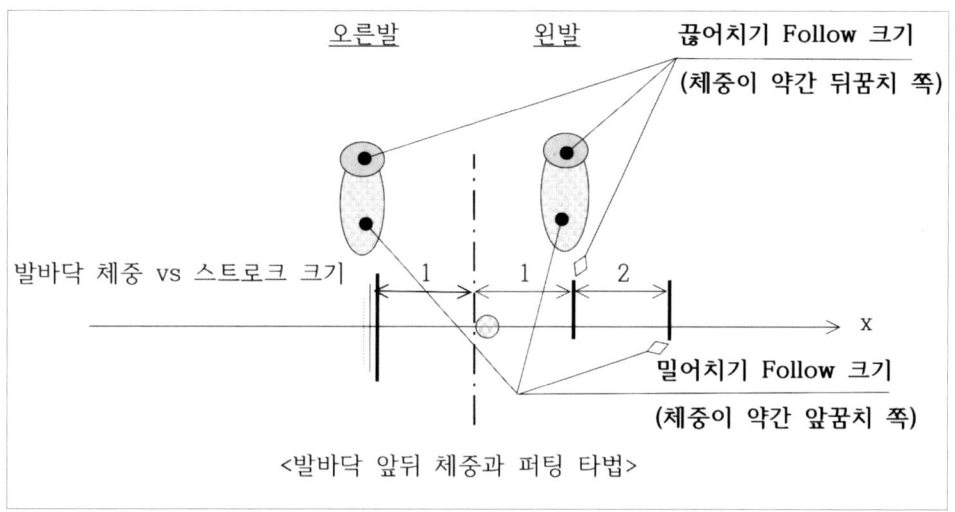

그림 1.1.20 발바닥 앞뒤 체중 분배와 폴로스트로크 크기

Logic은 단순하다. 발뒤꿈치 쪽에 형성된 몸의 하중 반력은 바로 다리를 타고 어깨로 올라와서 스트로크에 직결된다. 그래서 Follow가 작다.

발 앞꿈치 쪽에 형성된 몸의 하중 반력은, 발등/발가락의 굽힘 탄성과 발목의 폄 탄성이 작용해서, Flexible 하게 지탱된다. 그래서 전·후방의 스트로크에서, 감속하는 데 시간이 오래 걸려서 Follow가 길게 되는 것이다.

어떤 타법을 할지는 선택사항이다.
그러나 다음과 같은 억지 스트로크는 하지 말아야 한다.
  - 체중을 발 앞꿈치에 두고서 짧은 폴로스트로크(끊어치기)하려는 것
  - 체중을 발뒤꿈치에 두고서 긴 폴로스트로크(밀어치기)하려는 것

b) 등 & 어깨 가동력 사용 시간과 타법

위 a) 항보다 더 타법에 밀접한 관계를 갖는 것은 등과 어깨 회전 가동력의 사용 시간이다.

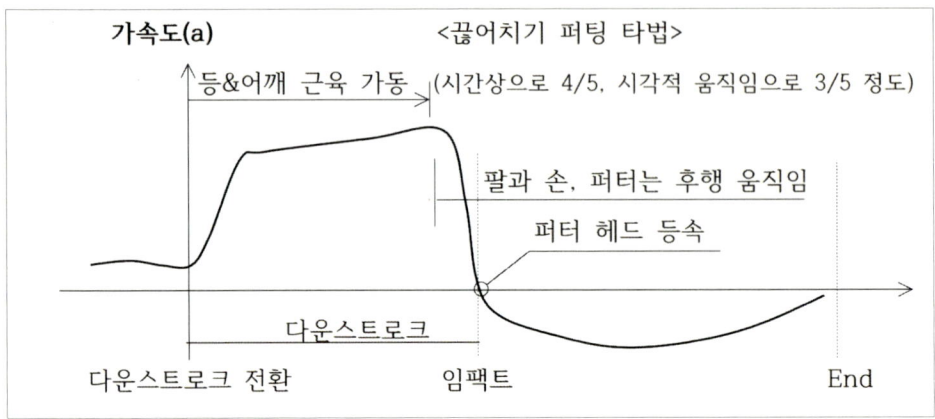

1.1.21 끊어치는 퍼팅 타법의 등&어깨 가동 시간

끊어치기 퍼팅 타법은 그림과 같이 임팩트 전에 등과 어깨 가동을 하지 않는데, 그 위치는 대략 시간상으로 4/5, 시각적 움직임으로는 3/5 정도 다운스트로크 지점이다.

등&어깨는 가동을 멈추고 관성에 의해서 회전하여 임팩트에 이르며 이후 감속한다. (왼 등이 가속을 멈춘다는 이야기는 오른 등으로 브레이크를 잡는다는 것으로, 오른 등 쪽에 느낌이 든다.)

팔과 손은 인체 움직임 동작으로 조금 더 가속을 약하게 진행한 후 임팩트에 이르게 된다.

  cf. 1) 밀어치기 타법은 임팩트 지점까지 등과 어깨를 가동해서 스트로크하는 것이다.
  cf. 2) 1m 거리 정도의 짧은 퍼팅은 보통 밀어치기 타법이 적용된다.

* 일반 골퍼 10명 중 9명은 끊어치기 타법이 팔과 손으로 퍼터를 잡아서 폴로스트로크를 작게 (짧게) 하는 것이라고 상상하는데, 그렇게 해서는 1:1 스트로크 크기를 만들기 힘들다고 봐야 한다. 이 끊어치기 타법은 임팩트 직전에 가동력이 사용되지 않아서 그 가동력에 의한 페이스 변화를 없애는 이점이 있고, 손이 따라 올라가 자동으로 상향타격이 더 쉽게 된다. 단, 초기에 더 급가속 되므로 신경제어가 어렵다.

끊어치는 타법을 구사하는 요령은 오른손 날 쪽으로 미는 다운스트로크 가속을 더 주는 것이 핵심이다. 다음 절에서 설명하는 오른팔 삼두박근 쪽(팔의 내측 밑면 근육)을 따라서 동력이 전달되게 하는 것이다.

퍼팅 스트로크 마지막 단계 기술

1.5 다운스트로크, 상완 삼두박근 수축

(최종 닫힘/열림 제어 --- 최종적으로 큰 영점 조정하는 방법에 사용)
(퍼팅, 똑바로 보내기의 하이라이트(High-light))
(Roll 주는 타격 되어, 퍼팅 똑바로 보내는데 필요한 만능열쇠 역할)
(상급자 내용으로, 중·하급자는 *앞의 1절~4절 내용*을 먼저 인지 필요함)

1) 상완 삼두박근 수축

다운스트로크, 작지만 퍼터 헤드는 아크를 그리고, 페이스 면의 방향도 변하면서 스트로크가 진행된다.
  - 헤드와 페이스 면이 아크를 그리는데, 그 양이 작을수록 좋다.
    (아크를 그리는 것을 당연하다고 생각하고 받아들이면 안 된다.)
  - 페이스 각이 변하는데, 임팩트 구간에서부터 이후 적게 변하면 좋다.
    (페이스 면이 아크를 따라서 변하는 것을 당연하다고 생각하고 받아들이면 안 된다.)

퍼팅에서 똑바로 쳐서 똑바로 보내는 만능열쇠 같은 방법이 있다.
-. 방법 : 다운스트로크에서, 양팔 상완의 뒷면 근육, 즉 삼두박근을 살짝 수축하면, 페이스 면이 아크를 따라 돌던 양이 그림과 같이 줄어든다.

-. Logic : 다운스트로크는 오른팔의 기능이 조금 더 사용된다.
오른 삼두박근이 수축하면, 오른 팔꿈치 관절은 펴지는 것으로 근력이 작용하는데, 이것에 연동된 밑의 손목 관절(전완 손목 굽힘 근육, 윗면 근육)은 위쪽으로 꺾어지게 하면서 외회전하게 만든다. 그래서, 결과는 그림과 같이 퍼터 페이스 모양이 덜 닫히는(펴지는) 상태가 된다.

-. 단점 : 짧은 1~3m 거리에서는 퍼팅 세기 오차가 커질 수 있다.
팔꿈치 폄 근육의 강약이 타격 세기에 영향을 주어서, 등 근육의 동력으로만 스트로크했을 때보다 세기 오차가 증가한다.
* Break이 많이 있는 쇼트퍼팅에서 Hole In 확률을 떨어뜨릴 수 있으니, 삼두박근을 펴는 세기 조절 방법에 유의해야 한다.

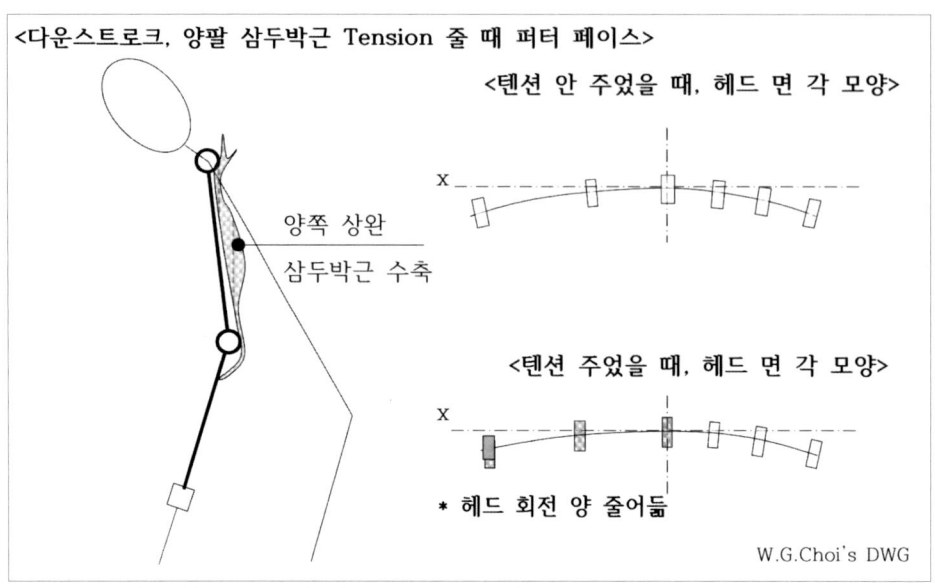

그림 1.1.22 퍼팅, 다운스트로크 삼두박근에 Tension 줄 때 페이스 변화

-. 효과 : 두 손이 결합한 퍼팅그립에서, 다운스트로크 진행 과정에 양쪽 삼두박근을 수축하면 다음 상황이 발생한다.

- 페이스 각의 닫힘 완화 --- 근육의 연동 작용으로 손목이 시계방향 회전함
    오른쪽 삼두박근을 더 수축하면 페이스 열림
    왼쪽 삼두박근을 더 수축하면 페이스 닫힘

- 페이스 각 변화량 줄여줌 --- 좌·우 팔의 폄 근육이 손목의 스웨이(흔들림) 방지 역할을 해줌
    * 손목을 직접 돌려서 헤드 돌아가는 양을 맞추는 것이 아니다. 오른팔 삼두박근 폄을 많이 사용하면 페이스는 열리고, 왼팔 삼두박근 폄을 많이 사용하면 페이스는 닫힌다. 팔꿈치를 펼 때 손목이 약간 도는 것을 이용한다. 이것의 제어는 상대적으로 쉽다. 일치율이 너무 잘 맞아서 최종적인 퍼팅 방향 영점 조정하는 데 안성맞춤이다.

- 세기 조절 용이 --- 손목이 달랑달랑하는 형태에서, 이것으로 손목이 견고하게 되어 등(어깨) 회전력을 퍼터 헤드에 전달하는 정확도가 높아진다.
    회전력의 전달 정확도가 높으므로 거리 정확도가 향상된다. (단, 아주 짧은 거리 제외)

- 헤드가 상승하는 타격 (Roll 생성에 도움) --- 양팔 삼두박근을 수축하면, 양 팔꿈치가 위로 올라가는 성격(특히 왼 팔꿈치)과 양손이 위로 꺾여 헤드가 올라가는 움직임이 발생하여, 퍼

터 헤드는 상승하는 궤적을 그린다. 이 상승 궤적은 볼에 타격 Roll을 만들어 준다.

- 끊어치는 타법이 구사된다. 오른손 손바닥 날 쪽으로 밀어치는 스트로크가 만들어진다.

Remarks

#1. 퍼팅에서 이 효과는 Powerful 하다. 방향성에 경이로움을 느낄 정도이다.
  단, 먼저 *1, 2, 3 & 4절 내용*을 어느 정도 선결해야 한다. 이것만 단독으로 적용했을 때는 *1, 2, 3, & 4절 사항*이 간섭을 일으킨다. 효과는 미미하다.

#2. 직선, 짧은 1m 거리, 홀컵을 비켜 갈 때 원인?
  - 닫혀 맞아 홀컵 좌측으로 빠졌다. --- 왼팔 삼두박근 편만 사용되어 다운스트로크 된 경우
    본 항의 Logic을 모른다면, 이 경우 좌측으로 빠진 이유를 의아해할 수밖에 없다.
  - 우측으로 밀렸다. (세 가지 Case)
    ^ 헤드업에 의해 밀리고 열린 경우
    ^ 오른팔 삼두박근 편만 많이 사용되어 다운스트로크 된 경우
    ^ 왼 어깨 고정(닫힌) 경우

#3. 양쪽 삼두박근 수축력의 차이에 따라서 좌우 방향성은 조금 넓게 (대략 1~5°) 변한다. 따라서 다음 사항을 고민, 연습, 확인해야 한다.
  - 총 삼두박근 수축력의 세기 값
  - 좌우 수축력 사용 크기 차이 --- 좌우 Even으로 주는 것으로 시작 또는 그립을 잡은 손이 위쪽에 있는 팔 60%, 아래쪽에 있는 팔 40%로 삼두박근 Tension 사용하여 영점 조정 시작
    * 그립 잡은 길이에 따라서 이 좌우 Tension 비율이 조금 달라진다.
  - 수축력을 주는 시점 --- 신경의 느낌 체계 기준으로, 다운스윙 시작 시점이며, 실제 수축력이 작용하기 시작하는 적당한 시점은 다운스트로크 1/2 진행 지점으로 추측된다.

#4. 혹자가, 퍼팅할 때, *"겨드랑이를 쪼여 줘라.", "겨드랑이를 쪼여 주면 더 똑바로 칠 수 있다."* 라고 이야기하는데, 이것은 삼두박근 수축을 하라는 의미이다.
  * *"겨드랑이를 쪼여 줘라."* 라는 이야기에는 숙제가 있다.
    - 어떻게 쪼여 주라는 것인가?
    - 언제 쪼이라는 것인가?
    - 얼마나 쪼이라는 것인가?

#5. 삼두박근을 수축하는 다운스트로크를 하면, 그것의 보상 동작(연동 동작)으로 왼팔 윗면의 이두박근이 수축하여 팔꿈치가 위로 굽어지는 동작 반응이 나타날 수 있다.
다행히도 이 반응 동작은 그립을 닫히게 하지는 않고, 열리는 쪽으로 손목 근육을 연동시키고, 굽어지는 왼 팔꿈치는 퍼터 헤드를 위로 올려주어 상승하는 타격에도 도움을 주는 것으로써, 해가 되지 않고 이롭게 작용한다.

#6. 이 삼두박근 사용하는 다운스트로크는 짧은 거리 직선 퍼팅을 정밀도 있게 똑바로 치는 데 매우 유용할 것이다. 단, 짧은 거리 세기 조절에는 조금 둔감하게 변하는 단점이 있다.

#7. 정-그립, 역-그립, 집게-그립에 모두 적용될 수 있는 Logic이다.
단, 좌측과 우측의 삼두박근 폄의 세기(사용 비율과 그 강도)는 그립에 따라 변한다.

#8. 이 삼두박근 폄을 사용하는 다운스트로크를 하면, 다운스트로크 진행이 길게 느껴진다. 즉 다운스트로크 템포는 같은데, 동작이 더 상세하게(섬세하게) 느껴지는 것이다.
귀를 쫑긋하면 잘 들리고, 눈의 초점을 맞추면 잘 보이듯, 이 근육의 사용에 신경을 쓰면, 다운스트로크 시간이 길게 느껴진다.

#9. 양 팔꿈치의 위치, 팔꿈치의 사용에 따라서 방향성이 급변하는 이유는, 그것이 삼두박근 폄의 변화를 키우고, 연동되는 상태에 영향을 주기 때문이다.

#10. 프로선수들의 퍼팅을 보면, 다운스트로크에서 클럽 헤드를 열면서 미는 것 같은 시각적인 느낌이 든다. 이것은 오른팔 상완 삼두박근 Tension(수축)을 조금 더 많이 사용하기 때문이다.
cf) 팔 모양을 유지하려는 생각이 강하면 삼두박근 사용을 거부하게 된다.

#11. 퍼팅 거리 vs 상완 삼두박근 Tension 세기 :
- Setup에서 삼두박근 Tension이 조금 강하면 퍼팅 거리가 조금 늘어난다.
임팩트에서 타격이 조금 강하게 되는 것이다.
- Setup에서 삼두박근 Tension이 조금 약하면 퍼팅 거리가 조금 줄어든다.
임팩트에서 타격이 조금 약하게 되는 것이다.
방향성과 거리감을 유지하면서 퍼팅을 조금 더 강하게 하기는 어려운 일이다. 그래서 느린 그린에서 거리가 모자라는 경우가 종종 있다.
좀 더 길게(크게) 스트로크를 하면 되지만, 심리적인 요인으로 짧게 될 수 있다. 이때, 상완 삼두박근에 Tension을 조금 더 주고 Setup 하여 스트로크하는 것이 거리를 조금 더 보내는 하나의 방법이 될 수는 있다.

cf) 간접 방법으로써, 4th & 3rd 손가락을 조금 강하게 잡아 빈 스트로크를 1~3회 해주면, 본 스트로크 때, 삼두박근 Tension이 조금 더 들어가서 조금 센 퍼팅 스트로크가 된다. 늘어난 거리는 빈 스트로크 횟수에 비례한다.

〈Break 있는 쇼트퍼팅에서 퍼팅 세기가 미치는 영향〉

Break이 없을 때는 똑바로 치는 능력은 매우 중요하고, 퍼팅 세기 제어는 덜 중요하다. 당연한 이야기다.

3m Break 1.5컵, 2m Break 1컵, 1m Break 0.5컵(홀컵 끝) 퍼팅일 때, 똑바로 맞춰 보낼 수 있는 능력이 있어도 퍼팅 세기 오차에 따라서 Hole In 확률은 극명하게 달라진다.

이런 Break이 있을 때, 똑바로 보내는 능력이 40%(±0.5°-〉±0.3°) 좋아진 것과 퍼팅 세기 오차가 나빠진(±5% -〉±10%) 것의 합성은, Original 퍼팅에 비하여 낮은 Hole In 확률(ex. 30% -〉20%)을 만들 것이다.

- 대략, ±5% 퍼팅 세기 오차는 방향성 ±0.3°에 해당하고, ±10% 퍼팅 세기 오차는 방향성 ±0.6°에 해당한다.

  상대적인 방향성 : '0.5°+ 0.3° = 0.8° vs 0.3°+ 0.6° = 0.9°'
- 108cm Hole Cup Zone으로 지나간 볼이 안으로 떨어지는 조건은 Over run과 관계되는데, 당연히 세기(거리) 오차가 작은 경우가 Hole In 확률이 커진다.

* 상완 삼두박근을 수축하여 팔꿈치를 조금 펴면서 하는 다운스트로크 방법은 똑바로 치는 것에는 탁월한 효과를 보이는데, 짧은 거리 구간에서 퍼팅 세기 오차를 키우는 단점이 있어서 Break이 있는 경우에 효과가 반감될 수 있음을 인지해야 한다.

이 거리에서는 퍼팅 세기 오차를 줄이기 위한 Stroke 연습이 특별히 필요한 것이다.

〈1m 쇼트퍼팅 당겨지게 만드는 팔꿈치 굽히는 동작〉

오른팔 삼두박근을 수축해서 팔꿈치를 펴는 것을 하지않고, 이두박근을 수축하여 전완을 들어 올리는 퍼팅을 하면 퍼터 헤드가 닫히는 쪽으로 회전하여 임팩트 된다. 이 경우 1m 거리의 쇼트퍼팅에서 Hole Cup도 못 맞추고 좌측으로 빠져버리는 결과가 만들어진다.

쇼트퍼팅에서 이 동작은 계속 반복해서 나타나는 특징이 있는데, (A) 팔을 많이 들어 올려 헤드를 상승하겠다는 것 때문에 나타나는 것으로써, 교정은 양 옆구리를 쪼며 삼두박근을 살짝 수축하는 다운스트로크 동작을 하면 해결된다. 또 다른 이유로는 (B) '오른팔 이두박근 내측 근력 > 퍼터 헤드 가속 관성력' 관계의 불평형 때문에 나타나는 것으로 보이며, 이는 삼두박근 수축력으로 제어될 수 있다.

 * 보통 당겨지는 퍼팅은 루틴이 빠를 때 나타난다.
 cf) 보통 열려 밀리는 퍼팅은 헤드업 또는 상체 전방 이동에서 나타난다. 그리고 왼 어깨가 고정되면 강한 Push 현상이 만들어진다.

Break이 없는 짧은 퍼팅을 똑바로 치는 방법의 하나로, 볼 전면 위 점(딤플 또는 표식)을 타격점으로 바라보고 다운스트로크를 하면 시신경이 만드는 오동작 생성을 없앨 수 있다.

2) 어깨 회전과 팔(손) 회전 시차
(퍼터 페이스 직각으로 자동 조절하는 기능)

회전 근육이 아닌 폄 근육으로, 관념(생각)만으로 다운스트로크에서 퍼터 헤드 돌아가는 양을 쉽게 제어하는 방법에 대한 설명이다.
다운스트로크를 하면서 어깨 턴과 팔(손) 이동이 이루어진다.
직관, 관념적으로는 두 부분 동작이 같이 이루어진다고 생각하나 그렇지 않다.
 - 어깨 회전과 팔(손) 이동이 동시에 이루어진다는 생각 (X)
 - 어깨 회전 먼저 시작되고, 2/100~3/100sec 이후에 팔(손) 이동이 된다는 생각 (○)

Full swing에서 골반 회전과 어깨 회전 시차가 있듯이, 퍼팅 다운스트로크에서도 어깨 회전과 손의 이동 사이에는 0.02~0.03sec의 시차가 있어야 한다. 그리고 이 시차는 감각적으로 느껴져야 한다. 그러면,
 ① 어깨와 팔(손) 분리되어 다운스트로크 초기 급가속 양 줄어들고, 그에 따른 반사신경 동작과 Feedback 반응도 약화하고,
 ② 어깨 회전 근육과 팔(손) 이동 근육의 연동 작용이 최소화되고,
 ③ Roll이 더 생기는 부드러운 타격 된다.

반대로, 어깨 회전과 손의 이동이 동시에 이루어지면, 근육의 연동 작용으로 그립이 돌아, 퍼터 헤드 페이스 각이 틀어져 임팩트 될 가능성이 매우 크다.
만약 다운스트로크에서 어깨 회전과 팔(손) 이동을 동시에 하려고 하면,
 Ⓐ 급가속에 헤드는 흔들리게 되고,
 Ⓑ 급가속에 반사신경 & Feedback 신경 영향 커지고,
 Ⓒ 어깨와 팔 20여 개의 근육이 연동되어서 그립 회전량의 변화가 심해지고,
 Ⓓ Roll이 줄어드는 사나운 타격 된다.
 * 다운스트로크에서 어깨 회전과 손의 이동이 시차를 두고 진행되면, 여유 있는 스트로크가 되고, 상완 삼두박근을 수축하여 팔꿈치를 펴는 동작을 잘 녹여 넣을 수 있다. 바꾸어 말하면 오른 삼두박근을 수축하여 손바닥 날로 가속하는 다운스트로크를 하면 어깨 회전과 손 진행 사이에 시차가 만들어진다.

1.6 퍼팅 방향성 영점 잡기와 영점 보정
(부차적인 내용들)

일관되고 일정한 퍼팅을 한다고 해서, 원하는 목표 방향으로 볼이 굴러가는 것은 아니고, 편향될 수 있다.

방향이 일정하게 편향된 상태라면, 볼이 타겟 방향으로 가도록 영점 보정(Zero Setting)이 필요하다. 보통 퍼팅의 영점 상태는 그림과 같다.

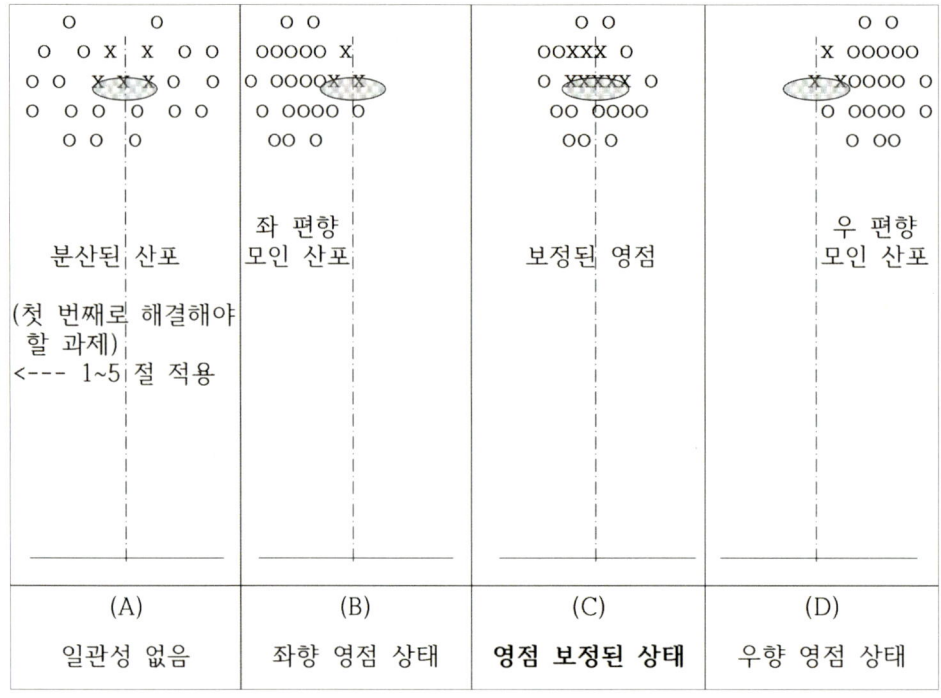

그림 1.1.23 퍼팅 방향성 영점 상태

앞의 *1절~5절 내용*을 따르지 않으면, 그림 (A) 상태를 벗어나기는 힘들게 될 것이다. 이해하고 따른다면, 그림의 (B), (C), (D) 상태에 도달할 것이다.

좌향 또는 우향의 영점 상태에서 중심으로 영점을 조절하는 방법은 어떤 것들이 있을까?

1) 퍼팅 방향에 영향을 주는 인자
(연습장에서의 방향 교정하기와 몸에 익히기)

퍼팅연습 단계는 '방향 영점 잡기(산포 줄이기) ---> 방향 영점 조정(보정)하기 ---> 거리 읽고 맞추기 ---> Break 읽기 ---> 방향 영점 보정 반복' 순서이다. 가장 어려운 단계, 즉 가장 중요한 것은 방향 영점 잡기이다. 이것을 해결하기 위해서 *앞 1~5절 요령*을 먼저 익혀야 한다. 그리고서 필요에 따라 방향을 조정해야 한다. 다음 조건에 따라서 퍼팅한 볼의 방향성이 바뀐다. 이것들의 일관성은 영점에도 영향을 준다.

〈Setup에서〉
- 에이밍(조준)
- 스탠스 : 볼 위치(전후방, 앞뒤 간격)
  발 벌림 양, 발바닥 모양
  체중 분배(좌우, 앞뒤)
- 허리 굽힘 양(≈ 발 벌림 양 ≈ 그립 길이 ≈ 퍼터 길이)
- 어깨 폄 양
- (호흡 상태 = 가슴에 공기량)
- 양 팔꿈치 벌림 양, 팔꿈치 각각의 위치(전후, 앞뒤)
- 손목 : 모양
  위치(핸드포워드, 핸드백워드)
- 그립 : 잡은 모양
  잡은 길이
  악력 세기, 악력 분배(좌우), 손가락 끝 악력(오른손 3rd vs 4th)
  * 손에 악력 분배 형성 후(그립을 쥔 후), 손은 내 손이 아니라고 생각하고 후속 루틴과 스트로크가 이루어져야 한다.
- 시선 : 시선 변경 (목표지점 바라보는 횟수)
  시선 집중 (바라보는 곳과 집중도)
- 신경 : 감각의 집중과 억제
  외적 방해 요인(시각, 소음, 날씨)
- 퍼터 : 퍼터 모양(라이 각, 페이스 각)
  퍼터 사양(무게, 관성 중심)
  그립 모양, 퍼터 길이

- 그린 빠르기(잔디 저항, 잔디결, 잔디종류/특성)
- 경사
- 불가역적 항목 : 그린 편평도
  　　　　　　　볼의 딤플

〈스트로크에서〉
- 빈 스트로크 : 갈등의 정화 기능
- 루틴에서 대기시간 (어드레스에서 스트로크 시작 사이 동작 대기)
- 몸(축) 고정
- 스트로크 크기와 템포
- 스트로크 패턴 : 백스트로크 & 다운스트로크 가속 형태
  　　　　　　　왼팔 오른팔 사용 비율 (팔꿈치-삼두박근 Tension 주기)
  　　　　　　　관절 및 근육(어깨, 팔꿈치, 손목)의 사용 방식, 비율
  　　　　　　　다운스트로크 어깨의 회전 중심 (우측 쇄골 5cm 지점)
- 타격점(힐~토우 타점, 상하 타점)
- (헤드업)

Remarks

#1. 퍼팅은 30% 정도가 자세 선택의 결과물이라고 볼 수 있다. 30%는 동작이다. 즉, 위에서 언급한 것들의 조합에 의하여 60% 정도의 방향과 거리 결과가 만들어진다. 나머지 40%는 거리 읽기와 방향 읽기 능력이다.

　* 비유 : 마치 인생에서 삶이 선택된 직장, 배우자에 나머지 노력이 더해지는 것과 비슷하다. 선택이 끝나면 50%는 제어할 수 없는 영역이 된다.

#2. Setup과 스트로크 방식을 이랬다저랬다 하면 안 된다. 몸이 소화(적응)하기 어렵다. 일관성에 저해된다. 식당의 코스요리(세트 메뉴)와 같이 시작 루틴부터 어드레스까지 묶어서 같이 한꺼번에 처리하는 것은 이들의 일관성을 위한 것이다. *1절~5절 내용*은 우선순위 항목이다. 그것을 바탕으로 안정되고 일관된 상태로 Setup하고 스트로크하면 된다. 그것이 최선이며 최상이라고 생각하자.

#3. 가장 빠른 습득 방법은 '그림자 따라 하기'이다. 특정 선수의 형태를 모방하는 것이다. 단, 최소한 그 선수의 퍼팅 스트로크 형태에서 *1절~5절에 언급된 내용*은 먼저 파악하고 따라 해야 한다.

#4. **연습장(그린)에서 영점 조정**하는 몇몇 항목과 그 영향은 다음과 같다.
- 체중 분배 : 왼발 체중은 밀림 & 열림, 오른발 체중은 당김 & 닫힘
          (일반 스윙과 엇비슷)
- 허리/척추 모양 : 허리 폄은 닫힘, 허리 굽힘은 열림
- 어깨 모양 : 어깨 모음은 당김 & 닫힘, 어깨 폄은 밀림
- 호흡 : 가슴 부풀려 긴장시킴은 닫힘, 가슴 이완은 열림
- 팔꿈치 위치, 벌림 양 : 각자 Test 필요함 --- 고유의 중요 항목
- 그립 모양 : 각자 Test 필요함 ---------- 고유의 중요 항목
- 시선 : 루틴 중에 목표지점을 바라보는 횟수에 따라 근력 변화
      (볼에 시선 집중하면 뇌의 근육 사용 능력 저하로 동작 부정확)
- 비·바람 소리, 추위 : 뇌가 그것에 정보처리 일부 할당하여 동작 부정확
- 대기시간 : 짧으면 근육 가동력이 커서 닫히고 퍼팅 거리 증가,
         길면 근육 이완으로 열리고 퍼팅 거리 감소
- 스트로크 크기 / 템포 빠르기 : 닫힘과 열림 양면성 가짐
- 백스트로크 템포 : 빠른 시작 - 급한 가속 시작에 느린 감속 만들어 열림
               느린 시작 - 느린 가속 시작에 급한 감속 만들어 닫힘
- 타격점 : 힐 타점은 닫힘, 토우 타점은 열림 --- 미세 조정법의 하나

#5. 조금 세게, 조금 약하게 치려 하면, 거리가 안 맞는 것은 물론, 여지없이 방향도 틀어진다.
조금 밀고, 조금 당겨쳐야지 하면, 원하는 방향이 맞지 않을 뿐만 아니라 거리 변화까지 동반된다.
퍼팅, 이런 조절이 인간 능력 밖이라는 걸 깨닫는 데 꽤 오랜 시일이 걸린다.

#6. 방향성을 먼저 잡고 나서 그 스트로크 방식으로 거리를 익혀야 한다. 퍼팅에서 방향성 잡는 것이 거리감을 잡는 것보다 선행되어야 한다.

#7. 쇼트퍼팅에서 타격 타이밍이 일정하지 않아서 방향성 문제가 있을 때, 볼의 전방 쪽 딤플에 시선을 집중하면 일정한 가속으로 타격 되는 형태를 만들 수 있다.

2) 실전에서 방향성 영점 조절
(라운드에서 변경하여 사용 가능한 퍼팅 방향성 보정 요소)

라운드할 때 일시적 또는 장기적으로 퍼팅한 볼이 일관되게 당겨지는 경향(좌향)을 보이거나, 밀리는 경향(우향)을 보이는 경우가 있다. 이때 어떻게 대처할 것인가?

만약 원인도 모른 채, 급한 마음에 앞에 나열된 특정 항목을 변경해서 편향된 방향성을 잡으려 한다면, 퍼팅 스트로크는 엉망진창이 될 가능성이 크다. 공든 탑을 무너트리는 것이 될 수 있으니 주의해야 한다.

퍼팅 방향성 미세 보정 Setup 방법 3가지 :

```
허리 많이 숙이면 : Push & 열림
  = 핸드포워드 or 그립 짧게 잡으면
허리 많이 세우면 : Full & 닫힘
  = 핸드 백워드 or 그립 길게 잡으면
```

```
양손 그립 안으로 열어 잡으면 : Push & 열림
양손 그립 밖으로 모아 잡으면 : Full & 닫힘
```

```
오른손 중지(3rd) 끝을 강하게 대면 : 열림
오른손 약지(4th) 끝을 강하게 대면 : 닫힘
(오른손 검지(2nd) 첫마디 강하게 대면 : Push)
```

+ 힐/토우 타격

* 일반 골퍼의 라운드에서는 동반자 모두 Hole out이 되고, 앞 팀의 지연, 뒤 팀과의 간격에 따라서 실패한 퍼팅을 다시 시도해 볼 수 있다. 프로선수의 매치플레이에서도 가능하다.
보통 2~4m 거리, Break을 잘못 봤는지, 타격(동작)이 틀어졌는지를 확인하는 것이다. 이 거리가 원인이 불확실한 애매모호한 거리다. 그리고 가까워서 다시 해보는 데 많은 시간이 필요한 것도 아니다.
이 거리는 넣느냐 못 넣느냐를 고민하는 한계 체감 거리다. 그래서 퍼팅할 때 확신이 꼭 필요한 거리다. 확신이 있느냐 없느냐에 따라서 큰 성공률 차이를 보인다. 다음 홀들에서 확신을 얻기 위해서 재시도하여 확인해 보고 가는 것도 나쁘지 않다.

a) 그립 길이 조절
(역그립에서 사용 --- 허리 숙임량 함께 변함)

역그립 자세에서, 그립을 짧게 잡으면 페이스가 열리는 Push 형태의 스트로크가 된다. 허리가 숙여진 것과 헤드가 가벼워진 효과이다.

  대략 0.5인치 짧은 그립 ≒ 0.6도 밀림(우향) + (-)5% 짧은 퍼팅 거리

역그립 자세에서, 그립 길게 잡으면 페이스가 닫히는 Full 형태의 결과를 얻는다. 허리가 펴지고 헤드가 무거워진 효과이다.

  대략 0.5인치 긴 그립 ≒ 0.4도 당겨짐(좌향) + 5% 긴 퍼팅 거리

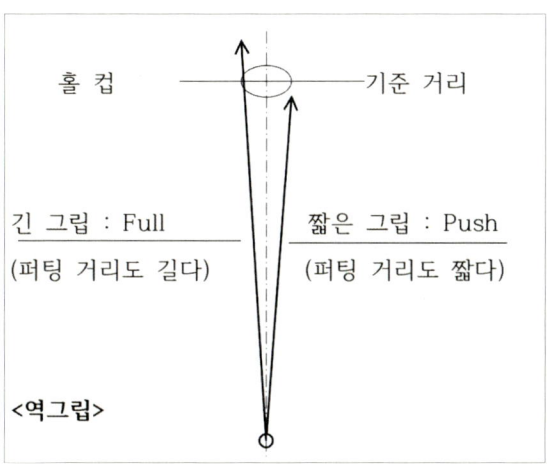

그림 1.1.25 역그립 자세에서 그립 길이에 따른 방향성

역그립에서는 이 그립 길이 조절 방법으로 0.5° 내외(3m에서 1/4~1/2컵)의 방향성 영점 조정이 가능하다. 더불어 퍼팅 거리를 조금 줄이거나, 늘리는 것도 연동된다.

응용해서, 똑바로 퍼팅이 잘되고 있는 경우에, 슬라이스 Break에 조금 거리를 더 보내야 하는 스트로크가 필요할 때는 그립을 조금 길게 잡으면 유용하고, 훅 Break에 조금 거리를 덜 보내야 하는 상황에서는 그립을 조금 짧게 잡아주면 유용하다. 단, 이 변화를 자주 사용할수록 전체 퍼팅감은 저하된다.

b) 어드레스 핸드포워드 양 또는 백스트로크에서 핸드포워드 양 조절
(정그립에서 사용 --- 허리 숙임량 함께 변함)

보통의 정그립 경우에 백스트로크에서 퍼터 헤드가 손보다는 더 진행되는 핸드포워드 (손의 위치가 헤드보다 전방에 있는) 모양을 한다. 완전한 손목 고정의 형태가 아니다. 물론 손목을 고정하는 형태도 있다. 50:50 정도된다.

다운스트로크에서는 손목 모양이 100% 유지는 아니고, 일정량이 펴지면서 진행되는데, 이들 비율로서 페이스 각이 조절되어 똑바로 맞추는 퍼팅이 구사된다.

그 외, 백스트로크 진행 직전에 어드레스에서 핸드포워드 하는 경우는 초기의 양으로 방향성이 변한다.

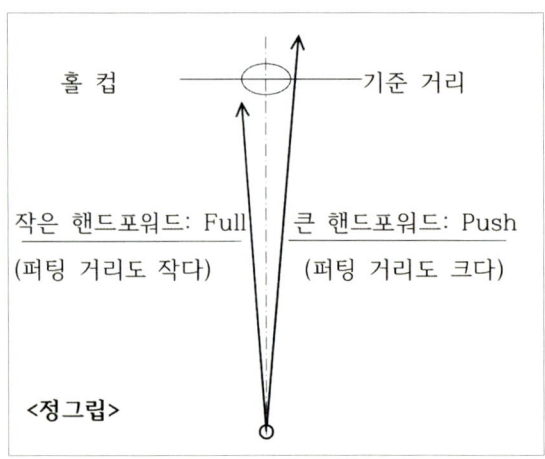

그림 1.1.26 정그립 자세에서 핸드포워드 양에 따른 방향성

다른 것은 일절 변동 없이 손목(왼 손목) 꺾임의 진행 양과 다시 복원시키는 양의 조합으로 만들어지는 방향 (임팩트 페이스 각) 조절 사항으로써, 전체 퍼팅 형태에는 악영향이 없다고 하겠다.

응용해서, 똑바로 퍼팅이 잘되고 있는 경우에 슬라이스 Break에서 거리를 조금 작게 보내야 하는 스트로크가 필요할 때는 핸드포워드를 작게 진행 시키고, 혹 Break에 조금 거리를 크게 보내야 하는 상황에서는 핸드포워드를 조금 크게 진행 시키는 방법이 사용될 수는 있다.

단, 이런 변화로 방향과 거리를 조절하는 것은 혼돈을 가져오고, 머리 아픈 일이 될 수 있다.

복잡한 메커니즘인 논외의 어깨 모으는 퍼팅 자세는 정그립에서, '어깨를 모으고, 스쿠핑 모양으로 왼 손목을 만들어 스트로크 내내 손목을 고정하고 오른팔은 끌고, 왼 어깨는 위로 올려주는' 퍼팅할 경우, 다운스트로크에서 스쿠핑 모양의 왼 손목 꺾임 양을 조정하여 영점을 조정하는 것으로 관측된다.

c) 오른손 3rd & 4th 손가락 끝 접촉 악력
(쇼트퍼팅에서 방향성 변화)

손과 손가락 감각은 느끼지 않으려 하면서 퍼팅해야 하는 것은 당연하다.
그래도 그립을 잡는 두 손가락 접촉 세기가 퍼팅 방향성에 미세한 영향을 미친다. 손가락을 꽉 잡는 것이 아니고, 끝을 대기만 하는데, 그 차이가 가속 관성을 지지하는 미세한 차이를 만들어서 퍼팅 타격 페이스 각을 변화시킨다.

- 3rd 손가락 끝을 조금 더 세게 대면 : 페이스 열림 --- 대략 우향 $1°$
- 4th 손가락 끝을 조금 더 세게 대면 : 페이스 닫힘 --- 대략 좌향 $1°$

* 롱퍼팅에서는 손과 손가락 악력이 크게 작용하여, 손가락 끝의 지지 차이는 페이스 각 변화를 크게 만들지 않는다. 그리고 두 손가락 끝의 지지 크기 차이가 방향성에서 그 영향이 반대로 작용할 수도 있다.

d) 의도적인 힐 또는 토우 타격

밀림은 절대 안 되게 하고 약간 당겨지게 치고자 할 때 힐 타격을 한다. 퍼팅 거리가 3~6% 줄어든다.
당겨짐은 절대 안 되게 하고 약간 밀리게 치고자 할 때 토우 타격을 한다. 퍼팅 거리가 5~10% 줄어든다.
방향 및 거리 변화 비율은 의도적 미스 타격점 이격 거리에 비례한다. 이것은 특정 상황에서 임팩트 타격 특성(빗맞은 타격에서 헤드가 돌아가는 것과 에너지 전달이 작아지는 것)을 응용하여 사용하는 경우이다.

e) 다운스트로크, 양 팔꿈치 폄 (삼두박근 Tension) 비율 조절
(난이도 높음 --- 마지막 단계 제어 확인 항목)

오른 팔꿈치(후방 쪽 팔) 삼두박근을 펴면(수축하면) 그립은 열리는 쪽으로 회전한다.
왼 팔꿈치(전방 쪽 팔) 삼두박근을 펴면(수축하면) 그립은 닫히는 쪽으로 회전한다. 이것은 전완 근육이 삼두박근에 연동되어 기하학적으로 만들어지는 회전 움직임이다. *(Logic은 5절 참조)*
손목(퍼터 헤드)의 회전량을 미세하게 폄 근육(작은 근육이 아닌 큰 근육)으로 제어할 수 있는 것이다. 제어 정확도(일치율)가 거의 80%±10%에 이른다. 단, 일치율은 *1절, 2절, 3절, 4절의 수행 정도*에 따라서 차이가 있다.

다운스트로크 후반, 좌우 상완 삼두박근 폄 사용량 비율에 따라서 퍼터 페이스가 닫히고, 열려 맞는 것이 달라져서 다음 표와 같은 방향성 결과를 만든다.

좌(전방) 삼두박근 폄 사용량 비율	우(후방) 삼두박근 폄 사용량 비율	방향 결과
80%	20%	좌향 2°
70%	30%	좌향 1.5°
60%	40%	좌향 1° (정그립 Even)
50%	50%	좌향 0.5°
40%	60%	Even (역그립)
30%	70%	우향 0.5°
20%	80%	우향 1°
10%	90%	우향 1.5°
0%	100%	우향 2°

표 1.1.24 퍼팅 양팔 삼두박근 폄 비율에 따른 방향성 (역그립 예시)

Remarks
#1. 정그립, 역그립, 합체 그립, 집게 그립 모두 적용된다. 단, Even 비율의 기준이 달라진다. 그립의 위에 있는 손 삼두박근에 (+)10% ~ 20% 정도 Tension이 더 필요한 것 같다.
#2. 핸드포워드를 취하는 형태에서는, 핸드포워드 상태에 따라 삼두박근 Tension이 변하여, 비율 변동성이 커지는 경향을 보일 수 있으므로 주의한다.

f) 양 팔꿈치 벌림 양 vs 백스트로크 가속 패턴 (X)
(방향 변화가 크고 민감해서 제어용으로 사용하기 어려움 --- Even 사용)

후방 팔꿈치를 몸에서 벌려서 Setup 하면, 밀려(열려) 맞는 경향이다. <- 팔꿈치 & 손 진행 많음
후방 팔꿈치를 몸에 가까이 붙여 Setup 하면, 닫혀 맞는 경향이다. <- 팔꿈치 진행 적어서 손목 회전 커짐
전방 팔꿈치는 후방 팔꿈치의 반대이다.

  * 혹자가 *"팔꿈치를 몸에(옆구리에) 붙이면 퍼팅이 잘된다."* 라는 이야기를 한다. 밀리던 퍼팅이 Center 방향으로 바뀌는 것이다. *1절~4절 사항*을 잘 수행하는 상급자에 있어서 조금 우향의 방향성을 갖는 경우, 팔꿈치를 몸에 조금 붙이는 조정에, 영점이 우측에서 Center로 이동되는 형태다.
  cf) 하급자인 경우, 반사신경 동작 때문에 닫히는 경향이 있는데, 이 골퍼 경우 팔꿈치를 몸에 붙이면 더욱더 좌향의 방향성을 갖는다. 퍼팅 방향성이 더 망가지는 결과를 갖게 되는 것이다.

백스트로크 초반 가속을 급하게 하면 열려 맞는 경향이다. <- 신경 작용 약함
  * 초반 가속 강하면 한정된 백스트로크 거리이므로, 감속이 약하게 진행됨.
백스트로크 후반 감속을 급하게 하면 닫혀 맞는 경향이다. <- 신경 작용 강함

위 두 가지를 조합하여 다음 예와 같이 기본 스트로크의 영점 조정을 할 수 있다. 단, 이런 복잡한 설계와 같은 조건으로 방향 영점 잡기는 쉽지 않다.
  ex. 1) 후방 팔꿈치 벌리고 + 백스트로크 초반 서서히 시작, 후반 빠른 진행으로 감속 ≈ 똑바른 방향성
  ex. 2) 후방 팔꿈치 오므리고 + 백스트로크 초반 급하게 빼고, 후반 느린 진행으로 감속 = 똑바른 방향성
  * 퍼팅 방향 영점이 바뀌었다면, 가장 먼저 Check 해야 할 항목은 팔꿈치 위치이고, 두 번째로 Check 해야 할 항목은 백스트로크 가속~감속 패턴이다.

g) 발바닥 체중 (X)
(방향 변화가 크고 민감해서 제어용으로 사용하기 어려움 --- Even 사용)

좌우 발바닥 체중 분배 양은 팔꿈치 벌린 양과 함께 조정하여 영점 조정용으로 사용한다.
단, 실전에서 이랬다저랬다 바꾸어 사용하면 Even 양을 유지하기 어렵다.
- 왼발에 체중 분배 많으면 : Push 궤적
- 오른발에 체중 많으면 : Full 궤적
cf) 앞·뒤 체중 :
- 뒤꿈치 쪽에 체중 많으면 : 끊어치는 폴로스트로크, 허리 세워져 당김
- 앞꿈치 쪽에 체중 많으면 : 밀어치는 폴로스트로크, 허리 숙어져 밀림
* 경사지에 섰을 때 체중 분배 조건이 달라진다. 발끝 오르막에 볼이 놓여 있다면, 자연스럽게 그립을 짧게 잡고 보상하고, 발끝 내리막에 볼이 놓여 있다면, 자연스럽게 그립을 조금 길게 잡고 보상하게 된다.

h) 의도적 Hole Cup 오 조준

라운드 도중에 영점이 한쪽으로 쏠릴 때는, *a)와 b) 방법 이외에*, 단순히 임시방편으로 오 조준하는 것도 나쁘지 않다. 즉 명확한 원인을 찾을 때까지, 오 조준하여 퍼팅하는 것이다.

영점이 한쪽으로 쏠리는 원인이 명확하지 않은 상태에서 즉흥적으로 이것저것 해 본다는 것은, 퍼팅 폼 전체를 망가트리는 지름길이 될 수 있다. 마치 물감을 이것저것 섞으면 검게 변하는 것과 비슷하다 하겠다.
이때는 차분하게 원인 파악에 나서야 한다. 내공(경험)이 쌓이면 원인 찾는 시간이 짧아질 것이다.

i) 백스트로크 In or Out 궤도
(경사 라이에서 실수 확인(복기) 용도로 사용)

똑바로 뺐다가 똑바로 다운스트로크 하는 것을 추구하지만, 어쩌다 백스트로크 궤도가 안이나 밖으로 벗어나는 경우가 있다.
백스트로크 크기와 타격 방향성에 신경을 많이 쓰다 보면, 백스트로크 방향 궤도 일관성이 저하된다.
-. 백스트로크를 Out으로 빼면, 다운스트로크에서 오른 팔꿈치 폄 동작이 안 되어서 당겨지며 닫히는 경향을 보인다. Full 궤도에 Close 페이스가 될 가능성이 크다.

* 이때, 보통 스트로크가 작고 약해지는데, 퍼팅 거리도 작게 된다.

-. 백스트로크를 In으로 빼면, 다운스트로크에서 오른 팔꿈치 펴 동작이 더 많이 작용하여 열려서 타격 되게 된다. Push 궤도에 Open 페이스가 될 가능성이 크다.
　* 짧은 거리 퍼팅에서 가끔 퍼터 페이스에 볼이 오른쪽으로 튀겨 맞는 현상이 일어난다. 다운스트로크에서 왼 어깨가 회전되지 않고 닫혔을 때 그리고 딤플과 볼 밑바닥의 미세한 차이와 Push 궤도가 결합하여 만드는 현상으로 추정된다. 이 경우 볼은 2° 이상 우측으로 가게 되며, 볼에 힘도 없게 된다. 이때 "튕겨 맞았다."라는 표현을 한다.

-. 긴 거리 퍼팅에서 In or Out 궤도 : 스트로크가 큰 긴 거리 퍼팅에서는 볼과 발의 거리에 따라 자연스럽게 In or Out 다운스트로크가 만들어진다.
　- 멀리 서면 : In으로 백스트로크 되었다가 In to Out으로 다운스트로크 되어 큰 Push 궤도 발생
　　ex) 발끝 오르막 긴 거리 퍼팅에서 볼과 멀리 서면 크게 밀리는 퍼팅 발생
　- 가까이 서면 : Out으로 백스트로크 되었다가 Out to In으로 다운스트로크 되는 큰 Full 궤도 발생
　　ex) 발끝 내리막 긴 거리 퍼팅에서 볼과 가까이 서면 크게 당겨지는 퍼팅

j) 빈 스트로크

(간접 제어 방법)

빈 스트로크는 예행연습이다. 할 때도 있고, 또 안 하는 사람도 있다.
빈 스트로크는 심적 갈등의 정화 기능이 있다. 특정 사항의 미결정 상태에서 (조금 더 봐야지, 조금 덜 봐야지, 조금 세게 쳐야지, 조금 약하게 쳐야지, 약간 당겨야지 etc) Setup하고 퍼팅하면, 템포가 변하여 동작이 부정확해진다. 결과는 (그것이 없었던 때, 즉 명쾌한 결정 상태보다) 거리 편차와 방향 편차가 훨씬 커진다.
생각이 많아질 때, 애매한 생각이 남아 있을 때는 빈 스트로크를 하여 무상무념을 만들어서 템포를 일정하게 해야 한다.

빈 스트로크를 그냥 형식적으로 '달랑달랑'하는 일반 골퍼가 상당수 된다.
빈 스트로크를 하는 퍼팅 고수나 프로선수를 보면, 의성어 표현으로 "쭉~ *Stopping,* 쭉~

Stopping." 형태로 한다. 임팩트 이전에 왼팔 쪽은 감속 시작하여, 오른팔 쪽의 가속과의 합이 점진적으로 가속을 줄이는 형태로 빈 스트로크를 하는 모양이다. 본 퍼팅도 빈 스트로크와 똑같이 한다. '달랑달랑' 하는 빈 스트로크는 폴로스트로크가 긴 퍼팅 형태인데, 연습은 이렇게 하고, 본 퍼팅은 짧은 폴로스트로크 형태를 한다면, 빈 스트로크가 아무런 도움이 되지 않을 것이다.

Remarks

#1. 퍼팅 스트로크는 겉으로 시계추나 진자 움직임 모양을 하고 있으나, 실제는 그것들과 전혀 다른 급가속, 급감속 운동을 한다.

하체와 척추를 고정하는 초급 단계에서는 시계추나 진자를 상상하는 것이 도움이 될 수 있으나, 스트로크 패턴을 연마하는 중·상급자 단계에서는 시계추, 진자, 바이킹 등의 원호 운동을 하는 것은 머릿속에서 지워버리고, 형식적으로 달랑거리는 빈 스트로크는 하지 말 것을 권한다. 빈 스트로크는 최소한 가속과 감속 패턴이 실제와 비슷해야 한다.

* 길이 1.3m의 시계추(진자) 주기는?

주기(T) = $2\pi\sqrt{(L/g)}$ = $2\pi\sqrt{(1.3/9.8)}$ = 2.29sec
1/4 주기는 = 0.57sec

퍼팅 다운스트로크 시간은 대략 0.17sec 내외로, 다음 비교를 할 수 있다.

	진자(시계추)	vs	퍼팅 다운스트로크 비율
시간	1	:	0.3
가속도(힘)	1	:	11
퍼팅 거리	1	:	121

시계추(진자)에 비해 퍼팅은 11배의 힘을 더 쓰는 운동이며, 퍼팅 거리로 따지면 121배의 차이를 보이는 동작이다. 이런 차이를 보이는 움직임을 같다고 할 수 있겠는가? 그리고 그런 생각을 한다면 퍼팅 동작이 잘(정상적으로) 만들어질 수 있겠는가?

또한 다운스트로크 어깨선의 회전 중심점은 (Roll 생성을 위하여) 척추 선이 아니라 우측 쇄골 5cm 정도로 치우쳐져 있어서 단순 진자운동이 아니다.

#2. 그립을 꽉 쥐고 빈 스트로크를 하면, 본 스트로크 타격이 강하게 이루어진다. 예를 들어서 꽉 쥐고 1회 빈 스트로크하면 5% 거리 더 나가고, 꽉 쥐고 2회 빈 스트로크 하면 10% 거리 더 나가고, 꽉 쥐고 3회

빈 스트로크 하면 15% 거리 더 나간다.

반대로 그립을 느슨하게 잡고 빈 스트로크 하면, 본 스트로크 타격이 약하게 이루어져 거리가 짧은 경향을 보인다.

이 현상은 그린 빠르기 적응에 유용하게 응용할 수 있다. 또한 기준이 되는 사이사이 거리를 퍼팅할 때도 유용하다.

#3. 일관된 그립 악력 분배라도, 거리별 헤드 가속 관성력이 달라 신경 반응 차이 때문에 방향성이 변한다.

3) 방향 교정
(영점 잡는 것, 영점 조정(보정)하는 것)

퍼팅 스트로크 연습에는 다음 사항이 있다. (거리 읽기, Break 읽기 제외)
- 방향 영점 잡기 --- 산포도를 줄이는 것
- 방향 영점 보정 하기 --- 산포 평균과 조준선을 일치하는 것
- 거리(세기) Setting 하기 : 스트로크 크기, 템포
- 거리 영점 확인
- 타격 Roll 주기
- 기타 변형 Test (자세 변경, 동작 변경, 바닥 경사와 잔디 조건)
- 장비 확인 Test (퍼터 변경, 볼 변경, 볼 마크선 형태)

Remarks

#1. 가장 많이 하는 연습은 방향 영점 잡기와 방향 영점 보정 하기이며, 두 번째는 거리(세기) 영점 잡기 및 확인이다.

#2. 퍼팅 방향에 영향을 주는 인자(변수)는 30여 가지가 된다. 모든 사항을 직접 확인하기는 만만치 않다. 일일이 기억하기도 힘들다. 중요도를 알기도 힘들다. 자신에게 절실히 필요한 것을 찾아내기도 만만치 않다. 어떤 수준에 빠르게 도달하고 싶다면, 코칭/레슨의 도움이 필요할 수 있다.
힘들게 혼자 터득하는 것보다는, 고수에게 배우는 것이 빠른 길이다. 동료의 분석과 평가도 도움이 된다. 단, 엉뚱한 상상과 조언은 마이너스 요소이다.
* 퍼팅감은 한나절 후 50%, 하룻밤 후 90%, 1주일 후 99% 사라진다. 요령 필요

#3. 절대 영향력을 가지는 큰 항목은 반듯이 선행 단계에서 섭렵해야 한다. 마치 졸업장과 같다. 퍼팅 스트로크에서는 *본 1장 각 절의 Title 사항들이다.*

#4. 방향성 영점 보정에는 퍼터 페이스 각 사양이 중요하다. 열린 퍼터 페이스 때문에 밀린다면, 퍼터 교체 또는 피팅이 필요하다. 이것을 억지로 Setup이나 동작 변경으로 잡으려 한다면, 목적지를 돌아가는 것과 같다.
* 페이스 각 피팅을 고려하는 단계는 거의 고수의 반열에 오른 상태이다.

1.7 퍼팅 볼의 구름 (Roll 생성 타격)

(잔디 위에서 똑바로 잘 굴러가게 하기)

(단순히 똑바로 치는 것이 아니라, Roll을 주면서 똑바로 타격하는 것)

Setup에서 볼을 전방 쪽에 놓는 것은 헤드의 상향 위치에서 타격 되도록 하기 위함이며, 이것은 Roll 생성에 유리하기 때문이다.

- 볼의 Roll : 구름(전진 Rotation)으로 바닥 위에서 물체가 순회전으로 굴러가는 모양새. Over roll이라고도 함.
- 볼의 Skid : 미끄러짐(Sliding)으로 바닥 위에서 물체가 끌려가거나 밀려가는 모양새

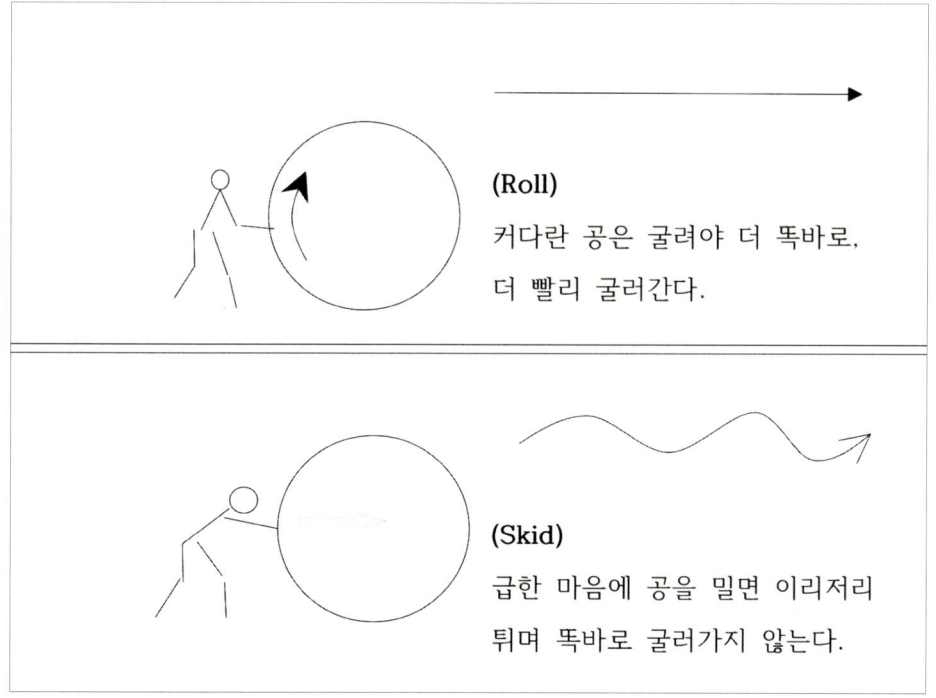

그림 1.1.27 커다란 공 굴리기

어떻게 타격하는 것이 Roll 생성에 유리한가?
그린 위에서 Roll은 어떻게 변화하는가?

1) Roll의 영향
(Roll의 장점)

퍼팅 Roll에는 다음과 같은 특징이 있다.

*1절~5절의 퍼팅 스트로크 방법*을 적용하면, 타격 Roll은 거의 자동으로 생성된다. 특히 *5절 삼두 박근 수축*하는 다운스트로크를 하면 페이스는 펴지면서 상향·상승 타격이 되어 Roll이 만들어지므로 따로 굳이 타격 Roll을 만들려고 애쓰지 않아도 된다.
본 절에서 Roll을 설명하는 이유는 Roll을 이해해야 유리한 퍼팅을 하고 응용하여 생각할 수 있기 때문이다.

a) 직진성 향상
전진 회전을 하는 볼은 직진성이 좋다.
볼에 앞으로 굴러가려는 회전 관성이 있어서 바닥 이물질, 편평도 불량, 잔디의 저항에 대하여 굴러 넘어가 이겨주는 작용을 하기 때문이다.

Remarks

#1. 퍼팅, '볼을 똑바로 때리면 똑바로 가겠지!'라는 생각은 사고의 오류이다. 똑바로 치더라도 잔디 위에서는 잔디의 영향으로 똑바로 간다는 보장이 없다. Roll을 주는 타격이 되어야 그나마 똑바로 간다. 이걸 깨닫는데 하루가 걸릴 수도, 1년, 10년 걸릴 수도 있고, 또는 평생 깨닫지 못할 수도 있다. 생각이 오염되어 있으면 그것을 정화하는 데 긴 시간이 필요하게 된다.

#2. Hole In 해야 하는 쇼트퍼팅에서는 Roll의 중요성이 극대화된다.

#3. 빠른 그린일수록 초기 Roll이 필요하다. 굴러가면서 생성되는 Skid 마찰저항이 적어서 Roll 생성이 적게 되기 때문이다. 반대로, 느린 그린, 그린 밖 잔디에서는 타격 Roll의 필요성이 줄어들거나 없어진다.

b) 거리 증가(볼 타격 & 홀 지나가는 속도 감소 기능) 및 거리 정확도 향상

전진 회전을 하는 볼은 거리가 늘어난다.

보통 잔디의 Skid 마찰저항은 $\mu=0.2$, Roll 마찰저항은 $\mu=0.1$ 정도 된다. 따라서 Roll이 큰 퍼팅을 할 때 볼 스피드가 같은 타격을 하더라도, 구르는 볼이 멈출 것처럼 보이지만 끝에 가서 더 굴러가는 것이 보인다.

쇼트퍼팅에서 굴러가는 거리는 같은데, 볼 스피드가 느리다는 이야기는 Hole Cup을 키워주는 것과 같은 효과이다. *(2장 2절에 상세 설명)*

또한, Roll은 바닥 저항과 이물질의 영향 편차를 줄여주기 때문에 거리 정확도가 높아진다.

Remarks

#1. Roll 양에 따라서 거리는 ±10% 정도 이내에서 변한다. Roll이 많은 퍼팅은 조금 약한 세기의 스트로크를 할 수 있는 이점이 있다.

#2. Hole Cup을 맞고 나오는 횟수가 많은 골퍼는 Over run이 클 수도 있지만, Roll이 적은 퍼팅을 하고 있을 가능성이 대단히 크다.

퍼팅 잘하는 사람은 Hole Cup에 쏙쏙 들어가는데, 같은 방향성임에도 불구하고 퍼팅 못 하는 사람은 Hole Cup을 맞고 나온다. *"Hole Cup이 거부한다."* 라고 표현하지만, Roll이 적은 퍼팅을 하고 있다고 여기면 맞을 것이다.

#3. *"퍼팅 스트로크 일관성을 가져라."* 라는 것의 의도는 그 일관성으로 일정한 타격 페이스 각과 세기를 맞추는 것과 더불어, Roll이 일정한 양으로 타격 되게 하라는 것이다.

c) Break 감소

전진 회전(Roll)이 있는 볼은 Break을 덜 탄다.

다음 좌측 그림은 타격 Roll이 있는 볼이 경사지에서 굴러가는 형태이고, 우측 그림은 타격 Roll이 없이 Skid 상태로 경사지를 지나가는 볼의 형태이다.

타격 Roll이 있는 볼은 구르면서 잔디 접촉점을 기준으로 경사지를 거슬러 올라가려는 회전 관성력이 볼에 작용하여, Break을 덜 먹는다.

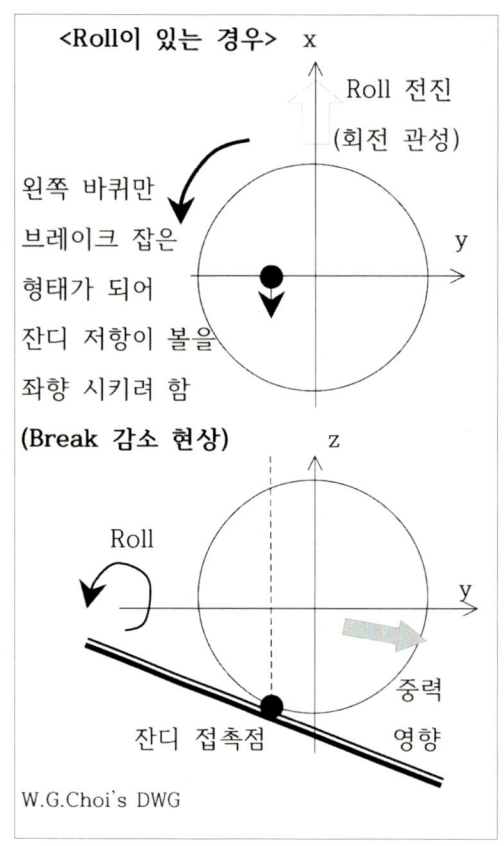 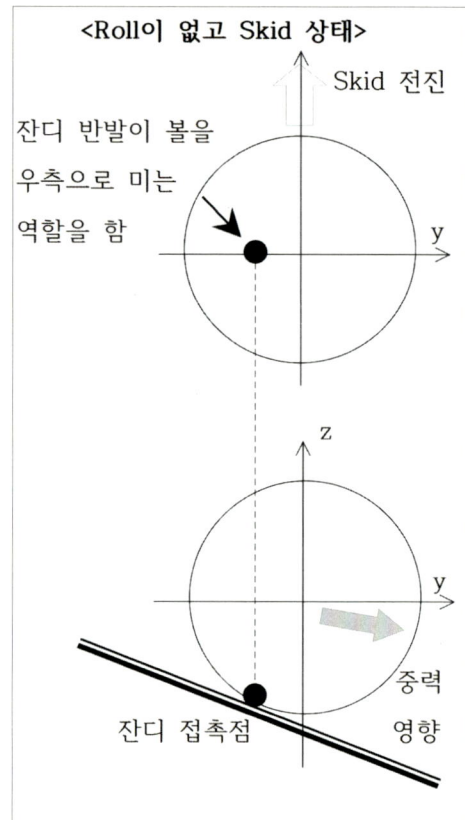

그림 1.1.28 경사에서 전진 Roll이 Break에 미치는 영향

Remarks

#1. Roll이 있는 경우와 없는 경우는 의외로 큰 Break 차이를 보인다.

같은 지점 퍼팅이더라도 골퍼 각자의 타격 Roll 양에 따라 꺾이는 양이 달라진다. 어떤 골퍼는 4컵이지만 Roll이 많은 골퍼는 3컵 Break이 될 수 있다. *(연관 상세 내용은 2장 3절 및 2권 2장 1절 설명)*

#2. 만약 시뮬레이션 골프에서, 알고리즘이 타격 Roll의 차이로부터 나타나는 퍼팅 거리 증감, 방향성 정확도, Break 양 변화를 반영하지 않는다면, 타격 매트에서는 Roll 없는 수평 타격으로 친 볼이 거리와 방향을 잘 맞춘 것처럼 인식될 것이다. 그러나 실제 필드에 가면 타격 Roll이 없는 퍼팅은 거의 통하지 않는다는 것을 경험하게 될 것이며, 형편없는 퍼팅을 하는 골퍼로 변한다.

#3. 주의 : 타격 매트는 페어웨이처럼 폭신거려, 그 위에서 Roll을 주는 타격을 하면, 매트 영향으로 오히려 볼의 속도와 방향 정확도가 낮아질 것이다. 이로 인해, 타격 Roll이 인식되지 않는 시뮬레이션 게임

에서 수평 타격 대신 Roll을 주는 필드 그린에서와 같은 상향, 상승 타격을 하면 방향성과 거리 접근율은 오히려 낮아지는 시뮬레이션 결과를 보일 수 있다.

d) Hole Cup에 잘 들어가도록 해주는 기능

타격 Roll은 Hole 진입속도를 작게 해주어서 Hole의 귀퉁이에 맞아도 튀어나오지 않고(돌아 나오지 않고) 들어가 주게 해 준다. 퍼팅 방향 오차를 넓게 허용해 주는데 쇼트퍼팅에서 굉장히 성공률을 높여준다. *(관련 상세 내용은 2장 2절에서 설명)*

e) Roll이 적게 먹도록 타격해야 하는 경우

예외적으로 Roll이 많게 타격하면 불리한 때가 있다.

-. 느린 그린 ≈ 잔디 길이가 긴 느린 그린 : 타격에서 볼의 전진 회전이 볼을 잔디 속으로 파고들게 해서 거리와 방향성 변화 폭이 오히려 커진다.

-. 그린 밖 긴 잔디에서 퍼터 어프로치 : 전진 회전을 주는 타격을 하면 볼은 잔디 속으로 두더지처럼 들어갔다가 나오면서 볼 스피드를 잃어버린다. 거리가 극도로 짧아진다. 또 튀어나오면서 방향도 바뀌어버린다.

그린 밖에서 퍼팅할 때는 볼이 잔디 끝을 낮게 비행하듯이 (수평 타격하여) 보내면 볼의 진행 과정에서 잔디 잎의 저항으로 충분한 Roll이 생성되면서 Roll을 가지고 그린 위에 도달하여 전진하게 된다.

* 조건이 바뀌면 방법도 달라져야 한다. 의외로 많은 골퍼가 그린 위와 그린 밖의 퍼팅 타격 방법 차이를 모른다.

2) 타격 Roll 생성
(Roll을 크게 하는 De-loft, 상향 타격, 상승 타격)

구기 종목에서 Roll의 생성은 다음과 같은 예가 있다.
- 테니스, 탁구에서 라켓 면을 숙이고 위로 올려 치는 드라이브의 순회전
- 당구에서 볼의 윗부분을 큐로 치면 순회전이 걸리며 진행

골프 퍼팅에서 순회전을 만드는 타격은 공간적인 제약과 퍼터 면의 제약으로 만만치 않다.

타격 Roll은 다음 항목들의 합이다.
Roll = Loft에 의한 타격점 영향(잔디 저항 ± 타점 스핀)
    + 퍼터 샤프트 휨 영향 ± 퍼터 헤드 회전 영향
    + 상승 타격 + 상향 타격

타격 Roll을 만드는 방법은 다음과 같다.
- De-loft 타격 : 퍼터 헤드가 숙어지게 해서 만드는 것이다.
    (손, 손목을 억지로 숙여서 만드는 것이 아님)
    *3절 내용*의 손·손가락 감각을 죽이면, 등/어깨 가동력에 팔이 움직이며 손이 퍼터 헤드를 끄는 형태가 되어 De-loft 된다.
    * 손·손가락 감각을 강하게 느끼면, 신경 작용으로 (스쿠핑 모양으로) 손목이 꺾이게 되어서 페이스를 De-loft로 만들기 힘들다.

- 상승·상향 타격 : 퍼터 헤드가 위로 올라가는 궤도에서 타격
    (팔, 손, 손목으로 억지로 올리는 것이 아님)
    볼 위치를 조금 왼쪽에 위치하여 궤도상 자연 상승·상향 타격이 된다.
    *2절 내용*의 왼 어깨가 올라가면 퍼터 헤드가 상향·상승 궤도를 만든다.
    *5절 내용*의 삼두박근이 펴지면 퍼터 헤드가 상향 궤도를 만든다.
    * 골프에서 어퍼블로로 치는 것이 두 가지 있는데, 드라이버 샷과 퍼팅이다. 그린 위 퍼터는 내려치거나 수평으로 치지 않고 올려 치는 것이다. 볼을 왼 눈 밑 선에 두는 것은 가장 좋은 타격 Roll 만들어지는 위치라고 할 수 있다.

a) Loft에 의한 Spin

타격점은 구와 면의 만남에 의해서 정해진다.

올려 치든 내려치든 타격점은 변하지 않고, 퍼터 페이스의 타격 Loft 각에 의해서 그림과 같이 타격점은 결정된다.

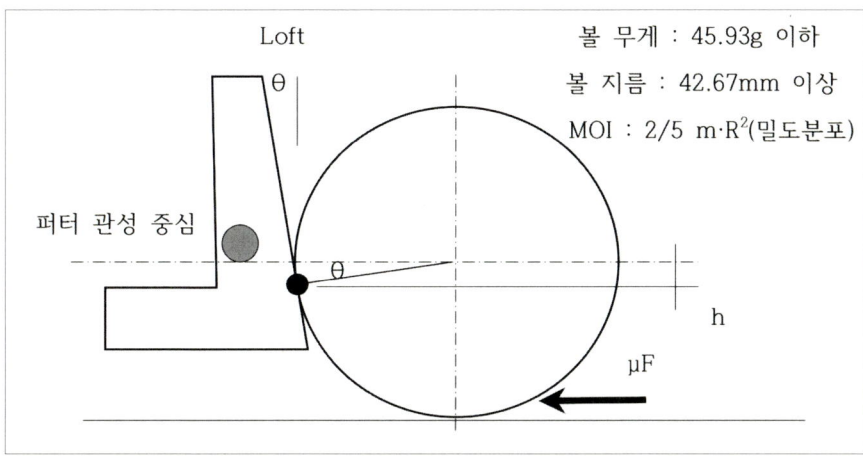

그림 1.1.29 퍼터 타격점

'**타격점 높이(h)** = tan θ × 볼 반경'이다.

그림에서 Loft를 세우면 타격점이 위로 올라오기 때문에 Roll에 유리하다는 것을 한눈에 알 수 있다.

그래서 다운스트로크에 핸드포워드 타격이 되는 형태를 취한다. 등·어깨 가동력에 의하여 손의 진행이 퍼터 헤드보다 빨라야 한다. 이때 손의 감각을 억제해야 손목이 전방으로 꺾이지 않고, 헤드가 뒤따라온다.

일부 프로선수와 일반 골퍼들은 어드레스 또는 백스트로크 때, 핸드포워드 형태를 미리 취하여 De-loft 스트로크를 한다. 타격 Loft 각이 크면 백스핀, 작으면 전진 회전인 Roll이 생성된다.

Remarks
(심화 - Loft & 잔디 저항 차이에 의한 Roll 계산)

#1. 문제 1) Loft 4도로 타격 되었을 때 타격점 높이 h 값은?

〈풀이〉
h = tan 4° × 21.5 = 1.5 mm

#2. 심화 문제 2) 퍼터 헤드 스피드 3m/sec일 때 타격 Spin은?
(단, 다음 가정사항을 이용한다. 결과는 Only Reference, 동역학 계산)
타격 loft : 4도 --- h = 1.5 mm
지면 잔디 저항계수(μ) : 0.11
볼의 MOI : 2/5 × 45g × 21.5^2 = 8320.5 g-mm^2
    cf) 퍼터 헤드의 MOI = 4000 g-cm^2 = 400000 g-mm^2(대략 볼의 50배)
볼 스피드 : 4m/s (6m 퍼팅 거리)
임팩트 시간 : 0.0002sec

〈풀이〉
가속도 a = 4/0.0002 = 20000 m/s^2
가속력 m a = 0.045 × 20000 = 900 N
볼회전력(회전토크)= m a (μ × R - h) = 900 × (0.11 × 0.0215 - 0.0015)
            = 0.7785 N-m
각가속도 α = T / MOI = 0.7785 / (8320.5 × 0.000000001) =93560 rad/sec^2
각속도 ω = α × t = 93560 × 0.0002 = 18.7 rad/sec
타격 Roll = ω × 60 / (2π) = 179 rpm
cf) 4m/s 볼 스피드 100%를 Roll속도로 표현 = 60 × 4 / (2π × 0.0215)
                    = 1778 rpm

cf) 0도 Loft로 타격 되었을 때 Roll (h=0) = 489 rpm

cf) 8도 Loft로 타격 되었을 때 Roll (h=3mm) = 백스핀 (-)131 rpm
* 타격 Roll 양은 위와 같이 타격 Loft에 민감하게 변한다.

cf) 그린 밖 페어웨이, 느린 연습장의 타격 매트에서 퍼팅 :

지면 잔디 마찰계수(μ=0.3)라 가정, (μ를 0.2로도 계산할 수 있음)

볼회전력(회전토크)= m a (μ × R − h) = 900 × (0.3 × 0.0215 − 0.0015)

$$= 4.455 \text{ N-m}$$

각가속도 α = T / MOI = 4.455 / (8320.5 × 0.000000001) =535425 rad/s^2

각속도 ω = α × t = 535425 × 0.0002 = 107.1 rad/sec

타격 Roll = ω × 60 / (2π) = 1023 rpm

* 이값은 타격에서 너무 과한 Roll이 들어가는 상태라고 판단 할 수 있다. 잔디가 볼에 강한 전진 회전을 생성하게 하는 것이다. 따라서 느린 그린(그린 밖)에서는 타격 Roll이 적게 생성되는 수평 타격을 해야 한다.

#3. Loft에 의한 타격 Roll 생성에서 위 가정 문제 풀이의 '볼 회전력' 식 값이 중요하다. 타격점 높이 변화, 즉 Loft에 따라서 Roll 값이 변한다. De-Loft의 중요성을 알 수 있다.

또 타격 Roll은 지면의 잔디 저항계수에 따라서 급변한다고 볼 수 있다. 볼 바닥의 잔디 저항이 작은 빠른 그린에서는 타격 Roll 생성이 어려운 조건이 된다.

빠른 그린에서의 퍼팅 적응이 안 된다는 것은, 아마도 타격 Roll을 주는 양의 차이로 인해서, 직진성, 거리감, Break 영향에 곤란을 겪는다는 것과 같은 이야기가 될 것이다.

쇼트퍼팅을 못 한다면, 똑바로 맞추는 것이 문제일 수 있지만, 똑바로 맞추되 Roll이 없는 타격이 원인일 수 있다.

#4. 빠른 그린 (남자 선수들), 보통 백스트로크와 폴로스트로크 비율을 1 : 1로 가져간다. De-loft 타격 되게 하기 위해서다. 폴로스트로크를 짧게 가져가게 만들려면, 그립(손)의 이동이 훨씬 빨라야 한다. 손이 빨리 가서 임팩트 되고 기다리며 퍼터 헤드는 감속하게 되어, 폴로스트로크에서 헤드 이동량이 작은 것이다. 물론, 체중은 앞꿈치보다는 발뒤꿈치 쪽에 있어야 한다.

b) 퍼터 샤프트 휨과 헤드 회전에 의한 Roll 변화

(사소한 내용)

타격에서 작지만, 퍼터의 샤프트는 후방으로 휘게 되는데, 이것은 Roll에 긍정 요소로 작용한다. 그리고 퍼터 헤드의 어느 부분으로 맞추느냐에 따라서 퍼터 헤드는 작지만 회전이 변한다.

상단에 맞추는 것이 유리한가? 하단에 맞추는 것이 유리한가?

- 상단에 맞추는 것 : 퍼터 궤도를 낮게 해서 퍼터 면의 상단에 볼이 맞도록 하는 것은 볼에 퍼터 헤드가 역회전(Back Spin)을 거는 모양이다. 또한 상승 타격과 상향타격을 안 한다는 것으로써 전진 Roll 주는 데는 절대적으로 불리하다. 샤프트 휨도 Loft가 커지게 한다.

- 하단에 맞추는 것 : 퍼터 궤도를 올리면서 페이스의 아래쪽에 맞게 하는 것인데, 퍼터 헤드가 볼에 순회전(Roll)을 거는 모양이 된다. 또한 상승 타격과 상향타격이 저절로 포함되어 그것에 의한 Roll이 생성된다. 샤프트 휨도 Loft가 작아지게 한다.
그래서 혹자는 *"퍼터 밑 날로 쳐라."* 라는 말을 하는데, 실제로 날은 아니고 면의 밑부분 타격을 일컫는 것이다.

퍼터 헤드의 무게 중심이 아래에 있는 것이 좋은가, 위에 있는 것이 좋은가?
- 무게 중심이 위에 있는 것 : 순회전(Roll) 생성에 아주 조금 도움이 되지만, 타격에너지 전달률 변동이 커서 전체 퍼팅 능력에는 역효과가 있다고 봐야 한다. 억지로 상하 무게 중심에서 많이 이격시켜 타격하는 것은 거리 정확도를 떨어트린다.

- 무게 중심이 아래에 있는 것 : 하단에 맞추는 퍼팅을 할 것이기 때문에, 무게 중심이 아래쪽에 있으면 타격 정확도(에너지 전달), 타격 느낌이 좋다고 하겠다.

Remarks
#1. 위 사항은 동역학 & 재료역학 계산으로 확인은 가능하겠으나, 생략한다.
  좋은 퍼터를 만드는 것은 제조사의 몫이고, 적합한 퍼터를 찾아서 사용하는 것은 골퍼의 몫이라고 봐야 한다.

#2. 퍼팅에서 자세와 스트로크의 오류를 찾아내 주는 것은 코칭이고, 스스로 좋은 방법을 찾도록 도와주는 것은 옳게 쓰인 골프 이론서나 옳게 제작된 안내 영상물이 될 것이다.

c) 상승, 상향 타격에 의한 Roll

(심화 – Roll 계산)

스트로크에서 임팩트 직전부터 이후까지 퍼터 헤드의 궤적은 진자 궤적보다 약간이지만 더 급히 위로 올라간다. 이 모양이 상승 타격이다.

상승량을 많이 주는 골퍼도 있고 작게 주는 골퍼도 있다.

퍼팅 스트로크에서, 볼은 전방 쪽에 조금 치우치게 놓고, 퍼터 헤드는 위로 올라가는 궤적을 그린다. 이 모양이 상향 타격이다.
상향 타격은 자체로 Roll을 생성하지만, Loft가 커지게 되어 감소하는 Roll 양이 더 많다. 상향타격은 초기 잔디 저항에 볼이 출발하면서 점프하는 영향을 줄이고자 하는 목적이라고 봐야 한다.

상승 타격과 상향 타격의 Roll 영향은 다음 그림 및 계산과 같이 살펴볼 수 있다.
　* 짧은 거리의 퍼팅에서는 백스트로크 크기가 작아서, 상승 타격과 상향 타격을 만들어 퍼터 헤드의 아랫부분에 맞춰 치기가 쉽지는 않다.
　이때는 어깨 회전 중심이 우측 쇄골이 되고 보기는 좀 이상하지만 왼 팔꿈치를 위로 올리면서 임팩트를 하면, 페이스가 덜 돌아가면서 상승/상향 타격 되어 Roll이 많이 형성되면서도 페이스 변화는 최소화 할 수 있다.

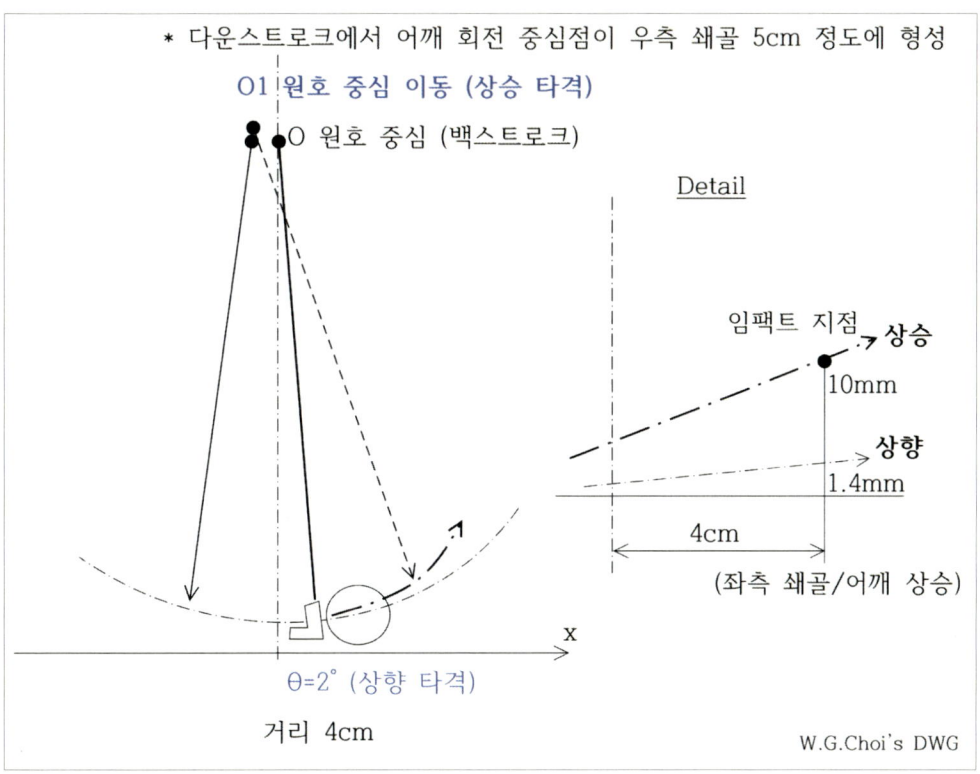

그림 1.1.30 퍼팅 상승 타격, 상향 타격에서 퍼터 헤드의 궤도 모양

문제 1) 그림에서 상승 높이가 10mm(1cm)라고 하고, 상승시간 0.05sec, 퍼터 페이스와 볼 사이의 전달마찰계수가 0.8이라면 상승 타격으로 생성된 Roll은?

<풀이>
Roll = 전달마찰계수 × 60(초) × 상승속도 / 볼 원주
    = 0.8 × 60 × 0.01 / 0.05 ÷ (3.14 × 0.043)
    = 71 rpm

이값은 퍼팅 거리(헤드 스피드)와 관계없이 거의 일정하다. 상승량과 전달마찰계수에 연관되기 때문이다.
단, 작은 거리에서는 헤드 궤도의 상승 높이가 작아서, 이 Roll이 작게 만들어지는 것과 임팩트 압착이 작아서 전달마찰계수가 약간 작아질 수 있다.
  * 딱딱하고 매끈한 볼은 전달 마찰계수가 조금 작아서 Roll 생성에 불리하다.

문제 2) 그림에서 상향 높이가 1.4mm, 헤드 스피드 3m/s(볼 스피드 4m/s, 퍼팅 거리 6m), 전달마찰계수를 0.8로 가정하면 상향 타격으로 생성된 Roll은?

<풀이>
Roll = 전달마찰계수 × 60(초) × 상승속도 성분 / 볼 원주
    = 전달마찰계수 × 60(초) × 헤드 스피트 × $\sin\theta$ / 볼 원주
    = 0.8 × 60 × 3 × sin 2 ÷ (3.14 × 0.043)
    = 37 rpm
이값은 헤드 스피드에 따라 달라진다.
헤드 스피드 2배 (퍼팅 거리 4배) 늘어나면, 상향타격으로 발생한 Roll 양도 2배 늘어남

상향 타격 Roll은 혀로 둥그런 실린더 모양을 핥은 것 같은 형태로 볼에 작용한다. 만약 의도적으로 내려찍어서 (하향 타격) 퍼팅하면, 첫 번째 바운스가 크게 뛸 것이다. 또는 낮게 낮게 퍼팅하려 해 상향각이 없이 임팩트 되면 비슷한 현상이 발생 된다.

Remarks
#1. '퍼팅 동전 따기'라는 드릴이 있다. 바닥에 동전 두 개를 쌓아놓고 위의 것만 퍼터로 치는 것이다. 이것은 백스트로크 때 퍼터 헤드를 번쩍 들어 올리는 극히 일부 골퍼의 교정을 위해 하는 것이다.

반면, 보통의 스트로크를 하는 골퍼는 이 연습 형태를 하면 안 된다. 타격 Roll이 적은 최악의 퍼팅연습이 되고, 퍼팅 스트로크를 망가지게 할 것이다.

상향, 상승 타격 없고 퍼터 헤드 중상 단(윗부분)에 타점을 맞추는 조건이 된다. 이런 연습, 이런 퍼팅을 한다면 그날은 아마도 퍼팅 실력이 초보자 수준으로 하락할 것이다.

#2. 상승, 상향 타격을 할 때, 왼 어깨는 조금 Up 되어야 한다. 상급자 단계에서는 팔이 만드는 '오각형 유지'는 무시하는 것이 좋겠다.

어깨의 높이가 구속되어 버리면 팔꿈치 진행이 방해받는다. 결과는 기구학적으로 손목이 꺾이게 되고 퍼터 페이스는 닫히게 된다.

너무 많은 왼 어깨 Up은 반대의 결과가 발생하여 열린 퍼팅이 된다.

#3. 결론적으로는 퍼팅 Roll 생성량을 증가시키려면 중요도는 'De-loft 〉 상승 타격 〉 기타' 순이다.

ex. 1) 똑바로 맞추는 확률이 60%에 Roll이 없는 타격을 하는 골퍼와 똑바로 맞추는 확률이 40%인데 Roll이 있는 타격을 하는 골퍼가 있다면, 후자의 퍼팅이 방향성, 거리감, Hole In에 훨씬 좋을 것이다. 전자의 골퍼는 어차피 퍼팅 스트로크를 Roll이 있는 것으로 바꿔야만 발전을 기대할 수 있으므로 Zero Base에서 다시 출발하여야 한다. 바꾸지 않고 10년, 20년 연습(노력)해봐야 거의 소용없다.

후자의 퍼팅은 앞으로 발전 가능성이 더 있다고 봐야 한다.

ex. 2) 10년 넘게 똑바로 맞추는 것에 전념하는 골퍼를 본 적이 있을 것이다. 퍼팅 실력은 10년 동안 발전 없이 하급자 수준에 머물러 있다. 손 신경 억제를 안 한 것도 있겠지만, 타격 Roll이 없어서 직진성이 결여되고, 거리감 저하로 Hole Cup에 붙이지도 못하고, 특히 쇼트퍼팅을 Hole In 하지 못하여 3-퍼팅을 반복하는 상태에 있을 것이다.

#4. 잘 보이지는 않지만, 퍼팅한 볼이 그린에서 굴러가는 형태가 똑같지 않다. Roll의 영향 때문이다. 요리할 때, 사람마다 다른 맛을 내고, 할 때마다 미세한 맛 차이를 보이는 것과 비슷하다고 하겠다.

골프공의 Roll에 의한 직진성은 눈에 어렴풋하게 보인다. Roll의 직진성 영향을 간접 확인하고자 한다면, 흙(모래) 운동장에서 축구공을 굴려보고, 밀어보고 해보자.

#5. 어떤 Roll이 얼마만큼 걸리고, 또 얼마만큼의 Roll이 제일 좋은지는 그린 위의 실험으로 정형화되거나 증명될 수 있다.

일부 실내 인조 매트에서 하는 실험은 장비, 장비의 구동 조건, 타격조건, 바닥 실험조건, 퍼터 페이스 면 경도, 볼 표면 경도에 따라서 유동적인 결과를 만들 수 있다. 골퍼의 퍼팅 조건과 동떨어진 (엉뚱한) 실험이 될 수 있다는 이야기다.

#6. 계산에 사용되는 계수는 실험으로 확인되어야 할 사항이다. 이것은 전문적으로 연구하는 사람들의 몫이다.

#7. 실험적인 것과 달리, 각 골퍼는 경험에 기초하여 타격 방법을 선택하게 된다. 그러나 안타깝게도 Roll의 모양과 크기, Roll에 의한 영향이 시각적으로 쉽게 구분되지 않기 때문에, 상당수의 일반 골퍼들은 Roll의 순기능과 필요성을 크게 인지하지 못하고, 또 Roll 주는 방법을 모를 뿐만 아니라, 타격 Roll 주는 것을 등한시한다.

#8. De-loft 조건이 쇼트퍼팅에서는 좋지만, 롱퍼팅과 그린 밖 퍼팅에서는 초기에 살짝 Lift 해서 가는 것이 좋으므로, 퍼터 페이스에 약간의 Loft 각 있는 것이 다양한 퍼팅 환경에 유리하다고 할 수 있다.
보통 Loft 3°~4° 퍼터가 상용으로 출시되는 것은, 아마도 전체적인 퍼팅 거리, 그린 빠르기, 퍼팅 타법을 고려한 것으로 생각할 수 있다.

d) 그립 악력 vs Roll

가볍게 잡고, 가볍게 때리면 Roll 생성이 잘 된다.
꽉 잡고, 무겁게 치면 Roll 생성이 안 된다.

볼이 퍼터 페이스에 맞고 튕겨 나가는 시간은 대략 0.0002~0.0003sec인데, 가볍게 타격하면 접촉시간은 대략 0.0002초로, 지면의 잔디 저항이 볼을 순회전으로 굴러가게 만들어주고, 꽉 잡고 치면 접촉시간은 대략 0.0003초로 늘어나면서, 지면의 잔디 저항이 볼을 굴리는 영향보다 퍼터 페이스가 볼을 밀고 가는 영향으로 순회전은 작게 된다. (접촉시간은 설명을 위한 예시)
그리고 가볍게 잡으면 상승, 상향 타격에 유리한데, 꽉 잡으면 불리하다.
혹자가 "퍼터 헤드 아랫면으로 가볍게 때리는 스트로크하라." 라고 하는 이유는 직진성을 위하여 Roll이 많이 생성되는 퍼팅을 염두에 두는 것이다.
　* 쇼트퍼팅에서 퍼터의 아랫면으로 가볍게 치는 요령은 오른쪽 손등으로 끄는 백스트로크에 왼쪽 손등으로 끄는 다운스트로크 가속 지지 방식이다.

e) 퍼터 페이스 면 경도와 볼 표면 경도 vs Roll

타격은 페이스 면과 볼 표면의 접촉이라서 두 가지 경도에 의해서 스매쉬 팩터와 Roll 양이 달라진다. 2가지 궁합이 맞아야 한다.

-. 퍼터 페이스 면
    Steel 평 가공면
    Steel 홈 가공면
    Steel에 Rubber(Plastic) 입힌 면

-. 볼 표면 경도
    딱딱한 표면 재질
    Even 표면 재질
    부드러운 표면 재질

페이스 면과 볼 표면 둘 다 강하면 Roll 작고 튀는 타격이 된다.
페이스 면과 볼 표면 둘 다 부드러우면 Roll이 과대하게 생성되고 감긴다.
두 가지 사용조합은 적합성을 가져야 한다.
    * 만약 딱딱한 표면 재질과 부드러운 표면 재질 볼을 섞어서 혼용하면 좋은 퍼팅 결과(거리감)를 가질 수 없다.

3) 잔디 Skid에 의한 Roll 전환
(진행되는 볼은 Skid에 의해 Roll이 생성된다)
(심화, 참고 내용)

타격 된 볼은 잔디 위에서 Skid로 진행하면서 점점 Roll 진행으로 바뀐다. 잔디에 쓸리면서 기어 효과처럼 잔디의 Skid 저항만큼 회전 Roll이 만들어지는 것이다. 초기타격 Roll에 Skid 진행에 의한 Roll이 더해진다.

a) Skid에 의한 Roll
잔디 위에서 볼의 진행은 다음 그림과 같다.

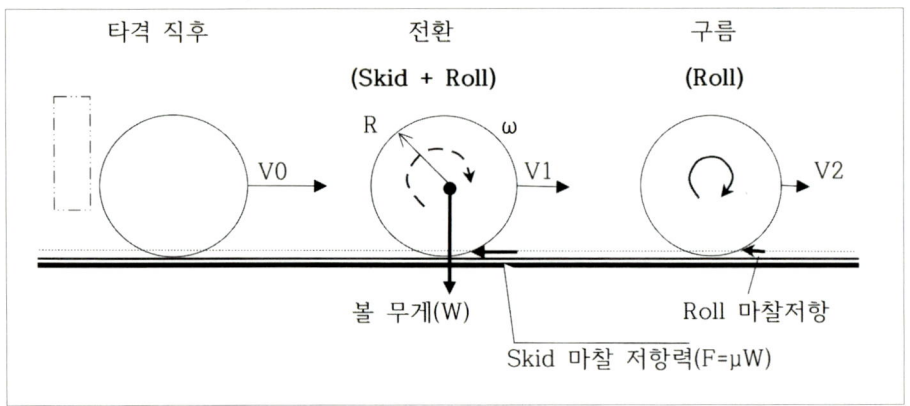

그림 1.1.31 퍼팅 Skid에 의한 Roll 생성

잔디의 마찰계수는 μ로 표기하고, 그 값은 Skid에서 대략 0.2, 순 Roll에서는 0.1 정도 된다.

〈잔디 마찰계수〉
느린 그린 Roll μ : 0.10 ~ 0.12
빠른 그린 Roll μ : 0.09 ~ 0.10
그린 밖 잔디 Skid : 0.2 ~ 0.5
그린 정지마찰 μ : 대략 0.15

타격, V0의 속도를 갖는 볼은 잔디의 저항으로 ω의 볼 회전속도가 생성된다.

$V_1 = V_{Skid} + V_{Roll}$

Skid에 의해 생성되는 Roll(각속도)은 다음 식으로 표현할 수 있다.

$F = \mu \times W$

$T = R \times F = MOI \times \alpha$ 식으로부터 각가속도는 다음과 같다.

$\alpha = R \times \mu \times W / MOI$, 이 식을 시간으로 적분하면 각속도는 다음과 같다.

$\omega = \int_0^t (r \times \mu \times W / MOI) \, dt$

Skid 진행이 Roll 진행 전환으로 되는 데는 다음 사항이 영향을 준다.
- 잔디 저항이 크면 (느린 그린) 빨리 바뀐다.
- 볼의 관성모멘트가 작을 때 (볼 중심에 무게 배치) 빨리 바뀐다. 볼의 관성모멘트가 클 때 느리게 바뀐다. 반면, 순 Roll에서 정지하는 구간에서는 볼의 관성모멘트가 클 때 더 부드럽게 굴러가 정지하게 된다.
- 볼 표면 거칠기가 거칠면 빨리 바뀐다.
  * 15m 이상 긴 거리의 퍼팅에서는 Skid 진행에서 Roll 진행으로 바뀌면서 볼은 잔디에 스치는 "슥~ 슥~" 소리를 내면서 전진한다. 타격 Roll이 적은 골퍼의 퍼팅은 더 짧은 거리에서 그리고 더 큰 소리를 낸다.

b) 초기타격 Roll 차이에 따른 거리

타격 Roll 조건에 따라서 볼의 진행속도와 퍼팅 거리는 다음 그래프와 같다.

각 구간은 다음과 같이 구분된다.
    ① 타격 직후 비행(Lift) 구간
    ② Skid 진행 구간에서 Roll 진행으로 전환
    ③ Roll 진행 구간
    ④ 정지마찰력 작용하는 구간

초기타격 Roll이 좋으면 대굴대굴 (더 똑바로) 더 굴러가면서 Hole In 되거나, Hole Cup 근처에서 멈춘다. 굴러가는 시간도 상대적으로 더 길다.

잔디 마찰계수는 볼의 감속과 직결되며, 각 구간에서 감속은 마찰계수와 같으며, 감속도의 변화는 다음 그림과 같이 표현할 수 있다.

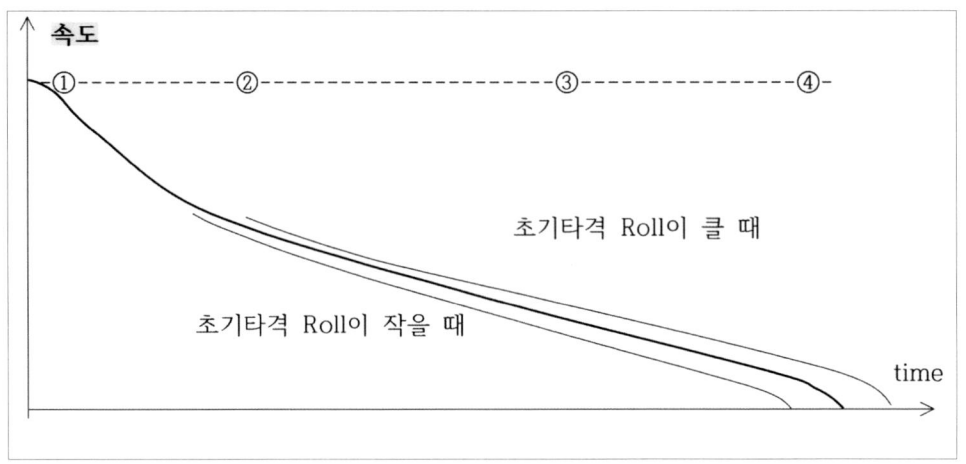

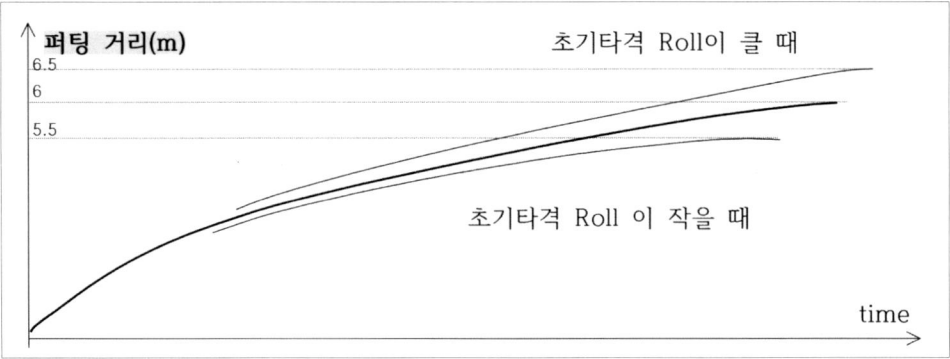

그림 1.1.32 퍼팅 초기 타격 Roll에 따른 볼 속도와 진행 거리 (예시)

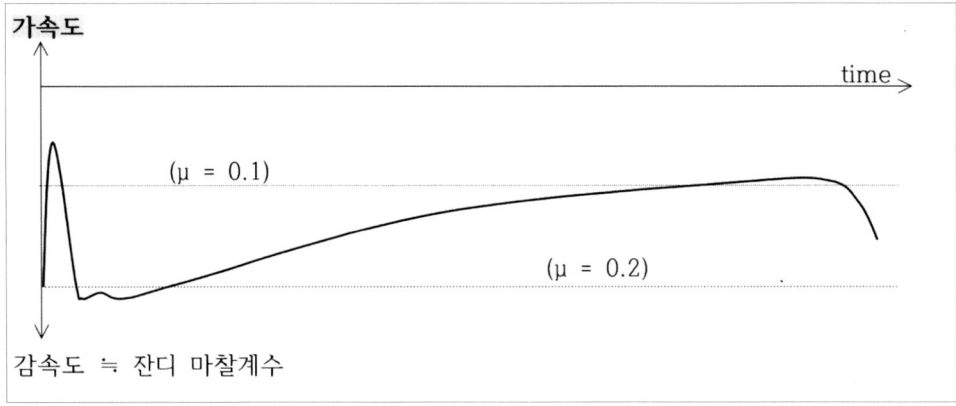

그림 1.1.33 퍼팅 볼의 감속도 변화 (예시)

1.8 퍼팅 핸드포워드 (Option)
(핸드포워드 퍼팅 자세에 숨겨진 것 --- 궁금증 해소 차원에서 서술한다.)

프로선수들의 퍼팅 장면을 보면 제법 많은 사람이 핸드포워드 퍼팅을 한다.
핸드포워드 퍼팅에는 두 가지 형태가 있다.
- 어드레스 마지막, 백스트로크 직전에 손을 전방(조금 좌측)으로 밀어 손목을 꺾는 자세를 취하는 것, 즉 손목이 보잉 된다. 이것은 눈에 쉽게 구별된다.
  편의상 '퍼팅 핸드포워드 A-방법' 또는 '어드레스 핸드포워드'라 하자. 대다수의 안 하는 사람은 궁금증이 유발된다. 저것이 도움이 될까? 어떤 원리로 도움이 될까?

  cf) De-loft 한다고, 미리부터 손을 전방으로 꺾어 놓는 선수는 없는데, 일반 골퍼 중에는 Setup 에서부터 그립을 전방으로 놓는 예가 많이 있음.

- 백스트로크 진행 중에 퍼터 헤드를 조금 더 후방으로 보내는, 손목이 후방으로 꺾이는 모양. 다운스트로크에서 손의 진행을 더 빠르게 하는 것.
  이것은 눈에 쉽게 구별되지는 않는다. 자세히 봐야 한다.
  편의상 '퍼팅 핸드포워드 B-방법' 또는 '백스트로크 핸드포워드'라 하자.
  퍼팅에서는 "손목 고정해야 한다."라는 말을 무수히 들어서 이 핸드포워드 하는 것이 의심스러울 수 있지만, 실제 퍼팅 정그립 잡은 꽤 많은 골퍼가 이렇게 한다. 부드러운 스트로크를 구사할 수 있고, De-loft를 해줄 수 있기 때문이다.
  단, (손의 감각을 잘 느끼려 하는) 반사신경 제어가 안 되는 사람은 사용하기 어렵다.

이것은 선택사항이다.
굳이 이것 안하고도 퍼팅이 잘 된다면 고려할 필요 없다. 핸드포워드 퍼팅은 어깨를 덜 펴고(모으고) Setup 하는 형태에서 주로 사용된다.

1) 핸드포워드 퍼팅의 장·단점

a) 장점

① 손목에 정회전 모멘트(에너지)를 저장하여 백스트로크를 하게 되고, 이것이 다운스트로크에서 가속에 사용되어 부드러운 가속 관성력 사용 조건이 만들어져, 반사신경과 날-신경 반응 동작 (손목 꺾임, 그립 회전)을 약하게 만들어 준다.
- 방향성 향상, 페이스 제어 능력향상
- 스트로크 편안함

단, 쇼트퍼팅에서는 10~20%, 롱퍼팅에서는 5% 정도로 스트로크 편안함을 더 주는 것으로, 퍼팅 거리에 따라서 효과가 다르다.

② De-Loft 된 페이스에 의해서 깎여 맞는 것 줄이고, Roll을 좋게 만들어 준다.
- Roll에 의한 직진 방향성 향상
- Roll에 의한 거리 정확도 향상
- Roll에 의한 Break 감소 효과

③ 다운스트로크에서 손목을 부드럽게 풀어주는 것이 기하학적으로 임팩트 존에서 궤적 직선화를 만든다.

④ 백스트로크 때 퍼터 헤드가 바닥 잔디에 걸리는 뒤 걸림 현상 완화

b) 단점 (유의할 점)

① 번거롭다.
뭔가를 한다는 것(더 한다는 것)은 번거로운 조건이다.

② A-방법에서 이걸 미리 해 놓으면 소용없다. 손목 꺾인 근육에서 시간이 지나면 근육에너지가 사라지기 (2초≒50%, 4초≒0%) 때문이다.
또한, 대기시간이 일정해야 한다. 만들어 놓은 시점과 백스트로크 시작 시점 사이의 시간 차이에 따라서 에너지 소멸 양 차이가 발생하고, 이는 방향과 거리를 변하게 만든다.

* 만약 그립 잡을 때 미리 핸드포워드 모양으로 잡으면 득보다는 실이 훨씬 많다. 미리 잡으면 근육에 에너지 저장 기능은 없고, 팔과 손(그립)의 자세가 스트로크에서 부자연스러움을 유발하는 부분만 남기 때문이다.

③ A-방법에서는 양에 따른 방향성 차이를 인지하고, B-방법에서 양의 조절 연습이 필요하다. 적으면 Full(닫힘), 많으면 Push(열림) 성격이다. ±1~ 2°의 방향성 변화가 있다.
꺾였던 손목 일부가 다운스트로크에서 풀어지면서 사용되는데, 그 차이에 기인 된다.

④ A-방법에서, 퍼터 헤드 Mark Line과 볼의 Mark Line 정열에 있어서, 핸드포워드 모양으로 손목을 꺾었을 때 Line이 서로 어긋나게 된다. Line이 어긋나지 않도록 그립은 4:1 정도 사선(╱)으로 이동시켜야 한다.
이것 모르고 그립을 전방으로만 꺾으려 하면, Line 정렬이 틀어져 핸드포워드 A-방법 사용을 주저하게 되고 정렬 방향에 의구심을 갖게 된다.

Remarks

#1. 핸드포워드 퍼팅을 익혀서 퍼팅 방향성이 5% 향상된다면, 확률적으로 전체 타수에 미치는 영향은 0.5타 정도이다. 이것 하나 마스터 또는 적용했다고 해서 골프가 확 잘 될 것이라는 일확천금 같은 희망(환상)은 품지 말자. 골프 실력은 수십 가지 항목으로 구성되어 있다.

#2. 어떤 일에서 핵심을 놓치면 효과가 반감되거나, 역효과를 볼 수 있다. 한 가지를 마스터(정복, 통달, 숙달)하려 할 때는, 핵심을 파악하여 완성도를 높이고자 해야 한다.
핸드포워드 자세 이용한다고 그 모양으로 잡고서 한참을 대기하다가 백스트로크 하는 일부 중·하급자가 있는데, 그러면 의미(효과) 없다.
이것은 쇼트어프로치, Full Shot에서도 엇비슷하다.

#3. 퍼팅 방법은 숙달하는 데는 꽤 많은 시간이 소요된다. 미세조정이 더 어렵다. 연습량에 한계가 있는 일반 골퍼에게는 쉬운 일이 아니다.
만약 핸드포워드를 하려는 의도가 있다면, 먼저 *1절~5절 내용* 보고, 이것들 먼저 적용되있는지 확인한 후에, 필요성을 생각해 보고 나서, 특정 모델 선수를 선택한 후, 어깨 모양, 팔꿈치 위치, 그립 모양, 핸드포워드 양, 대기시간, 손목 풀어주는 양을 자세히 관찰 후에 비슷하게 따라 하는 것이 좋겠다.

#4. 초기 Roll을 크게 줄 필요 없는 수평 타격하는 느린 그린, 그린 밖 퍼팅에서는 핸드포워드 퍼팅 방법을 사용하려고 해서는 절대 안 된다.

* 핸드포워드 퍼팅의 주목적은 De-loft에 의한 타격 Roll 생성인데, 그린 밖 및 느린 그린에서는 타격 Roll이 필요 없다.

#5. 어깨를 펴는 Setup은 오른 아래 승모근으로 끄는 다운스트로크를 하고, 궤적이 작은 아크가 아닌 큰 아크(직선화) 모양이 되어서 굳이 핸드포워드 동작이 필요하지는 않다. 그러나 어깨를 모으는 Setup 으로 퍼팅을 잘하는 골퍼는 대체로 핸드포워드를 사용하는 경향을 보인다.
   * 비유 : 마치 음식처럼, 퍼팅 자세와 방식에는 서로 궁합이 맞는 것과 아닌 것이 있다.

#6. 핸드포워드 퍼팅을 할 때는 그립을 짧게 잡아야 한다. 그래야 상승, 상향타격에 유리하다.
   길게 잡고 핸드포워드 퍼팅을 하면, 퍼터 밑이 바닥에 끌리는 경향이 있다.

#7. 숙달된 핸드포워드 퍼팅 스트로크 방식을 적용하는데, 얼마의 기간이 필요한지를 쉽게 말하기는 어렵다.

2) 핸드포워드의 에너지 저장 기능

(손목에 정회전 모멘트 생성 – 부드러운 다운스트로크 기능)

(심화 내용)

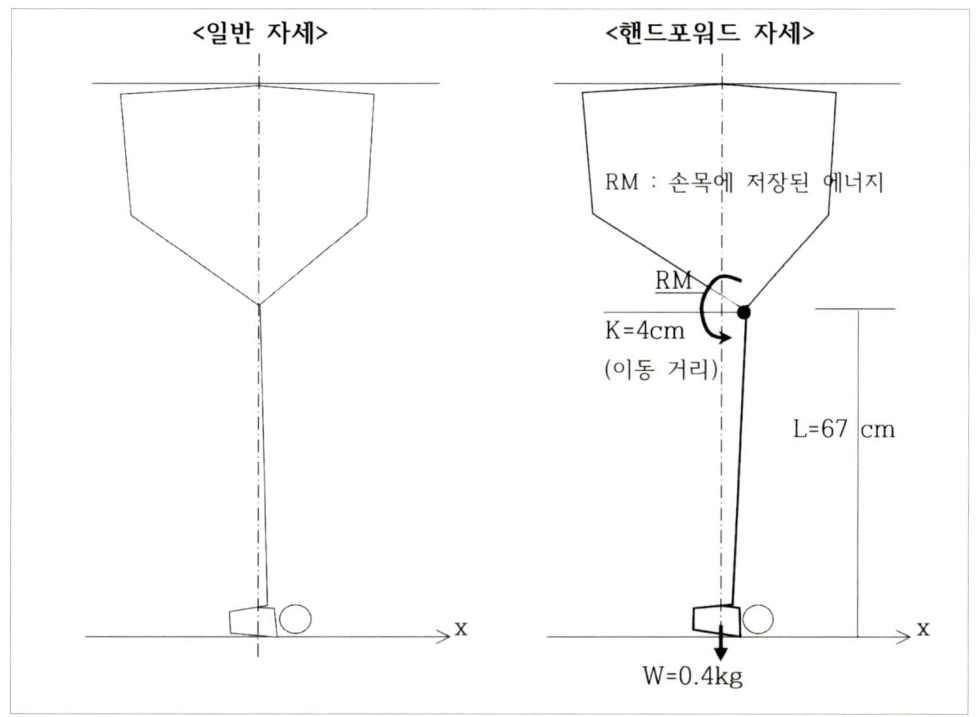

그림 1.1.34 퍼팅 핸드포워드에서 손목 꺾임 모멘트

우측 그림의 퍼팅 자세와 같이 그립을 숙여 (주의: 미리 해 놓으면 소용없음. 백스트로크 시작 직전에 해야 함) 핸드포워드를 만들면, 손목 근육에 퍼터 헤드가 정회전 하려는 모멘트가 걸리게 되며, 이것은 다운스트로크에서 어깨 회전의 부담을 줄여주고, 손목 반사신경, 날-신경 반응을 조금 줄여주는 역할을 한다.

4cm가 꺾인 손목에 걸리는 정회전 초기 모멘트(RM)은 다음과 같이 계산된다.

$RM = W \times K = 0.4 \times 0.04 = \underline{0.016 \text{ kgf-m}}$

이 값은 에너지의 저장과 같다. 이것은 부드러운 다운스트로크를 하는 데 사용된다. 그리고 변위 측면에서, 왼 손목 근육은 이완되어 다운스트로크에서 수축할 수 있는 여력을 갖는다.

문제 1) 3m 퍼팅 거리, 백스트로크 15cm, 다운스트로크 시간 0.16sec, 퍼터 헤드 스피드 2m/s 였다면, 다운스트로크 평균 가속도와 가속 관성모멘트 크기는?

<풀이>
a = v / t = 2 / 0.16 = 12.5 m/s^2
평균 가속 관성력(F) = m × a = 0.4 × 12.5 = 5 N = 0.5 kgf
손목에 걸리는 가속 관성모멘트(M) = F × L = 0.5 × 0.67 = 0.335 kgf-m

핸드포워드로 손목에 저장된 모멘트(RM)은 다운스크로크에서 걸리는 가속 관성모멘트(M)의 5% 정도 된다.
0.016 vs 0.335

실제 반사신경이 작용하는 가속력의 크기를 초기 1/3 구간이라고 가정하고, 이때 핸드포워드 초기 모멘트(RM)가 효용가치를 발휘한다면, 최대 3배인 15% 정도의 스트로크 제어 능력 향상 가치가 있다고 봐야 한다.

Loft 감소에 따른 타격 Roll 이점은 별도로 하고, 핸드포워드를 함으로써 팔(손목) 근력 사용이 여유 있는 조건이 되어서, 쇼트퍼팅에서는 대략 10%, 롱퍼팅에서는 5% 정도의 방향성 향상이 기대된다고 할 수는 있다.
단, 번거로우며 핸드포워드 양과 대기시간이 일정해야 하는 전제조건이다. 전제조건이 일정하지 않으면, 오히려 오차 발생 요인으로 작용한다. 따라서, 백스트로크 직전에 핸드포워드 하는 퍼팅 방법을 사용할지, 말지는 선택사항이 된다.

* 페이스 각과 로프트 각 조절을 위하여 백스트로크 도중에 손목 핸드포워드를 조금 해주고, 다운스트로크에서 풀어주는 양을 조절하는 방식은 어깨 모양과 삼두박근 Tension 사용하는 것에 결부되어 있다. 습득을 위해서 많은 연습이 필요하고, 유지보수를 위해서 많은 시간을 투자해야 한다.

1.9 퍼팅 방향성 확률

(확률적으로 어느 정도 퍼팅 방향성이 좋아질 것인가?)
(어느 정도 영향을 주는가?/받는가?)
(고등학교 수학의 확률 & 통계 정도 수준)

퍼팅을 이야기하면서 '확률'이란 말을 많이 사용한다.
"퍼팅은 확률 게임"
확률이라는 표현을 많이 사용하지만, 실상 수치를 따져보지도 않고, 잘 알지도 못한다.
단지, 선수들의 단순한 통계적 근거에 실패와 성공확률을 이야기한다.
수치상으로 비교하기 쉽게 방향성과 Hole In 확률을 계산할 수는 없을까?

이 절의 핵심은 퍼팅에서 뭐 하나 바꾸었다고, 그 능력이 획기적으로 향상되지 않는다는 것을 보여 주는 것이다.
더불어, 어떤 것이 얼마만 한 가치(효과)가 있는지를 알게 하고, 중요도가 높은 것을 우선순위로 개선해야 함을 알게 하는 것이다.

Remarks

#1. Break이 없는 평평한 바닥에서 똑바로 퍼팅하지 못한다면, 그린에서 Break을 못 읽어서 못 넣은 것이 아니다. 스트로크 문제다. 똑바로 치는 연습을 해야 하는데, 먼저 방향성 요인을 세분화하여 그 해결 방법을 찾는 것이 선결되어야 한다.

#2. 모든 현상은 확률로 정의할 수 있다.
품질 문제에서 확률을 중요시하는 것은, **첫째** 우선순위를 가리기 위함이고, **둘째** 효과(효능)를 파악하기 위함이며, **셋째**로는 판단 착오(과오)에 빠지지 않기 위함이다.

1) 직선 퍼팅 성공확률 계산

퍼팅 성공확률은 다음과 같은 가정으로 풀 수 있다.

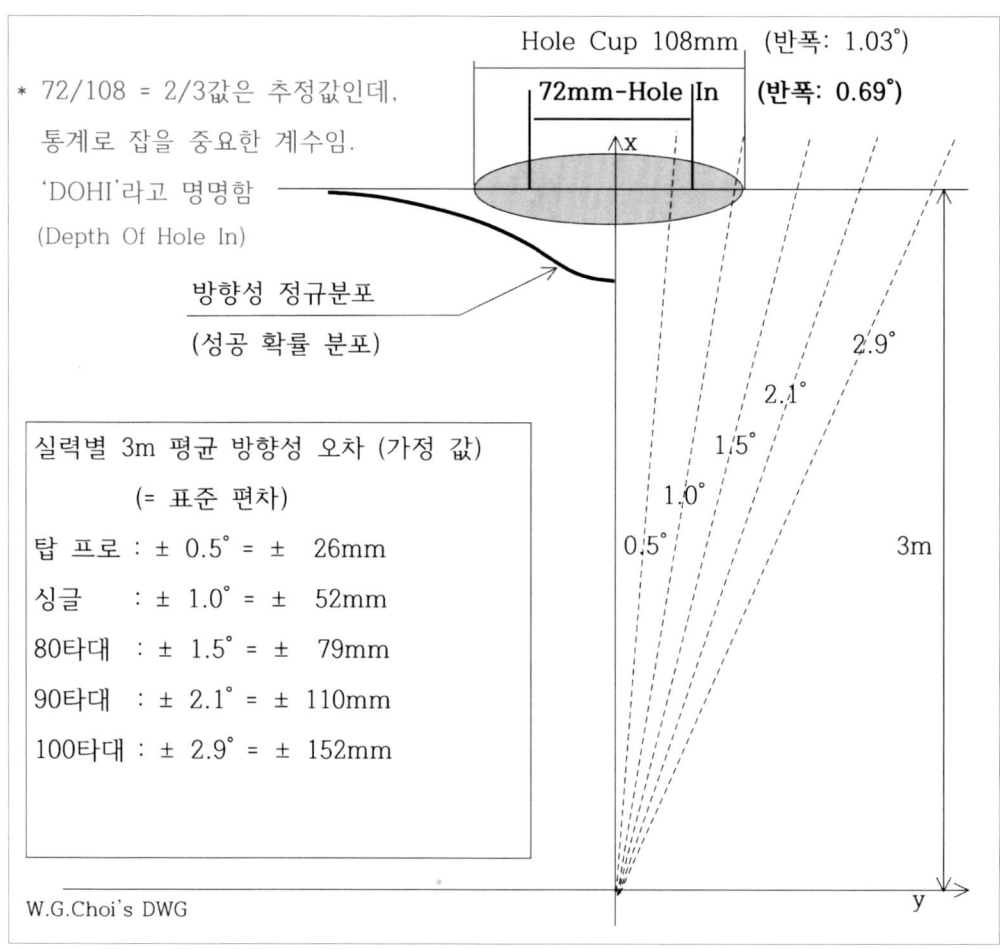

그림 1.1.35 실력별 3m 직선 퍼팅 방향성과 성공확률 분포 (예시)

그림은 대략 가정해본 골프 실력별 퍼팅 똑바로 보내는 능력이다.

문제 1) 위 그림에서 3m 직선 퍼팅을 하는데, Hole Cup의 2/3 이내의 방향성을 갖는 경우에 Hole In 한다고 하면, 각 골프 실력별 퍼팅 성공확률은 얼마인가? (단, 방향성은 확률 정규분포를 갖는다. 그리고, 짧거나 긴 경우는 성공 Hole Cup 폭으로 상쇄하였으므로 따로 고려하지 않는다.)

〈풀이 순서〉

① Z-값을 구한다.
   Z-값 = 0.69°/ 평균오차 각도 --- 평균 방향 오차 0.69°면, 1.00이다.

② 표준정규분포표에서 Z-값에 해당하는 도수분포(반폭 불량확률)를 찾는다.
   Z-값 1.00의 도수분포는 0.15866이다.

③ 성공확률 (p) = 100% × (1 - 도수분포 × 2)이다.
   도수분포 0.15866으로 계산하면 성공확률은 68.268%이다.

위의 방법으로 골프 실력별 Z-값을 계산하고 표준정규분포표에서 불량확률을 찾아, 성공확률을 구하면 다음 표와 같다.

골프 실력	퍼팅 방향성 평균	Z-값 = 0.69°/방향성	도수분포	성공확률
탑 프로	±0.5°	1.38	0.08379	83%
싱글	±1.0°	0.69	0.2451	51%
80타대	±1.5°	0.46	0.32276	35%
90타대	±2.1°	0.33	0.3707	26%
100타대	±2.9°	0.24	0.40517	19%

표 1.1.36 실력별 3m 직선거리 퍼팅 성공확률 (예시)

Remarks

#1. 짧아서 안 들어가는 것, 너무 세서 안 들어가는 것도 있지 않으냐고 반문할 수 있지만, 성공구역 바깥쪽(72~108mm)은 안 들어가는 것으로 상쇄시켜 배제함으로써 풀 수 있는 조건으로 문제를 단순화한 것이다. 72는 108의 2/3이다. 이값의 적정 여부는 통계적으로 확인하여 잡으면 된다.

#2. 성공확률 계산은 별로 어렵거나, 거창한 것이 아니다.
   고등학교 수학 확률과 통계의 기본 내용이고, 도수분포표는 책의 부록에 있던 것이다.
   골프 하는데, 이런 것까지 알아야 하나? 라고 반문할 수 있으나, 민감하게 반응은 하지 말자. 헛소리에 현혹되지 않으려면 꼭 알 필요가 있다고 생각하자.
   '경우의 수'와 '확률 계산'은 골프에서 좋은 방법을 찾고 확인하는 데 꼭 필요한 것 같다.

#3. 엑셀에서 함수를 사용하여, Z-값으로부터 도수 누적 분포를 구할 수 있다. 또 X값, 평균, 표준 편차로부터 도수 누적 분포를 구할 수 있다.

문제 2) *4절 4)항 문제 1)에서* 6m 직선 퍼팅, 근육·신경 작용으로 6.9cm 방향 오차 있는 퍼팅이 Hole In 될 확률은? (반경 3.6cm 이내 방향이 Hole In 조건)

〈풀이〉
Z-값 : 3.6 / 6.9 = 0.52
표준정규분포표에서 Z-값 0.52의 도수분포 : 0.30153
성공확률 (p) : 100% × (1 − 0.30153 × 2) = 40%
* 근육 신경 작용(반사신경, Feedback 반응)으로 방향이 틀어져 안 들어가게 될 확률이 60%가 된다. 이것이 신경 작용을 알아야 하는 이유이다.

문제 3) 위 문제에서 퍼팅 근육·신경이 차지하는(만드는) 방향 오차 비율이 70%, 그 밖의 요인(에이밍, 바닥 요철, 딤플 영향)이 30%를 차지한다고 가정했을 때, 전체를 고려한 Hole In 될 확률은?

〈풀이〉
총 오차 : 6.9 / 0.70 = 9.9cm
Z-값 : 3.6 / 9.9 = 0.36
표준정규분포표에서 Z-값 0.36의 도수분포 : 0.35942
성공확률 (p) : 100% × (1 − 0.35942 × 2) = 28%, 실패확률 = 72%
* 거리와 Break 요소를 제외하고, 방향성만을 고려하여 계산하면 홀인 실패확률은 72%인데, 50%는 신경 작용 때문에, 22%는 그 밖의 요인으로 실패하였다고 볼 수 있다. 이것이 *3절 & 4절 근육 신경 작용*을 극복해야 하는 이유이다.

2) 직선 퍼팅 방향성 항목과 오차 발생량

(퍼팅, 무엇이 똑바로 보내지 못하게 작용하는가?)
(심화 내용)

실력별 퍼팅 방향성 차이를 앞항에서 성공확률로 계산 해 보았다.
성공확률을 알면, 거꾸로 평균 방향성 오차를 계산해서 알 수도 있다.

문제 1) 그림 1.1.35 기준으로 실력별로 방향성 오차가 발생하는 원인(항목)을 적고, 오차 양을 세분화(추정)하라. 그리고 각 항목이 확률적으로 차지하는 비중을 계산하라.

〈풀이〉 정확한 값을 추정하기는 힘들다. 새로운 분석 Tool이 있어야 할 것이다. 그러나 다음 표와 같이 항목별 오차를 어느 정도 추측할 수는 있다.

W.G.Choi's Table 실력 오차 유발항목	탑 프로	싱글	80타 실력	90타 실력	100타 실력	90타대 항목별 수치 비중	90타대 항목별 영향 비중	Remark (연관 요인)
A) 불가 항목	0.2°	0.3°	0.4°	0.5°	0.6°	11%	5%	딤플, 이물질, 편평도, (Roll)
B) 스트로크 궤도	0.2°	0.4°	0.6°	0.8°	1.1°	18%	15%	궤적, 정타 어깨 모양
C) 손목 꺾임	0.2°	0.5°	0.8°	1.1°	1.5°	24%	27%	신경~관성모멘트 팔꿈치 이동량
D) 그립/헤드 돌아감	0.3°	0.6°	0.9°	1.3°	1.8°	29%	39%	신경~관성모멘트 악력 일관성
E) 아크 중심 변화	0.2°	0.4°	0.6°	0.8°	1.2°	18%	15%	볼 위치, 에임, 대기시간, 하체/축 흔들림,
오차 각 합계	1.1°	2.2°	3.3°	4.5°	6.2°	100%	100%	
방향성 오차 합	0.5°	1.0°	1.5°	2.1°	2.9°	-	-	= 분산의 합^0.5

표 1.1.37 실력별 직선 퍼팅 방향성 오차 발생 항목 및 평균 오차값 (추정)

* 전체 방향성 오차 합은 $\sigma = (\sigma1^2+\sigma2^2+\sigma3^2+\sigma4^2+\sigma5^2)^{0.5}$ 로 계산된다. 품질관리에서 분산과

표준 편차 계산이다. 따라서 큰 값(큰 오차 유발항목)의 영향이 배가 되므로 큰 것부터 해결해야 한다.

퍼팅 품질관리에서 비중은 단순 숫자 비교가 아니라 효과(영향)를 비교여야 한다.

퍼팅 방향성 오차를 만드는 것과 그것의 영향 값을 알아야 방향성을 향상할 수 있는 구체적인 방법을 찾을 수 있고 우선순위를 정할 수 있을 것이다.
막연히 '똑바로 맞추어야지!'라고 생각해서는 해결책 찾기가 어려울 것이다.

퍼팅, 더 똑바로 보내기 위한 방법을 찾기 위하여, 본인에게 또는 타인에게 다음과 같이 몇 가지 질문을 던져보자.
① Setup 잘하고, 하체 고정, 척추고정 잘하고, 어깨(등 근육)로 스트로크 잘하는데, 볼을 똑바로 보내기는 힘들다. 올바른 퍼팅 스트로크를 하면 잘 된다는데, 올바른 퍼팅 스트로크는 대체 무엇인가?
② Setup 잘하면 볼을 얼마나 똑바로 보낼 수 있는 것인가?
③ Roll을 좋게 하면 똑바로 보낼 수 있다는데, 효과가 얼마나 될까?
④ 퍼팅 스트로크, 손목 꺾지 말라고 하는데, 신경 감각 억제 이외에는 거의 모든 Tip과 Drill 적용해도 고쳐지지 않는다. 왜 손목이 꺾이는 것인가?
⑤ 손목이 꺾이지 않게 스트로크 잘하는 편인데, 페이스가 직각으로 맞지 않는다면, 왜 그런가?
⑥ 퍼팅 잘하는 사람 보면, 동작을 어떻게 하는지 눈으로 구별이 안 된다. 눈에 보이지 않는 특별한 Know-How가 있는 것인가?

위의 질문들은 약간 구체화한 표현, 전제조건을 달아서 두리뭉실한 답변을 못 하게 한 질문들이다. 질문에 대한 답을 알고 있는 골퍼라면, 똑바로 보내기 수월할 것이다. 대부분의 일반 골퍼는 짧은 직선 퍼트마저 넣지 못하는 경우가 많다. 퍼팅에 대해서 조금 모르는 것이 아니고, 거의 모르는 것이다.

결론적으로, 질문에 대한 답을 모르고 있으며, 누가 알려주지도 않고, 쉽게 알 수도 없어 10년, 20년을 똑바로 쳐보겠다는 일념 하나로, 이렇게도, 저렇게도 연습해보면서 필드에서 혹시나 '이번에는 잘 되겠지' 하고 퍼팅해 온 상태 아닐까?

Remarks
#1. 퍼팅 똑바로 보내는 것은 많은 골퍼가 꿈꾸고 있지만 하루아침에 뚝딱하고 되지는 않는다. 내공이 쌓

여야 한다. 단순히 연습 내공으로 될 수는 없다. 그 내공은 앞 절들에서 설명한 스트로크 요령들이 발판이 되어야 한다.

#2. 학문이란 보이지 않는 것을 볼 수 있게 해주는 도구이며, 현상이나 결과와 같은 보이는 것의 규칙(일관성)을 정의할 수 있도록 해준다.
고등학교 수학, 물리, 생명과학에서 다루는 내용 정도를 알고 있다면, 앞 절에서 설명 및 해석한 것들을 이해하기 쉬울 것이다.

#3. 볼 똑바로 치지 못하는데, 좌우 Break 열심히 본다고 성공확률 그렇게 높아지진 않을 것이다. *(5권 부록 C에서 상세 설명)*
퍼팅의 첫 번째 과제는 똑바로 보내는 방법을 체득하는 것이므로, 이를 우선순위로 하고 그 해결 방법을 먼저 알아야 한다.

#4. 골프는 품질 문제다. 품질 문제는 '분산의 합' 개념을 잘 알아야 한다.
*표 1.1.37*에서 90대 타수의 평균 수준 골퍼가 *C)항 손목 꺾임과 D)항 그립 돌아감*을 제어하는 것을 프로 수준으로 하게 되면, 방향성 오차 합은 2.1°->1.27°가 되어, 퍼팅 똑바로 보내는 능력이 싱글과 80대 타수 실력의 중간쯤 되는 퍼팅 방향성 능력을 갖춘 실력이 될 것이다.
반면, *B)항과 E)항*을 열심히 해서 프로 수준처럼 한다고 하더라도, 방향성 오차 합은 2.1°->1.8°로 계산되어서, 확률적으로 똑바로 보내는 능력의 큰 향상은 기대할 수 없고 겨우 약간 향상되었다는 해석이 된다.
* 막연한 희망, 뭐 하나 바꾸면 잘 될 것이란 이야기는 희망 고문에 가깝다. 사실을 직시할 수 있는 능력이 있어야 희망 고문을 당하지 않는다.

#5. 아무리 좋은 기계라도 유지보수하고 교정하지 않으면, 녹슬고 세팅이 흐트러지듯, 일반 골퍼들은 똑바로 보내는 퍼팅 스트로크 방법을 주기적으로 연습하고 교정해 주어야 한다.

3) 확률로 본 퍼팅 방향성
(똑바로 보내기 능력)

샷의 방향성도 마찬가지이지만, 퍼팅 방향성도 실력에 따라서 그림과 같은 방향성 분포도를 갖는다.

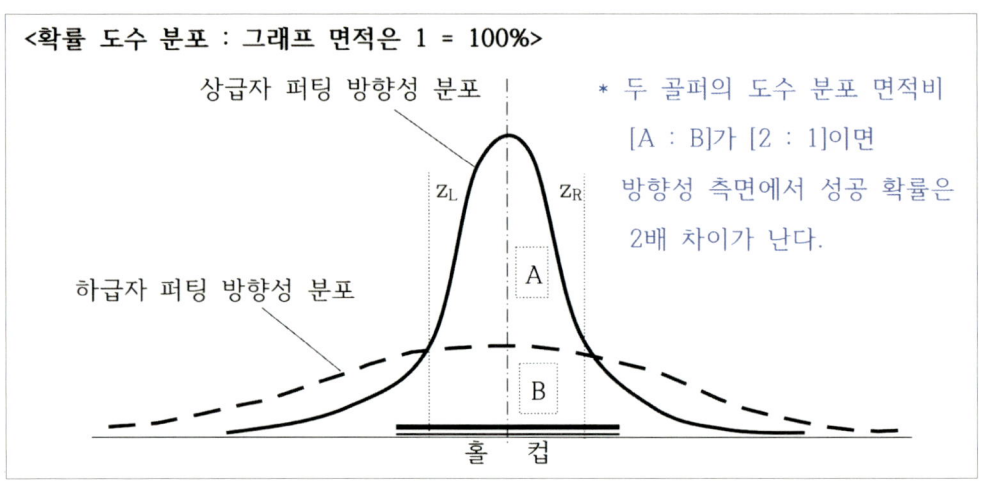

그림 1.1.38 퍼팅 방향성 확률 도수분포

시각적 Data로서, 방향성의 영점이 좌향/우향 인 것, 산포가 흩어진 것, 그리고 퍼팅 결과 Data로서 Hole In 확률은 골퍼 자신의 도수분포가 결정한다.

우연의 결과로써, 퍼팅이 유난히 잘된 날이 있을 수 있지만 그것은 실력이 아니다.

그래프의 'A'처럼 방향성 도수분포가 중앙(센터)에 수렴하도록 하는 것이 방향성을 향상하는 것인데, 본 장에서 다룬 퍼팅 똑바로 보내기 내용들이다.

　*골프의 능력에 대한 것들은 산업현장의 품질관리라는 것과 거의 같다.

퍼팅 똑바로 보내는 것에 관계된 인자는 30~50가지 정도이며, 방향 읽기 사항도 십여 가지 요인이 있다.

퍼팅 방향성을 제품 최종 품질을 결정하는 것에 비유하면, 다음과 같다.

　　퍼팅 조건 (Break 포함)　　≒ 원재료
　　거리 읽기 & Break 읽기　　≒ 사업 기획
　　퍼팅 자세　　　　　　　　≒ 1차 가공(또는 원료 배합)
　　퍼팅 스트로크　　　　　　≒ 2차 가공(제작)

4) 쇼트퍼팅 실력

쇼트퍼팅 거리의 정의는 없는데, 0.9m~2.1m(3ft~7ft)를 꼭 넣어야 하는 쇼트퍼팅이라고 하자. 18홀 한 라운드에서 이 거리의 퍼팅은 대충 10회 내외 정도를 실시한다. 이 중에 몇 개를 넣느냐에 따라서 쇼트퍼팅 실력이 다음과 같이 정해질 수 있다.

10회 중 넣는 횟수	10회 중 못 넣는 횟수	쇼트퍼팅 실력
8~ (80%)	~2	프로
7 (70%)	3	상급
6 (60%)	4	중·상급
5 (50%)	5	중급
4 (40%)	6	중·하급
3 (30%)	7	하급
~2 (20%)	8~	초보

표 1.1.39 꼭 넣어야 하는 0.9 ~ 2.1m 거리 쇼트퍼팅 실력

이 쇼트퍼팅의 평균 퍼팅 거리는 $D = \sqrt{((2.1^2 + 0.9^2)/2)} = 1.62m$이다.

문제) 위 표의 퍼팅 성공률을 가지려면 각 실력의 골퍼는 어느 정도 퍼팅 방향 오차를 가지는가? (방향성 오차는 전체 그린 조건, Break, 타격 능력 포함함)

〈풀이〉
① 성공 횟수(확률)를 도수분포로 하여 표준정규분포표에서 Z-값을 찾는다.
② 앞에서 정의한 Hole In 반폭 36mm의 각도를 구하면 atan(36/1,620) = 1.273°, '실력별 오차 각 = 1.273°/Z-값'으로 평균오차 각을 구한다.

성공 횟수	8	7	6	5	4	3	2
① Z-값	1.28	1.04	0.84	0.67	0.52	0.39	0.25
② 평균±오차 각	0.995°	1.224°	1.515°	1.9°	2.448°	3.264°	5.092°

* Break 읽는 능력을 포함하여, 대략 위 표의 (±) 평균오차 각 정도의 퍼팅 방향성을 가져야 해당 횟수의 쇼트퍼팅 성공이 된다. 골퍼 자신의 방향성 퍼팅 능력을 오차 각 수치로 가늠한 것이다. 상급 실력과 중·하급 실력 오차 각도는 2배 정도 차이가 난다.

Remarks

#1. 컨시드(OK) 거리를 제외한, 쇼트퍼팅 4개 성공 (90타 후반 실력) ---> 7개 성공(70타 후반 실력)은 모든 퍼팅 능력이 대략 2배로 향상한 결과라고 확대하여 생각할 수 있다. 표에서와 같이 방향 오차를 반으로 줄여야 하기 때문이다. 중·하급 실력은 쇼트퍼팅에서 더 성공한 3개에 약 2배를 해주면 전체 퍼팅에서 줄일 수 있는 타수가 될 것이다.

(4 - 7) × 2 = (-) 6타 --- 90대 후반 골퍼가 70대 후반 실력으로 갈 때
퍼팅 전 영역을 다 잘해서 줄일 수 있는 타수

90대 후반 골퍼 퍼팅 수 (38~39ea) vs 싱글 골퍼 퍼팅 수 (32~33ea)

* 90타 후반 퍼팅 실력의 골퍼가 모든 퍼팅 능력(똑바로 치기, 거리 읽기, 거리 맞추기, Break 읽기)이 대략 2배 향상되어야, 싱글 플레이어 퍼팅 능력과 비슷해지는데, 그렇게 줄일 수 있는 타수는 대략 6타 정도가 되는 것이다. (110타대 정도 실력은 모든 퍼팅 능력 4배 향상에 12타 줄이는 비율)

#2. 뭔가 열심히 해서 기대했는데, 결과가 기대와 다르면 실망을 하게 된다.
혹자가 "롱퍼팅 거리를 딱딱 맞추어 3-퍼팅을 없애서 6타를 줄일 수 있다."라고 하여 거리 맞추기 연습을 많이 하고 잔뜩 기대했으나, 실제 라운드에서 거의 효과를 보지 못했다면, 그것은 연습과 라운드 문제라기보다는 설정한 기댓값이 틀린 것이다.
롱퍼팅 거리 딱딱 맞출 수도 없을뿐더러, 그것으로 줄일 수 있는 타수는 극히 제한되어 있다. 똑바로 보내는 능력향상이 훨씬 시급한 사항이다.

#3. 적절한 기댓값은, 퍼팅 똑바로 치는 능력이 2배로 향상되면 (-) 3타를 줄일 수 있고, '거리 읽기 + 거리 맞추기 + Break 읽기' 3가지 능력을 달성하면 (-) 3타를 더 줄일 수 있는 것이다.
다음 2장에 후자 3가지 능력향상 요령이 설명되어 있다.

깨달음

"이제 끝났어!"란 말을 수십 번 하는 과정을 거치지만
아직도 깨달은 것이 아니었다.

허접한 완성은 허무한 결과로 귀결된다.
깨달음이란 때론 되돌아감을 뜻한다.

'거리 읽기, 거리 맞추기, Break 읽기'

2장
퍼팅 읽기와 맞추기
(그린 위에서 요령)

스윙처럼 힘이 필요한 것도 아니고, 쇼트어프로치처럼 정교한 동작이 필요한 것도 아닌데, 어려운 것이 퍼팅이다.

퍼팅의 목적은 Hole에 근접시키거나 넣는 것이다. 그러기 위해서 퍼팅 거리감이 맞아야 하고, 방향성이 맞아야 한다. 당연한 이야기다.

노력이라는 투자를 위하여, 그리고 부족한 부분을 알고 보완하기 위하여 골프 항목별 중요도를 먼저 따져보자.

1장에 퍼팅 똑바로 보내는 방법을 설명하였다. 그 외 퍼팅 능력 항목은 다음과 같이 분류된다.

| 거리 읽고, 거리 맞추기 | 방향 읽기 |

거리 잘 읽는 방법은?
거리 잘 맞추는 방법은?
방향(Break) 잘 읽는 방법은?
소소한 방향과 거리 잘 맞추는 방법은?

생물학적인 뇌(신경) 관점에서 보면, 퍼팅은 가장 불편하고, 짜증 나고, 지루하고, 귀찮은 자세와 동작으로 되어 있다. 일반적이지 않은 신경과 근육 사용, 그리고 움직임이 작은데 정교함을 요구하기 때문이다. 퍼팅 스트로크는 결코 편안한 자세로 하는 것이 아니다. 불편함을 몸이 받아들이도록 하는 것이 퍼팅연습이다.

그린을 읽는 것도 방식과 집중이 요구되고, 특별한 요령이 필요하다.

2.1 중요도
(그린 위, 퍼팅 중요도 비율은 20~30%)

1) 골프 항목별 능력 중요도

a) 클럽 사용 비율과 중요도
드라이버, 아이언&우드, (쇼트&미들) 어프로치, 퍼팅 4가지 항목의 중요도는 어느 정도 비율일까?

클럽별 사용 횟수는 다음과 같다고 가정할 수 있다.
- 드라이버 : 14 ± 3회
   (벌타 0~6 = 평균 3)
- 아이언&우드 : 22 ± 4회
   (벌타 0~4 = 평균 2)
- 어프로치 : 12 ± 10회
   (벌타 0~2 = 평균 1)
   (본서는 로브웨지의 85% 이하 스윙 거리를 어프로치라고 취급)
   (그린 밖 퍼터 어프로치는 1~3회 정도 사용)
- 그린 퍼팅 : 23 ± 5회 --- (OK 받은 것은 별도로 13회 ± 5)
   (3ft ≒ 0.9m 이내의 OK/컨시드 거리는 타수에 거의 영향 없으므로 제외)
   위의 가정하에 각 클럽의 사용 횟수(비율)와 중요도는 다음과 같이 계산될 수 있다. (위 골퍼의 타수는 '71 + 퍼팅 OK 회수 + 벌타 = 71 + 13 + 6 = 90타'로 계산된다.)

〈클럽 사용 비율〉			〈클럽 Risk 고려 중요도 비율〉
- 드라이버 :	14/71 = 20%	------	17/77 = <u>22%</u>
- 아이언&우드 :	22/71 = 31%	------	24/77 = <u>31%</u>
- 어프로치 :	12/71 = 17%	------	13/77 = <u>17%</u>
- 그린 퍼팅 :	23/71 = 32%	------	23/77 = <u>30%</u>

Remarks

#1. 단순 퍼팅 수의 비율이 40% 이상이다, 또는 50%에 육박한다. 그런 비율이니 퍼팅이 중요하다고 말하는데, 실상 괴리가 있다. OK 거리는 거의 다 홀에 넣는 것이므로 Count에서 제외하고 난 횟수를 중요도에 비교해야 한다.

#2. 퍼팅의 중요도가 상급자에게 있어서는 30%보다 조금 높고, 하급자에는 있어서는 30%보다 조금 낮은 수준이라고 할 수 있다. 하지만, 30%라는 비율은 전체에서 굉장히 높은 비중을 차지하는 것이다.

#3. 각 골프 구성 항목의 중요도를 따지기 위해서는 실력 표준편차(영향력 ≒ Risk)를 고려해야 한다.
그리고 어떤 항목 실력의 값어치를 따지려면 투자 비율도 고려해야 한다.
일반 골퍼들은 퍼팅연습을 거의 하지 않는다. 재미없고, 지루하고, 표면상 발전이 적기 때문이다. 그런 조건에서 잘 되는 사람과 안 되는 사람이 구분되는 것은 뭔가 이론적인 답이 있고, 그 적용 여부에 연관되는 것들이 있는 것이다.
이것이 퍼팅에서 이론을 함께 알아야 하는 이유가 된다.

b) 항목별 상세 중요도 Table

(참고용)

어떤 클럽의 사용이 얼마만큼 중요한지 객관화된 Table은 없다. 아마도 실력별, 비거리(근력) 능력별, 골퍼의 장·단점별, 클럽 사양별 상대성이 강하기 때문일 것이다.
레슨, 상황 파악 등의 목적을 위하여 각 항목의 수준이 어느 정도인지 알 수 있는 체계화된 Table이 있었으면 한다.

다음 표는 드라이버 거리와 아이언&우드의 온그린율을 점수화한 Table 예시이다. *위의 a) 항에서* 살펴본 각 4대 항목의 중요도를 더욱더 현실화 한 것이다.
우리가 연습에 투자하는 비율이 얼추 각 항목의 중요도 비율(비중)과 엇비슷함을 알 수 있다.

혹자는 일반 골퍼가 드라이버와 아이언 연습에 가치보다 더 큰 비중을 투자하는 것처럼 말하지만, 실상은 중·하급자에게 있어서 그것들이 타수에 미치는 영향이 크기 때문이다.
상급자에게는 롱게임에서 줄일 수 있는 점수의 비중은 줄어들고, 쇼트게임에서 줄일 수 있는 점수의 비중이 높아진다.

항목 \ 수준	드라이버				아이언				쇼트·미들 어프로치	퍼팅	
	거리		벌타	상하타점, 벙커, 러프	온그린		벌타	큰 토핑/뒤땅	실시 횟수 -(온그린 못한 횟수 +Save수)	퍼팅 수	타수 영향
	m	타수 영향			+1	타수 영향					
상급자	240	-2/2	0	+1	12	0	0	0	-4	31	-1
	230	0	+1	+1	11	+1	0	0	-3	32	0
	220	+2/2	+2	+2	10	+2	+1	0	-3	33	+1
중급자	210	+4/2	+3	+3	9	+3	+2	+1	-2	34	+2
	200	+6/2	+3	+3	8	+4	+2	+1	-1	35	+3
			+4	+3	7	+5	+3	+2	-1	36	+4
하급자	190	+8/2	+5	+4	6	+6	+4	+2	0	37	+5
	180	+10/2	+5	+4	5	+7	+4	+3	1	38	+6
			+6	+4	4	+8	+5	+3	2	39	+7
초보자	170	+12/2	+7	+5	3	+9	+6	+4	3	40	+8
	160	+14/2	+8	+5	2	+10	+6	+4	4	41	+9
	150	+16/2	+9	+5	1	+11	+7	+5	5	42	+10
영향 값	22타				23타				9타	11타	
	영양 값 = 초보자 - 최상급자 [본인 수준 - 최상급자]										
중요도 비율	22/65 = 34%				23/65 = 35%				14%	17%	

표 1.2.1 골프 4대 항목 상세 비중 (일반 골퍼 기준, 예시)   W.G.Choi's Table

Remarks

#1. 표의 드라이버 거리 점수표는 남성 White Tee 기준이다.

드라이버 거리 10m는 아이언도 그만큼 거리가 더 나가기 때문에 실제 2타 정도의 가치가 있다.

드라이버 거리는 아이언 거리를 포함한 전체 비거리 능력을 말한다.

* 95% 스윙의 장단점 :

95% 스윙은 드라이버 200m 기준 10m가 짧고, 100m 웨지 샷은 5m가 짧다. 탄도와 스핀이 작은 단점도 있다. 샷 기술에 따라서 거리 오차가 심해질 수 있다. 그린 공략에서 정확도가 조금 떨어지는 1~2 긴 클럽을 잡아야 한다.

100% 스윙의 방향성과 타점이 좋아서 벌타 발생 가능성이 적다면, 95% 스윙 효용가치는 적겠지만, 미스샷에 따른 손실이 크다면 95% 스윙으로 플레이하는 것이 더 좋은 타수를 만들 수 있다. 단, 95% 스윙 방법을 알아야 한다.

#2. 위 Table은 골퍼의 각 항목 현재 수준과 발전 가능성을 짐작하게 해 준다. 실력별로 조금 상대적이다.

#3. 트러블 샷 구사 능력은 중요하나, 별도로 분류하지는 않았다.

#4. 일반 중급 골퍼에게 있어서 퍼팅의 중요도는 20% 이내에 있다고 여기는 것이 맞을 것이다.
중·하급자에게는 드라이버가 퍼팅보다 2배 이상 중요하다고 볼 수 있다. 아이언과 드라이버 중요도는 비슷하다. 그래서 드라이버 연습 시간을 많이 할애하는 것인데, 옳은 선택이라고 할 수 있다.

#5. 상급자 단계에서는 롱게임과 쇼트게임 비중이 거의 비슷해진다고 하겠다.
중하급 골퍼의 롱게임 vs 쇼트게임 중요도는 70% vs 30% 정도로 볼 수 있다.

#6. 그린 공략 샷 정확도 1m ~1%는 한 라운드에서 2~3타 효과에 해당한다.

2) 퍼팅 항목별 중요도

퍼팅에서는 크게 3가지 능력이 요구된다.
- 똑바로 보내기
- 거리 읽고 맞추기
- 방향 읽기

위 3가지 퍼팅 항목의 중요도는 대략 다음과 같다.

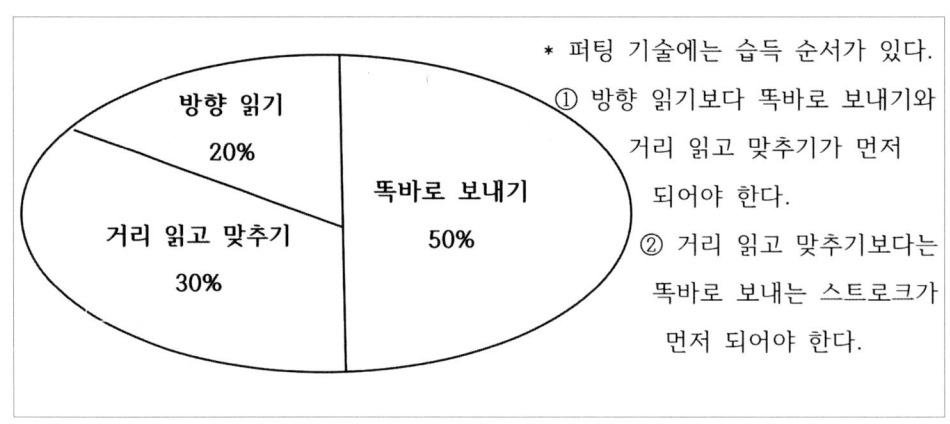

그림 1.2.2 퍼팅 항목별 중요도 (예시)

똑바로 보내는 능력(50%)은 세 가지로 나눌 수 있다.
- 똑바로 맞추기 : 35% (타격 페이스 각도)
- 똑바른 궤도 : 10% (정렬을 포함)
- Roll 주기   : 5% (굴려 치기)

거리 읽고 맞추기 능력(30%)은 두 가지로 나뉜다.
- 거리 읽기   : 10%
- 거리 맞추기 : 20% (스트로크 세기 맞추기 15% + 일정한 Roll 주기 5%)

Remarks
#1. Roll은 똑바로 보내기 능력, 거리 맞추기 능력, Break에 모두 영향을 미치는 항목이다.

#2. 거리와 Break 정보를 알려주는 시뮬레이션 게임 퍼팅은 필드보다 대략 40% 정도 쉽다. (요구되지 않는 능력 : 거리 읽기 10%, Break 읽기 15%, Roll 영향 10%, 홀별 그린 상태, 잔디 결, 바람 영향 등 변수 파악 5%)

퍼팅 거리에 따라서 위 항목의 중요도는 대략 다음 그래프와 같이 변한다.

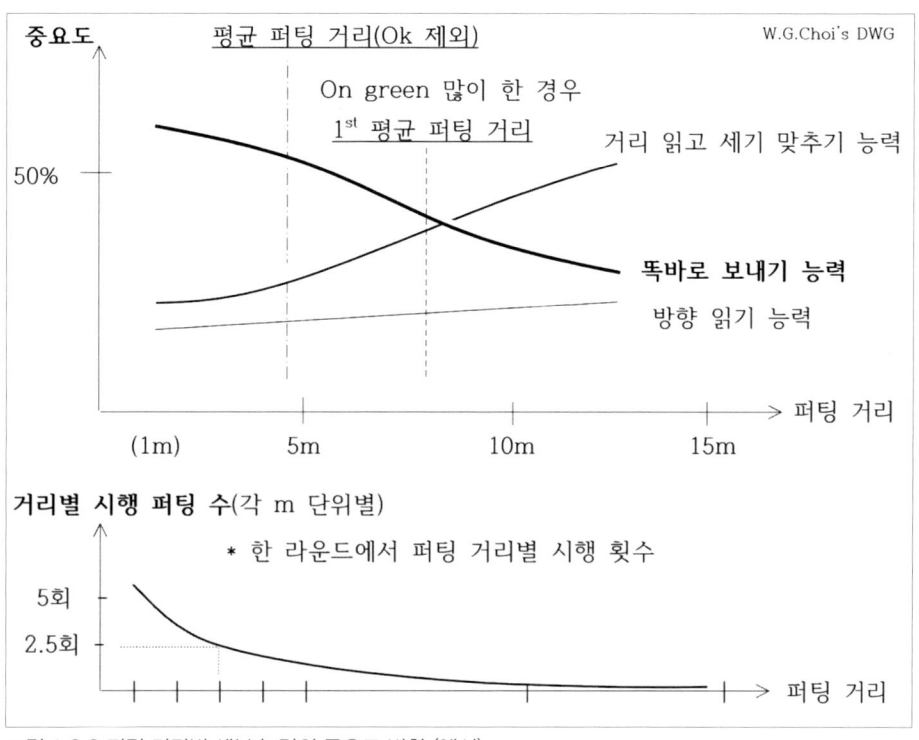

그림 1.2.3 퍼팅 거리별 세부 능력의 중요도 변화 (예시)

실 퍼팅 거리별 분류는 다음과 같다.
  - 컨시드 거리
  - 쇼트퍼팅 거리 : 넣는 것을 목표로 하는 퍼팅 거리 (대략 10~12회)
  - 미들 퍼팅 거리 : 최소 컨시드를 목표로 하는 퍼팅 거리 (대략 6~8회)
    예) 미들 퍼팅 거리 : 5보 이상 ~ 15보 이하
  - 롱퍼팅 거리 : 최대한 가까이 붙이고자 하는 퍼팅 거리 (대략 4~6회)
  * 거리에 따른 퍼팅 분류는 각 골퍼의 생각에 달려 있다고 볼 수 있다.

Remarks

#1. 퍼팅 항목의 중요도는 각 골퍼에 따라 다르게 느껴질 수 있다. 그리고 골퍼에 따라서 강점 항목이 있고, 취약한 항목이 있을 것이다.

#2. 퍼팅 거리별 중요도에서, 골퍼의 평균 퍼팅 거리가 얼마인가에 따라서 퍼팅 항목의 활용도가 달라진다. 즉, 능력의 중요도가 달라진다. 어쨌든 퍼팅 세부 능력에서 가까운 거리의 퍼팅에서는 똑바로 보내는 능력이 매우 중요하고, 긴 거리 퍼팅에서는 거리 읽고 거리 맞추는 능력의 중요도가 상승한다.

#3. 평균 퍼팅 거리 4.5m에서 20% 성공률을 가지고 있을 때, 똑바로 보내기, 거리 읽기, 타격 세기 맞추기, 방향(Break) 읽기 능력이 영향을 주는 것을 확률의 합으로 표현하면 다음 분포 그래프와 같다.

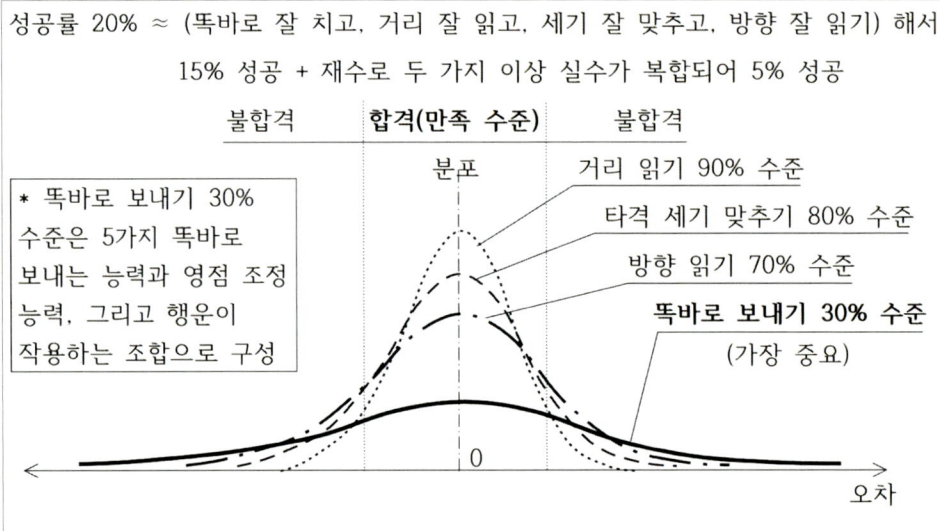

그림 1.2.4 퍼팅 세부 능력 수준을 확률 분포로 표현 (예시)

2.2 퍼팅 거리 읽고 거리 맞추기

퍼팅하기 위한 사전 조사는 다음 순서와 같이 진행된다.
  〈읽기 순서〉
  - 대략적인 그린 훑어보기
  - 거리 측정 (잔디 상태 확인 포함)
  - 고저 높이 견측 (야디지북, 그린 정보 있는 경우는 참고)
  - Break 읽기, 계산하기
  - 외적 요소 (그린 빠르기, 잔디 결, 바람, 지형) 고려
  - 최종 목표 거리 (타격 거리) 결정
  - 최종 Break 양 (목표 방향) 결정

본 장에서는, 막연하게 접했던 이야기들 속에 숨어 있는 내용을 확인해 보고, 이론적 오류와 착각 (선입견)을 제거하고, 다음 질문의 퍼팅 실력 향상하는 방법을 설명한다.
  - 퍼팅 거리를 더 정확히 잘 읽는 방법은?
  - 스트로크 템포를 유지하면서 퍼팅 세기(거리)를 맞추는 방법은?
  - 고저 경사 라인이 홀 접근율과 홀인에 주는 난이도는 어느 정도인가?
  - 타격 Roll이 Hole In에 얼마만큼의 효과를 주는가?
  - 홀컵이 크게 보이는 날, 작게 보이는 날은 어떨 때 인가?

1) 거리 읽기

라운드를 시작하기 전, 그날의 그린 빠르기는 다음 항으로 대충 가늠한다.
- 연습그린에서 Test 하기
- 캐디에게 묻기 (발표된 코스 정보 확인)
- 과거와 최근 필드 경험 정보
- 기타 날씨 상황
- 눈에 보이는 잔디 상태

이것들에 더하여 각 Hole에서 퍼팅하는 거리 읽기는 다음 항목으로 결정된다.

a) 거리 측정

- 발걸음 측정

    걸음걸이로 실거리를 측정한다.
    보폭은 골퍼에 따라 다른 기준 (0.6m/1보, 0.7m/1보, 0.8m/1보, 0.9m/1보)
    * 아주 긴 거리에서는 시간 절약을 위하여 반만 걸어 2배를 해 준다.

- 목측(눈대중)

    느낌으로 그냥 친다는 일반 골퍼가 있는데, 그것이 가능한지와 얼마만 한 노력(연습)이 필요한 것인지는 말하기 어렵다. 아마 시각적인 거리 느낌을 퍼팅스트로크 크기로 환산해서 그 백스트로크 크기를 정한다는 의미일 것 같다.
    아무튼, '백스트로크 크기^2 = 목표 거리'가 결정되지 않으면 할 수 없는 것이 퍼팅이라고 생각해야 한다. 스트로크 시작 전 반듯이 목표 거리와 백스트로크 크기 설정은 되어 있어야 거리 오차를 줄이는 퍼팅을 할 수 있다.

b) 고저 높이 견측과 퍼팅 거리 환산

볼과 Hole Cup의 고저 높이를 읽는다.
- 읽는 지점 : 볼↔홀 일직선의 낮은 면 쪽에서 고저 읽음

    그림의 (C) 지점이 그린의 낮은 쪽 방향이다. 이 방향의 지점에서 볼과 Hole 사이의 높낮이를 읽어야 가장 정확하게 고·저량이 읽힌다.
    높은 면 쪽에서는 시야 벽면이 엷어서 고저가 부정확하게 읽힌다.

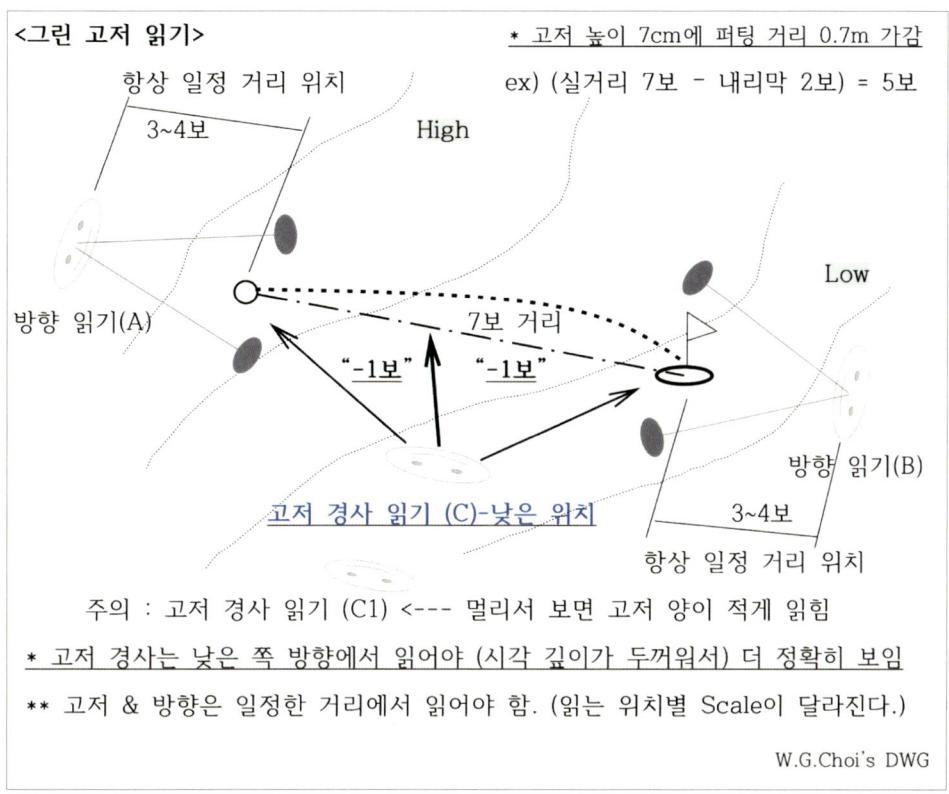

그림 1.2.5 퍼팅 라인 고저값 읽는 위치

- 고저 읽는 단위 : 가감할 보 단위 읽음, 또는 총 높이를 cm, inch로 읽은 후 가감할 거리를 보 단위로 환산
- 퍼팅 거리 환산 : 그린 빠르기 또는 내리막 오르막과 관계없이, 높이 7cm에 0.7m, 10cm에 1m (= 1m 거리/10cm 고저)를 퍼팅 거리에 가감해 준다.
  중력의 위치에너지에 대한 보상이다. 따라서 그린 빠르기와 관계없다.
  이 고저 계산 방식은 아래 ②의 거리 읽는 방법에 해당한다.

퍼팅 거리 읽는 방법(계산법)에는 다음 3가지 유형이 있다.
　① 목측으로 전부 읽기 ; 다음을 감각적으로 모두 처리
　　'그린 빠르기와 거리 × 고저 거리 가감 + 기타 변수 덩어리'

　② 고저 거리 가감을 절댓값으로 분리하여 읽고 계산 후 거리에 가감 :
　　'(거리 × 그린 빠르기) + 고저 거리 가감 + 기타 변수 덩어리'

③ 그린 빠르기에 따른 고저 양 가감을 계산하여 거리에 가감 ;

'(거리 × 그린 빠르기) + (고저 양 × 그린 빠르기) + 기타 변수 덩어리'

* 기타 덩어리 = 잔딧결 + 그린 국부 상태 + 바람 + 공략(보수적/도전적)

Remarks

#1. 그림의 (C) 지점에서 고저 경사값 읽는 것은 습관을 들여야 한다. 읽는 위치가 달라지면 읽기 오차가 발생하고, 읽기 오차는 그대로 퍼팅 거리 오차로 이어지기 때문이다. 먼 (C1) 지점에서 읽으면 고저값이 작게 읽힌다.

또한 고저 경사 값은 Break 계산에도 이용되므로 방향 계산에도 영향을 미치고 실제 목표 Break에도 영향을 준다. 고저 양을 대충 읽고 친다는 생각은 버려야 한다.

#2. Hole Cup 근처가 오르막인지, 내리막인지 반듯이 Hole Cup 뒤쪽으로 가서 확인해야 한다.

짧은 퍼팅에서 급한 마음에 볼 뒤에서만 보는 경우, 내리막을 평지로 봤을 때 낭패를 보기 쉽다.

짧은 거리 퍼팅, 볼 뒤에서 Hole Cup을 봤을 때 오르막인데, Hole Cup 뒤에서 봤을 때 오르막이라면 평지이다. 또한 보통 (A)와 (B) 지점의 고저 경사, 횡경사가 반대로 읽힌다면 두 곳의 읽힘을 더하여 2로 나눈 값이 실제에 가깝다.

#3. 그림에서, 3~4보 뒤인 (A)와 (B) 지점이 좌우 경사를 한 번(One View)에 볼 수 있는 곳이다. 이때 고저 경사를 재차 한 번 더 확인하는 과정을 거친다.

- 바로 뒤에서 (가까이에서) 보면 방향 읽기가 부정확하다. 고개를 좌우로 돌릴 때 인체 감각기관의 수평 기준선이 흐트러지기 때문이다.
- 항상 일정한 거리에서 읽지 않는다면, 읽은 경사 양의 축척이 달라져 판독오류가 발생한다. 이것은 보는 거리별로, 몸의 평형 감각기관과 눈(시각)의 수평선 기준에 대한 입력 정보를 뇌가 다르게 인식하기 때문이다.
- 가까운 거리의 내리막 퍼팅인 경우, 내리막이 실제대로 읽혔을 때와 못 읽었을 때 성공률에 큰 차이를 보이며, 3퍼팅 가능성까지 존재하게 된다.

#4. 빠른 그린이든 느린 그린이든 관계없이 수치적 고저 높이에 의한 거리 가감량은 거의 같다. 고저 높이에 따른 퍼팅 거리 가감량은 중력의 위치에너지와 관계되기 때문이다.

* 단, 퍼팅 타격하는 지점이 오르막 라이이면, 어드레스 경사로 인한 다운스트로크에서 올라가는 퍼터 헤드에 못 올라가게 하는 중력 작용과 타격 시 볼 바닥 면에 조금 커질 수 있는 잔디 저항 영향은 있다. 내리막에서는 이와 반대로 조금 더 타격이 쉬워 더 굴러갈 수 있는 여지는 있다.

아울러, Hole Cup을 조금 지나치게 목표 거리를 잡을 때, 경사 라이에 Hole Cup이 있다면, 오르막에 있는 경우는 Over run에 조금 여유가 있고, 내리막에 있는 경우는 Over run 여유를 줄여야 한다.

#5. 일반 골퍼에게 있어서, 오르막에서는 조금 세게 치고, 내리막에서는 조금 부드럽게 친다는 생각은 버리는 것이 좋겠다. 인체 근육 감각 신경 제어 능력 측면에서, 퍼팅 세기는 그렇게 제어할 수 있는 것이 아니다.

거리를 읽고 계산 후에 백스트로크 크기로 환산하여 퍼팅해야 한다.

#6. 대개, 거리 읽기가 부정확했을 때 (거리 읽기에 자신이 없었을 때) 조금 세게 치거나 약하게 쳐지는 경우가 쉽게 발생한다. 즉, 거리 계산에 확신이 없을 때, 거리 오차는 더 커지게 된다.

c) 거리(실거리 & 고저) 이외에 영향 주는 요소 고려

다음의 외적 요소는 시간별, 계절별, 기후/날씨별, Hole별 변동성이 있다.

① 그린 빠르기

먼저 고유의 빠르기를 가늠한다. 그리고 자신의 고유 퍼팅 스트로크 거리와 비교하여 거리 계산(퍼팅 크기)에 가감한다.

그날 라운드 전체 또는 Hole별 퍼팅 라인 상태에 따라서 다음과 같이 거리 가감 방법을 적용할 수 있다.

- 정상 보폭으로 거리 측정 후 그린 빠르기에 따라 퍼팅 거리 가감
    (이 방법은 시각 인지 차이로 인해 부정확해질 수 있다. 평소의 거리와 퍼팅 세기에 비해서 시각적으로 가까운데 세게 치는 상황, 또는 반대)
- 빠른 그린은 걸음을 조금 크게 또는 느린 그린은 조금 작게 측정
    (이 방법은 심리적인 면이 작용하여 부정확해질 수 있다.)
- 빈 스트로크에서 그립 악력 조절로 타격 세기 가감
- 어드레스 후 대기시간을 변화시켜 타격 세기 가감
- 토우 또는 힐 타점 형성으로 에너지 전달량 감소

비가 올 때, 비가 온 직후, 이슬이 있는 경우 등은 경험에 비추어 느려진 그린 빠르기에 대응해야 한다. 보통 10~30% 퍼팅 거리를 증가시켜야 한다. Break 특성도 같이 변하는데, 느려졌기 때문에 Break은 작아진다.

Remarks
#1. 특정 Hole, 그린의 특정 부위 그린 빠르기가 다른 때도 있는데 고려한다.

#2. 오후 시간 잔디의 생육을 고려하여 그린 빠르기가 느려짐에 주시한다.
퍼팅 라인이 어려워지는 쪽이 아닌, 쉬워지는 쪽으로 변하니 적응하는 데는 어려움이 없다. 이 현상은 여름철에는 많이 변하고, 겨울철에는 거의 변하지 않는다.

#3. 습했던 날씨가 건조해지면 그린은 조금 빨라진다.

#4. 바람이 잘 통하는 그린은 잘 다져져 단단하기도 하며, 그린 빠르기도 다른 Hole에 비하여 더 빠르다. 반면, 응달진 곳, 습한 곳, 바람이 잘 통하지 않은 그린은 그린 빠르기가 다소 느리다.
* 바람이 통하는 (높새바람/푄현상 지형 = 산등성 위치) 그린은 그 홀만 항상 그린 경도와 그린 빠르기가 10~20% 크다. 그 Hole의 고유 특징이다. 모르면(못 읽거나 인지 못 하면) 퍼팅한 길이가 길어 3-퍼팅을 할 수 있다. 다음 Hole로 가면 그린 빠르기는 원래대로 돌아간다. 보통 다음 Hole에서 그린 빠르기 혼란(갈등)을 겪게 될 수 있는데, 사람의 판단력은 전 Hole의 경험이 마치 '양치기 소년'의 이야기처럼 영향을 주기 때문이다.

#5. 비가 올 때, 여름철 무거운(느린) 그린에서는 무거운 퍼터를 사용하는 것이 거리 맞추기에 유리할 수 있다. 무거운 퍼터는 임팩트에서 에너지 전달이 많아 볼이 좀 더 강하게 나간다.

② 잔딧결
- 강한 역결 구간은 (-)10% 내외 거리 감소함으로 보정 (퍼팅 거리 증가)
- 약한 역결 구간은 (-)5% 내외 거리 보정 (퍼팅 거리 증가)
- 순결 구간은 (+) 5% 내외 거리 증가함으로 보정 (퍼팅 거리 감소)

Remarks

#1. 북반구 기준, 잔딧결이 특별히 보이지 않는 경우는,
- 남향 → 북향으로 칠 때는 잔디의 생육 방향 때문에 약한 역결이 있다고 가정하고 5% 정도 거리 보정 (증가)
- 북향 → 남향의 내리막 경사일 때 순결이 있다고 가정하고 (-)5% 정도 거리 보정 (감소)
* 시간에 따라 방향이 조금 다르지만, 그림자 쪽(북향)으로 치면 역결, 그림자 반대쪽(남향)으로 치면 순결일 가능성이 크다.

#2. 오르막 경사에서 그림과 같이 잔디 역결이 사선일 때 더욱 강한 거리 감소와 방향 변화가 있다. 특별히 고려해야 한다.
18홀 라운드에서 대략 2회(1~3회) 정도 경험할 수 있는데 3-퍼팅 유발될 수 있다.
이 사선 역결은 경사지에서 잔디 깎는 기계가 사선으로 지나가며 거칠게 작업 되는 환경 때문에 만들어진다.
이런 퍼팅을 하고서는 거리 감소와 방향 변화에 당황할 수 있다. 잠깐 몇 홀, 자신감을 상실할 수 있다.
이런 특별한 역결 잔디를 찾아내 극복하기 위해서는 경험적인 면과 감각적인 것(직감, 직관)이 필요하다.

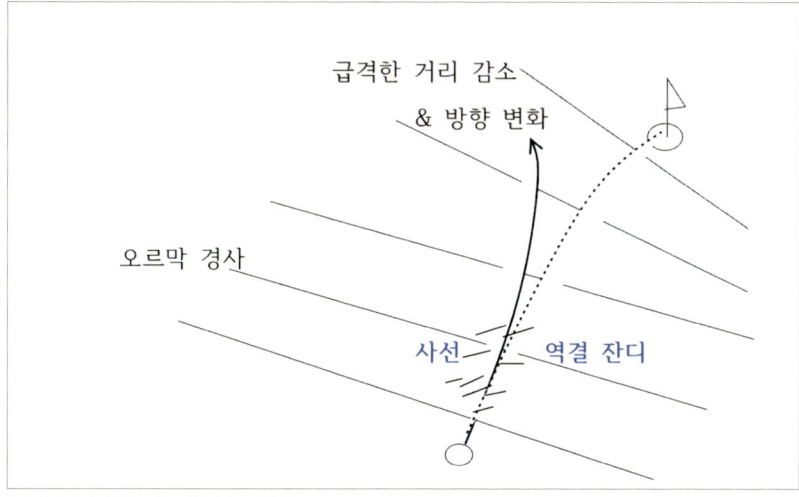

그림 1.2.6 퍼팅 오르막 사선 역결

#3. 역결, 순결 (잔딧결) 강도 영향은 선선하고 건조한 기후에서 더 강해진다. 계절별로, 습도에 따라서 잔딧결 강도와 Break이 달라진다는 이야기다.

#4. 물방울이 맺은 이슬, 물기가 흥건한 조건에서는 물방울의 표면장력 때문에 (-) 10~30% 정도 그린이 느려진다.

단, 말라가는 과정에서 일시적으로 (잠깐, 10분 정도) 슬라이드 스키드 현상을 보여 10% 정도 빨라지는 시간대가 있다. 이때의 퍼팅은 Hole을 지나버리는 긴 결과가 나오는데, 그다음 Hole에서는 물기가 다 말라서 고유의 그린 빠르기로 돌아온다는 것을 알아야만 그린 빠르기 읽기(적용)에 혼선이 없다.

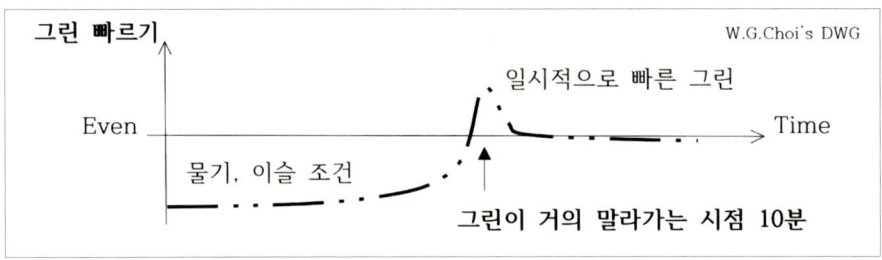

그림 1.2.7 물기, 이슬이 말라가는 과정에서 그린 빠르기

* 이슬이 내리는 야간 라운드를 하면, 새벽 이슬의 반대 현상이 벌어진다.

#5. 모래가 뿌려지면 그린은 (-)30%까지 느려질 수 있다. 모래의 정도에 따라서 10~30%의 퍼팅 거리를 더해주어야 한다. 바닥에 고정되지 않은 모래가 볼의 스피드(에너지)를 흡수하기 때문이다. 모래가 일부 구간만 있다면, 그만큼의 영향을 거리 증가로 보상해 주어야 한다.

③ **바람**
(퍼팅에서 바람을 고려해야 하는 날은 드물다.)

바람은 퍼팅 거리와 Break에 변화를 준다. 경험치로 퍼팅 거리의 가감과 Break 영향을 고려한다.
- 1클럽 바람 : 퍼팅에 거의 영향 없다.
- 2클럽 바람 : 퍼팅 거리 ±5% 내외
- 3클럽 바람 : 퍼팅 거리 ±10~20% 정도
* 그린 빠르기(잔디 마찰계수)에 따라 구르는 시간이 달라지기 때문에, 그린 빠르기에 따라서 바람의 영향 값도 달라진다. 바람의 힘은 구르는 시간의 제곱만큼 영향을 준다.
빠른 그린에서 구르는 시간이 길어서 바람의 영향을 더 받는다.

Remarks

#1. 20도 내외의 사선으로 부는 뒤바람, 앞바람은 거리 증감에 있어서 정면 뒤바람 & 앞바람의 영향과 거의 비슷한 거리 가감을 만든다. 바람의 볼 밑 지면 흐름 효과 현상 때문이다.

#2. (심화 1) 앞바람, 뒤바람은 바람의 저항값을 마찰계수로 바꾸어서 잔디 마찰계수에 가감하여 생각할 수도 있다.

잔디 마찰계수 : $\mu = 0.1$

바람 저항 -> 마찰계수화 : 두 클럽 바람 $\mu = \pm 0.005$

두 클럽 반 바람 $\mu = \pm 0.01$

세 클럽 바람 $\mu = \pm 0.015 \sim 0.025$

내리막 퍼팅 경사에서 세 클럽 뒤바람 조건이면, 마찰계수와 바람 영향 합이 '$\mu=0.07\sim0.08$'의 매우 빠른 그린이 되어서 4도 정도의 내리막 경사에서도 정지하지 않고 한없이 흘러가게 된다.

* 강한 바람이 예보된 날은 Hole Cup을 경사가 작은 곳에 배치해야 플레이 진행이 순조롭게 될 것이다.

#3. 샷에서 바람에 의한 비거리 변화 및 측면으로 흐르는 거리는 체공시간과 바람 세기에 연관되는데, 체공시간의 제곱 및 바람 세기의 제곱에 비례하는 관계다.

우리가 말하는 바람의 세기는 클럽 바람으로 변환하여 이야기하는데, 여기에는 이미 바람속도의 제곱을 반영한 영향 값이다.

1클럽 바람 세기 = V

2클럽 바람 세기 = $2^{0.5}$ V = 1.41 V

3클럽 바람 세기 = $3^{0.5}$ V = 1.73 V

* 1클럽 바람이 6m/s였다면, 2클럽 바람은 8.5m/s, 3클럽 바람은 10.4m/s이다. 그냥 배수의 바람속도가 아니고, 제곱근 값이다.

퍼팅 그린 위에서 볼에 흐르는 바람의 빠르기는 지면 흐름 저항 때문에 공중과 비교하면 대략 50~70% 정도로 줄어든다고 예상할 수 있다. 지형에 따라 더 빨라지는 곳도 있다.

#4. 2클럽 바람에서 바람은 퍼팅의 중요 변수의 하나로 작용하고, 3클럽 바람에서는 큰 변수로 작용한다.

#5. (심화 2) 퍼팅에서 맞바람, 뒤바람 거리 증감 영향은 이론적으로 다음과 같이 계산된다. *(더욱 심화한 내용은 3절 Break에 바람의 영향 참조)*

- 바람 저항 Force (F) ------ (유체역학의 항력 공식임)

$$= 0.5 * \zeta(공기밀도) * V^2(바람속도^2) * A(볼 투영면적) * C_D(항력계수) \text{ [N]}$$

- $F ≒ V^2(바람속도^2) ≒ \Delta a(볼\ 감속도\ 변화)$
  $≒ \Delta v(볼\ 속도\ 변화) ≒ \Delta D^2 \pm \alpha(퍼팅\ 거리\ 증감)$

∴ 바람속도^2 ≒ 볼 속도 증감 + 시간 증감 + 양력 효과
  바람속도^5 ≒ 퍼팅 거리 증감량

평지에서 바람속도 배율에 따라 퍼팅 거리 증감은 대략 5제곱 정도 영향을 받을 것이다.
'1클럽 : 2클럽 : 3클럽 바람 = 1 : 1.41 : 1.73 비율 ≈ 1 : 5 : 15 영향'
예) 1클럽 바람 0.6% 영향(무시), 2클럽 바람 3% 영향, 3클럽 바람 9% 영향

* 이상적인 경우는 퍼팅 거리 가감 영향 = (바람속도^2)^2 = 바람속도^4이라서, 클럽 바람 영향 비율은 1^4 vs 1.41^4 vs 1.73^4 = 1 vs 4 vs 9이지만, 지면에 흐르는 바람 효과 때문에 대략 1 : 5 : 15 정도 비율로 앞바람 & 뒤바람 강도는 퍼팅 거리 가감에 영향을 준다.

경사지에서는 구르는 시간의 변화로 그에 상응하는 증감을 고려해야 하는데, 경험치에 의존해야 한다. 그리고 대각선(사선) 방향으로 부는 바람에 경사지까지 더해지면 바람의 영향(거리 증감, Break 변화)은 더욱 예측하기 힘들게 된다.

#6. (심화 3, 궁금증 해소 차원) 바람이 너무 강해서, 평지에서 구르는 볼이 서지 않는 경우 또는 퍼팅 준비 해놓은 볼이 움직이는 경우는 플레이할 수가 없다. 이런 날은 경기가 중단된다.
얼마만한 바람이 불면 이런 상황이 될까?

〈풀이〉
그린의 마찰저항 μ = 0.1(롤 마찰저항) ~ 0.15 (정지마찰)
볼 마찰력 Ff = W(볼 무게) × 마찰저항
             = 0.045 × 0.1 = 0.0045 kgf
∴ 앞 #5의 F값이 '바람 저항력(F) 〉 마찰력(Ff)'이 되면 볼은 서지 않고 계속 구르게 된다.
0.5 × 1.224 × 0.00145 × 0.3(항력계수) × V^2 ≥ 0.0045 × 10(단위환산)
식으로부터, V = 13m/s

계산으로부터, 지면 위 볼에 부딪히는 뒤바람속도가 13m/s 이상이면, 평지에서 구르는 볼은 정지하

지 않고 계속 구르게 된다.

13m/s 지면 바람은 공중 바람속도와 차이가 있으므로, 대략 13 / 70% = 18.6m/s 정도의 순간 공중 바람에 해당한다. 바람이 모이는 골 및 넘어가는 둔덕 형태에서는 지면 바람이 공중 바람보다 강할 수도 있다.

#7. 퍼팅에 영향을 줄 정도로 바람이 항상 부는 것은 아니다. 바람에 의한 퍼팅 영향을 탐구하는 것은 어찌 보며 특별한 날을 준비하는 선택사항이다.

#8. 실전 응용 :
- 롱퍼팅, 라인을 읽는데, 바람이 얼굴에 부딪혀 눈을 찡그려야 하고 눈물이 날 정도라면, 〈--- 대략 20% 거리를 더 보는 퍼팅을 해준다.
   * 맞바람 저항 때문에 팔 스트로크 동작이 약하게 되는 것도 고려해야 한다.
- 내리막 쇼트퍼팅 (특히 Break 있을 때), 오른 손등에 그리고 오른 정강이에 센 바람이 느껴진다면, 〈--- 대략 20% 거리를 빼는 퍼팅을 해준다.
   * 뒤바람 때문에 강한 스트로크가 되는 것도 염두에 두자. 바람이 팔과 퍼터를 뒤에서 밀게 된다.

d) 최종 퍼팅 목표 거리 결정

앞 *1)항 거리 읽기 a) b) c) 사항의* 가감요소를 고려하여 최종 퍼팅 목표 거리를 결정한다. 귀찮은 일이지만 이렇게 계산한 목표 거리가 퍼팅 스트로크 세기(≒ 백스트로크 크기)로 표현되는 것이다.
즉, 스트로크하기 전에 어드레스에서 백스트로크 크기를 얼마나 해서 칠 것인지 설정해야 스트로크 세기 오류가 최소가 되고, 거리 오차가 줄어든다.
주말 골퍼 또는 월간 골퍼가 감(No Look 방법)으로 즉, 직감으로 거리를 결정하여 퍼팅하고, 그것이 거리를 맞춰줄 것이라는 기대는 어림없는 상상이다.

Remarks

#1. 조금 세게 쳐야지, 조금 약하게 쳐야지 하는 감을 더해서 스트로크하면 거리 오차는 2~3배 정도 더 심해진다. 더불어 방향성 오차도 2~3배 커진다. 인간의 제어 능력 밖의 일이다. 그런데 그렇게 하고 싶고, 될 것만 같은 것이 사람의 마음이자 욕심이다.
골프에서 멘탈이란 이런 엉터리 마음(정신상태)을 억누르는 것이다.
#2. 거리 읽기와 Break 읽기는 짧은 시간에 만들어야 하는 고도의 집중력이 필요한 쉽지 않은 일이다.

#3. 내리막, 특히 끝만 내리막인 퍼팅은 Over Run을 주지 않는 (과욕을 부리지 않는) 보수적인 퍼팅 거리를 선택해야, 그나마 3-퍼팅을 최소화하는 데 조금이라도 도움이 된다. (고저 경사 난이도는 *다음 3) 항 참조*)

#4. 퍼팅 거리 읽기의 정확도는 퍼팅 거리 맞추기의 기초가 된다.

퍼팅 거리 읽기 오차는 그대로 전체적인 결과 평균치에 다음 표와 같이 (퍼팅 세기와는 별개로) Hole 접근 거리 오차에 그대로 영향을 준다고 보면 된다.

#5. 느린 그린에서 짧아지는 것 방지하는 방법 :

읽기 vs 세기 결과	거리 읽기 (-)	거리 읽기 Even	거리 읽기 (+)
퍼팅 세기 (-)	매우 짧음	짧음	≈ Even
퍼팅 세기 Even	짧음	Even	깊
퍼팅 세기 (+)	≈ Even	깊	매우 깊

20% 느린 그린에서 퍼팅할 때, 10보라면 12보 백스트로크 크기로 퍼팅을 한다. 그런데, 결과는 짧은 경우가 많다.

시각적인 거리 입력이 10보라서, 뇌의 '*시각적 거리 기억 vs 퍼팅 근육 동작 세기 기억*'에 의해서 약한 퍼팅이 되어 버리는 것이다. 따라서, 느린 그린에서 퍼팅할 때, 짧아지는 것을 방지하기 위하여, 더 먼 곳을 목표지점으로 설정하고 바라볼 것을 추천한다.

#6. 퍼팅 스트로크 세기 변화 :

보통 거리 퍼팅에서 퍼팅 세기는 그립 악력과는 별 관계가 없고, 다운스트로크 동력원인 오른 앞 가슴 근육과 왼 등 근육의 Tension이 관계된다. 이들 근육을 약하게 하고 스트로크하면 짧게 되고, 강하게 하고 스트로크하면 길게 된다.

이들 근육을 조금 더 강하게 하는 방법은 그립을 꽉 잡고 빈 스트로크를 하면, 본 스트로크 때 특별히 꽉 잡지 않아도 자동으로 조금 더 강한 타격이 이루어지는 근육 상태가 된다.

*그 외 조금 강하게 치는 법 :

- 어깨 근육을 조금 강하게 하는 방법에는, 고개를 돌려 목표점 바라보는 횟수를 더 주는 것이다. 목과 등근육이 강해져서 강한 동력이 발생한다.
- 어드레스 후 대기시간을 짧게 가져가 팔 근육이 조금 강한 상태에서 스트로크 되게 한다.

cf) 왼쪽 & 오른쪽 가슴 근육과 왼쪽 & 오른쪽 등 근육의 Tension을 직접 억지로(강제로) 변경하면 방향이 변하게 되고, 세기 조절은 잘되지 않는다.

2) 거리 맞추기
(퍼팅 세기 조절)

퍼팅 세기(퍼팅 거리)는 다음 사항에 의해서 만들어진다(변한다).
- 백스트로크 크기
  * 거리별 백스트로크 크기를 '퍼팅 거리 = 백스트로크 크기^2'로 설정하면, 일단 퍼팅 세기 맞추기의 40% 정도는 해결된 것이다. 아울러 방향성의 20% 정도도 해결된 것이다.
- 다운스트로크 템포 (시간 길이)
- 근육 사용 부위
- 그립 악력
- 기타
  폴로스트로크 크기
  대기시간(근력 변화)
  호흡
  허리 구부림 vs 척추 늘림(세움)
  몸의 흔들림
  Roll 양
  타점(토우·힐)
  그립 길이와 허리 숙임
  심리
  볼 표면 경도(재질)

a) 백스트로크 크기와 다운스트로크 템포(다운스트로크 시간)
(다운스트로크 템포가 같을 때 퍼팅 거리는 백스트로크 크기의 자승)

관계 공식은 물리학으로 정해져 있다.
퍼팅 거리 (D) = 백스트로크 크기 (S)^2

그림에서 20보의 백스트로크 크기는 5보 거리를 퍼팅하는 백스트로크 크기의 2배 정도 된다.
만약 거리별, 조건별 다운스트로크 구간(Back Top ~ 임팩트)의 템포를 달리하여 치려 한다면, 관성력과 근육 신경 영향으로 방향성 문제에 직면하기 때문에, 동일 템포를 사용하고 'D = S²' 비율을 유지하는 것이다.

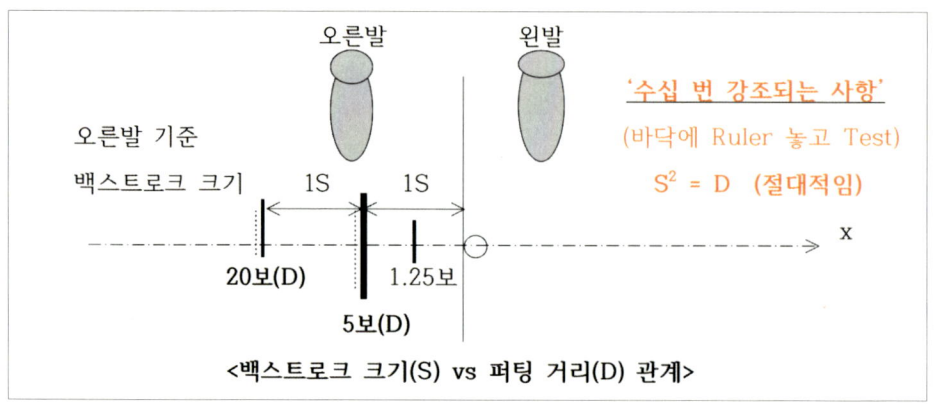

그림 1.2.8 백스트로크 크기 vs 퍼팅 거리

공식의 비율을 유지하여 퍼팅 거리에 따른 백스트로크 크기를 정하면, 템포가 일정하게 되어서, 모든 거리의 방향성이 더 일정하고 거리감도 좋아질 것이다.

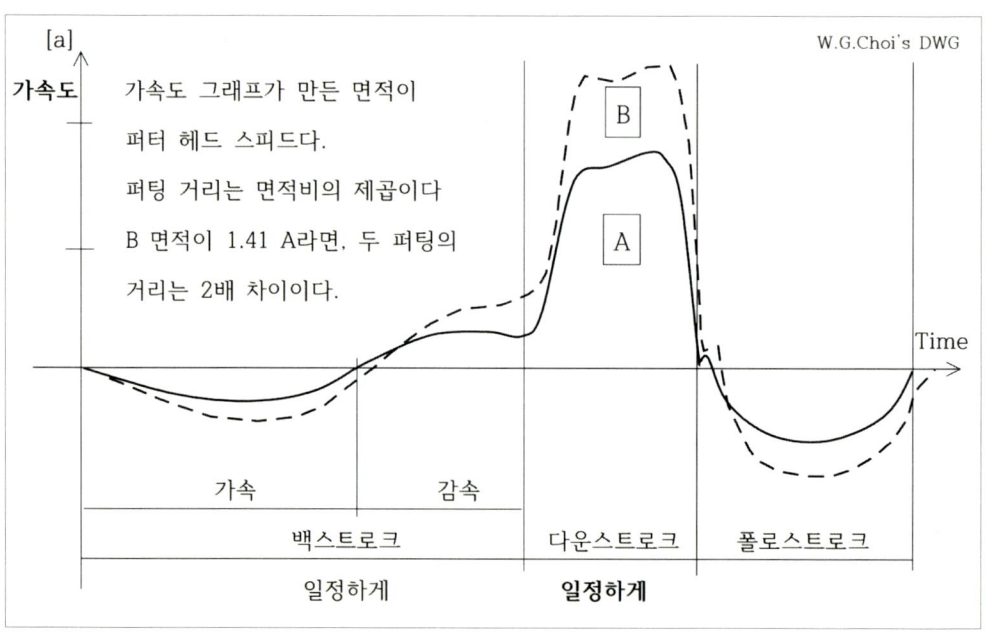

그림 1.2.9 일정한 템포에서 다른 퍼팅 거리 가속도 그래프

단, 백스트로크가 한계 이상으로 커져야 하는 매우 긴 퍼팅에서는 양어깨를 앞으로 조금 모은 자세에, 템포를 조금 빠르게 하고, 악력도 조금 키워서 세게 때리는 조금 변형된 타법이 사용된다.

Remarks

#1. 오답인데, '백스트로크 크기 = 퍼팅 거리'라고 생각하는 일반 골퍼가 의외로 많다. 아마 신(God)이 와서 이렇게 퍼팅한다 해도, 퍼팅 실력은 초보자 실력을 벗어나기 힘들 것으로 예측되어 진다.

#2. 바닥에 Bar(Ruler)를 놓고, '백스트로크 크기^2 = 퍼팅 거리' 공식에 맞게 퍼팅 목표 거리를 표시하고 퍼팅 거리 연습을 하는 Test를 해보면 관계를 이해하게 될 것이다.
이 공식이 몸에 체득되는 데는 1~2개월, 무난히 구사하는 데는 6개월 정도 수행 기간이 필요하다.
* 어떤 백스트로크 크기에 어떤 다운스트로크 템포를 가진다는 것은 근육 동력의 크기를 결정하는 것과 같다. 두 값을 결정하는 것은 각 골퍼 고유의 몫이다.

#3. 막연하게 "올바른 퍼팅 스트로크하면 잘되고, 잘못된 퍼팅 스트로크하면 결과가 안 좋다."라는 식의 생각과 이야기는 전혀 도움이 되지 않는다. 오히려 답을 찾는 데 방해될 수 있다.

〈빈 스트로크를 하는 이유〉
스트로크 템포를 일정하게 가져가는 데 도움을 주는 방법의 하나는 빈 스트로크를 하는 것이다. 단, 뭔가를 더 한다는 것은 귀찮은 요소인데, 득실에 따른 선택사항이 된다.
마음이 혼란스러우면, 스트로크 템포가 변한다. 빨라지면(급해지면) 퍼팅이 세지고, 느려지면 약해진다. 방향도 변한다.
* 뭔가 한 가지를 하는 것은 귀찮은 일이지만, 산란한 마음을 가라앉혀 퍼팅 세기를 조금 더 일정하게 하는 간접적인 방법이 빈 스트로크다.

b) 퍼팅 세기와 사용 근육

(어떤 근육을 사용하여 퍼팅하는가?)

퍼팅 스트로크 동력원은 어깨, 등 근육이다. 팔의 측면 근육은 전달과 버팀 역할을 한다.
    등 회전 근육　　　　　(주도근 : 왼 중간 승모근)
    오른 옆구리 당김 근육　(주도근 : 오른 아래 승모근)
      cf) 오른팔 당김 근육　(주도근 : 오른 가슴 대흉근)
    왼 어깨 올림 근육　　　(주도근 : 왼 위 승모근)

접근율로 따져서 10m 퍼팅 거리 맞추기가 100m 거리 아이언 샷 거리 맞추기보다 어렵다. 왜일까?

100m 아이언 샷은 주 근육의 사용량이 거의 100%(주도 근육들 100%, 보조 근육들 50% 정도)에 가까워 근육 사용량의 편차 비율이 낮다. 반면 퍼팅은 근력 사용률이 매우 작아서 사용량 비율의 편차가 커지게 된다.

10m 퍼팅에서 1kgf-m 정도의 회전력이 필요할 때, 근육 사용량 비율은 다음과 같은 정도라고 표현해 볼 수 있다.

예1) 퍼팅 잘하는 사람 근육 사용 비율 (예시)

  왼 중간 승모근 근력 10kgf-m 중 0.5kgf-m(5%)………… 퍼팅 전체의 50%
 + 오른 아래 승모근 근력 3kgf-m 중 0.3kgf-m(10%) …… 퍼팅 전체의 30%
 + 왼 위 승모근 근력 10kgf-m 중 0.2kgf-m(2%)………… 퍼팅 전체의 20%
 ―――――――――――――――――――――――――――――――――――
    필요 근력 합 : 1.0kgf-m (사용률 4.3%)   합 : 100%

^ 오른 아래 승모근과 왼 위 승모근으로 스트로크 직진성을 높인다.
^ 자체 근육 사용 비율이 큰 오른 아래 승모근이 세기의 정확도 조금 높인다.
 * 비유 : 페인트 붓으로 작은 글씨 쓰는 것 보다, 사인펜으로 쓰는 것이 편한 이치와 같이 퍼팅의 세기 조절에서 자체 사용 비율이 큰 것이 조절 정확도가 높다는 이야기다.
^ 역그립의 거의 모든 골퍼, 정그립의 상당수 골퍼가 사용하는 방식이다.
^ 퍼팅 똑바로 치기 위한 오른 아래 승모근의 기능은 *1장 2절*에 설명하였다.
^ 한 가지 근육을 이야기하는 것은 아니고, 주도하는 근육 개념이다.
^ 수치는 대략 예시이다.

예2) 퍼팅 **잘하는** 사람 근육 사용 비율 (예시)

  왼 중간 승모근 근력 10kgf-m 중 0.4kgf-m(4%)………… 퍼팅 전체의 40%
 + 오른 가슴근 근력 15kgf-m 중 0.3kgf-m(2%) …………… 퍼팅 전체의 30%
 + 왼 위 승모근 근력 10kgf-m 중 0.3kgf-m(3%)………… 퍼팅 전체의 30%
 ―――――――――――――――――――――――――――――――――――
    필요 근력 합 : 1.0kgf-m (사용률 2.9%)   합 : 100%

^ 왼 위 승모근 사용으로 궤도 직진성과 상승/상향타격의 Roll 만듦.
^ 이때 왼 손목 견고성과 오른팔을 밀어주는 감각이 보좌 기능으로 사용됨.
^ 정그립 일부 골퍼 사용 방식

예3) 퍼팅 **못 하는** 사람 근육 사용 비율 (예시)

왼 중간 승모근 10kgf-m 중 1.0kgf-m(10%) ·············· 퍼팅 전체의 100%
기타 나머지 근육들은 방해꾼으로 작용

^ 최악의 퍼팅으로 거리감은 물론 방향성도 좋지 않다.
^ 왼 중간 승모근의 수축 회전 근력에 의지하나, 세기 제어 오차가 크고, 스트로크 아크도 급변하고, 연동 근육의 추종 오차도 크게 발생한다.
^ 짧은 퍼팅 거리에서부터 반사신경 반응이 나타나고, 그 반응양도 크다.
^ 많은 일반 골퍼가 생각하는 퍼팅 스트로크 근육 사용 방식의 대표적인 오판 형태다.
* 왼 어깨 변위 감각은 있으나, 그것으로 스트로크를 제어하려고 하면 다음 날부터 오차는 급증한다.

c) 퍼팅 그립 악력

퍼팅 그립 악력에 따라서 방향성과 거리가 함께 변한다. 일관성(연관성)은 미약하다.
약하게 잡았는데 당겨지며 길기도 하고, 밀리며 짧기도 할 때가 있다.
강하게 잡았는데 당겨지며 길기도 하고, 밀리며 짧을 때도 있다.

그립 악력에 따른 방향성과 퍼팅 거리는 유동적이라고 볼 수 있는데, 일관된 결과를 얻고자 한다면, 강하지도 약하지도 않게 잡는 일관성이 필요하다. 결론적으로는 (사고의 전환으로써), 손과 손가락 감각을 죽여 그립의 악력이 퍼팅 스트로크에 영향을 작게 주도록 하는 것이다.
퍼팅 그립 악력을 얼마만큼 잡아야 하느냐는 골퍼 개개인의 특성이다. 퍼터 사양, 근력, 신경, 자세가 조합되기 때문이다.

퍼팅 그립 악력을 조금씩 점점 증가시켜 스트로크해 보면, 어느 지점부터 타격(임팩트)을 잘 느끼지 못하는 악력이 나온다. 이것이 사용할 수 있는 최대 악력인데, 이것보다 10%~20% 정도 낮은 악력을 사용하는 것이 추천된다.

퍼팅 그립 악력 조절로 방향성과 거리를 제어하는 것은 어렵다고 생각하고 실전에 사용하지 않는 편이 나을 것이다.

d) 기타 퍼팅 세기를 변화시키는 항목

퍼팅 거리에 영향을 주는 기타 항목은 다음과 같다. 각각의 영향이 생각보다는 엄청나게 큰 편이다. 기타 항목의 것들은 일일이 신경 쓸 수 없으므로, 일정한 프리 샷 루틴으로 처리되게 해야 한다.

① 폴로스트로크 크기

거의 비슷한 다운스트로크 템포에 폴로스트로크를 조금 키우면 퍼팅 거리는 조금 늘어난다. 그림의 빗금 친 부분만큼의 가속력이 조금 더 사용되기 때문이다.
증가한 가속도 그래프의 면적만큼 퍼터 헤드 스피드가 증가하고, 그것의 제곱만큼 퍼팅 거리는 증가한다.

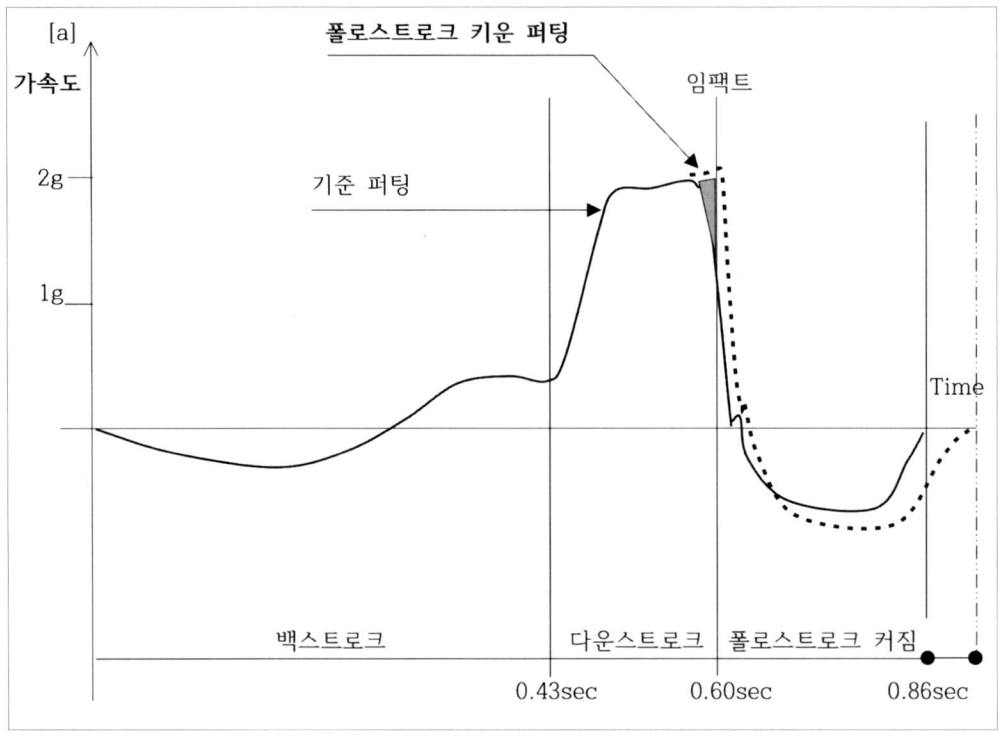

그림 1.2.10 퍼팅 폴로스트로크를 조금 키운 가속도 그래프 (예시)

퍼팅 스트로크 측면에서 봤을 때는 폴로스트로크가 커진 것은 외견상 결과이고, 볼에 영향을 주는 것, 즉 타격에 영향을 주는 것은 빗금 친 부분만큼의 가속도 증가분이다.
가속 관성력 조건과 Feedback 신경 조건이 조금 변하기 때문에 방향성도 조금 변한다.

폴로스트로크를 얼마의 크기로 할 것인가의 여부 :
- 크기는 일정한 기본 스트로크로 가져가야지, 이랬다저랬다 하면서 거리 & 방향 제어용으로 사용하면 안 된다.
  * 단, 매우 긴 거리 퍼팅에서는 거리감이 우선이므로 폴로스트로크 크기를 거리 제어용으로 사용하면 거리 맞추기에 유용하다. 그리고 매우 짧은 거리 탭 인은 다른 자세로써, 다른 스트로크로 봐야 한다.
- 얼마의 크기(백스트로크와의 비율)가 좋다고 단정하기 어렵다.
  일정한 다운스트로크 형태를 만들고, 신경 반응을 최소화하며, 일관성과 Roll이 좋게 타격 되는 것의 폴로스트로크 크기(비율)가 좋은 것이다. 빠른 그린에서는 적은 타격 힘이 필요하므로 작은 폴로스트로크 형태가 가능하나, 느린 그린에서는 작은 폴로스트로크 형태로 원하는 거리를 보내기가 만만치 않다.

② 대기시간
어드레스 후 백스트로크 시작 사이에 그림과 같이 대기시간이 있다.

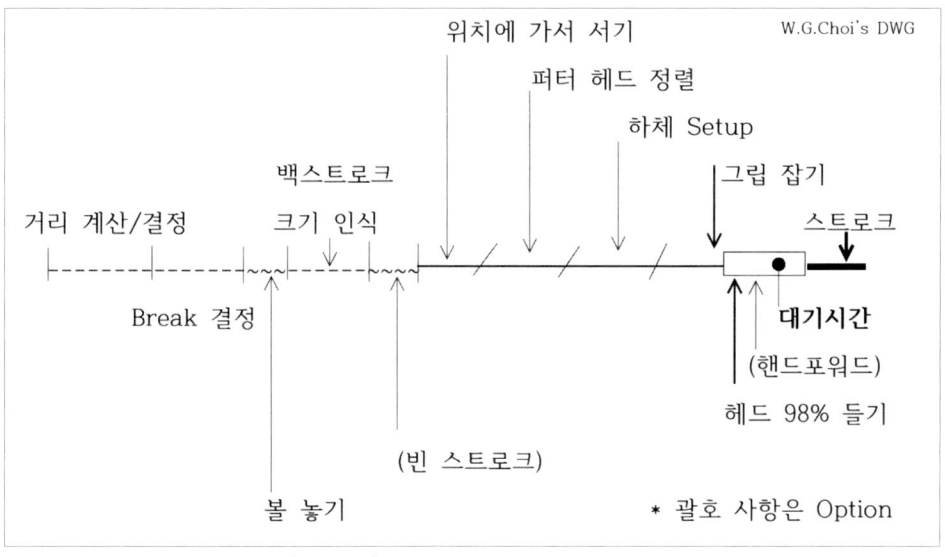

그림 1.2.11 퍼팅 어드레스 루틴 (대기시간)

대기시간이 길면 그립 잡은 근육에 걸려있던 Tension이 점점 풀린다.
같은 백스트로크 크기에도 Tension이 풀리면 퍼팅 거리는 줄어들고, 방향은 밀리게 된다. *"같은 루틴을 가져가라.", "대기시간을 같게 하라."* 라는 이유는 Tension이 풀리는 영향(편차)을 일관되게 하기 위함이다.

대기시간이 짧으면 퍼팅은 약간 세게 이루어진다. 당겨지는 경향이다. 그립 잡은 근육에 Tension이 강하고 덜 풀렸기 때문이다.
보통 0.9초의 대기시간을 갖는 골퍼가, 0.5초 만에 스트로크했다면 5~10% 거리가 센 퍼팅이 이루어질 수 있다.
긴 거리 퍼팅에서는 대기시간이 짧은 바로 치는 퍼팅을 한다. 붙잡고 조금 더 머뭇거리면 약한 퍼팅이 될 수 있다.

대기시간은 1초 내외인데, 퍼팅 잘하는 사람들은 0.5~1초 사이의 거의 동일한 시간이다. 0.7초 대기시간이면 항상 0.7초±0.1초 정도라고 보면 된다.
일반 골퍼는 퍼팅 잘하는 사람 일부를 제외하고 다수가 이 대기시간이 불규칙적이다. 프로선수는 대기시간을 일정하게 가져간다.

Remarks
#1. 퍼팅하다 보면, 백스트로크 크기와 스트로크 템포(다운스트로크 시간)가 잘 맞았는데도 불구하고 거리가 들쭉날쭉하고 방향도 당겨지고 밀리는 현상이 발생한다. 즉, 스트로크에 특별히 잘못이 없는데도 나타나는 이런 결과는 대기시간 편차 때문일 가능성이 크다.

#2. 대기시간이란?
- 그립 잡기 완료 : 최종 오른손 엄지/검지까지 잡은 행위
    * 다수의 일반 골퍼는 그립 잡기 완료 시점이 불분명하다.
- 대기시간 : 그립 잡기 최종 완료 후 백스트로크 시작까지의 시간
    보통 0.5초 ~ 2초 중에서 일정 시간 간격 사용
    * 다수의 골퍼는 대기시간이 일정해야 하는 것과 그 이유를 모른다.
- 대기시간에 따른 그립 잡은 초과 근력(Tension)의 변화(예시) :
    0 초 : 100%
    0.5 초: 90%
    1.0 초: 80%

2.0 초: 50%

3.0 초: 20%

4.0 초: 0% (평형, Even 상태)

주먹을 꽉 쥐었다가 (모양은 그대로 하고) 마음속으로 힘을 빼면, 손에 힘이 사라지는데 대충 위와 같은 시간 비율로 힘이 남는다. 근육의 힘은 바로 줬다가 바로바로 뺄 수 있는 것이 아니다.

#3. 대기시간과 거리 & 방향 :
- 대기시간 길어지면 손 근육이 식으며 동력 전달력 작아져,
    거리 : (-) 20~0% 짧아진다.
    방향 : 0°~ 2° 밀리고 열린다.

- 대기시간이 기준보다 짧으면 손 근육이 강하게 가동되어,
    거리 : 0 ~ (+) 20% 길어진다. 센 퍼팅 나온다.
    방향 : (-)2°~ 0° 당겨지고 닫힌다.
    * 동반자가 가까이서 바라보고 있으면 루틴이 빨라져 당겨질 수 있다.

대기시간은 보통 1초 내외가 추천된다.
이것은 사소한 (사소한 것처럼 보이는) 내용이지만 필수 사항이다.
습관화해야 한다.

#4. 약속 시간을 맞추는 것은 미리 기다리면 되는데, 퍼팅에서 이 대기시간을 맞추는 것은 시간이 빨라도 늦어도 거리 & 방향 오차를 만든다.
퍼팅 스트로크 대기시간을 맞추는 연습과 그것의 숙달은 짜증이 나는 일(과정)이다.
* 비유 : 야구 타격에서 스윙이 빨라도, 늦어도 안 되는 것과 같이, 양궁에서 활시위를 놓는 것이 빨라도, 늦어도 안 되는 것과 같이, 퍼팅 스트로크 대기시간이 빨라도 늦어도 안 된다.

③ 호흡

가슴에 든 공기량이 많은 (적게 공기를 뱉은 날숨) 상태면 가슴이 부풀고 가슴 근육의 Tension이 커 당겨지며 긴 퍼팅이 된다.
날숨이 많이 된 (허파에 공기를 많이 빼 가슴을 내려 앉힌) 조건이면 가슴 근육이 Relax 해져 밀리며 짧은 퍼팅이 된다.

퍼팅은 날숨에서 하며 폐의 공기량이 일정(ex. 30% 폐의 공기량)해야 한다.

④ **타격 Roll 양**

타격 Roll이 많으면 그만큼 퍼팅 거리는 증가한다. ((+)5~10%)

타격 Roll이 적으면 생각보다(계산보다) 짧게 된다. ((-)5~10%)

타격 Roll의 직진성 & 거리 영향과 주는 방법은 *1장 7절에 설명*되어 있다.

⑤ **타점(토우·힐)**

정타 타점에서 벗어난 타격이 되면(타격을 하면) 에너지 전달률이 감소하여 퍼팅 거리가 감소한다.

단, 의도적으로 정타점에서 벗어난 힐·토우 쪽 타격을 하여, 퍼팅 거리를 조금((-) 5~10%) 줄여서 거리 맞추기에 사용될 수 있는 유용한 항목이다. 이 타격 방법으로 방향성도 조금 의도적으로 변화시킬 수 있다.

⑥ **몸의 흔들림**

하체가 흔들거리며 퍼팅 되면, 퍼팅 거리는 감소한다. 타격하는 것에 몸의 에너지 전달률이 떨어지기 때문이다. 등·어깨의 회전 동력원이 하체 쪽으로 일부 빠져나가 버린다. 쉽게 생각하면 퍼터를 통해 볼로 가야 할 에너지가 하체로 새버리는 현상이다.

⑦ **심리**

동반자의 큰 퍼팅을 보았다면, 심리적으로 위축되어 짧은 퍼팅을 하게 된다.

동반자의 작은 퍼팅을 보았다면, 심리적으로 보상하려는 마음에 큰 퍼팅을 하게 된다.

어떤 이들은 이런 심리적 오류를 없애려, 동반자의 퍼팅 스트로크를 보지 않는 예도 있다.

⑧ **그립 길이와 허리 숙임**

허리 숙임이 크면 퍼팅 거리 짧아지고 밀린다.

허리 숙임을 적게 하고, 척추를 쭉 늘어트리며 펴면 퍼팅 거리 길어지고 닫히는 경향이다.

그립 길이를 조금 짧게 잡으면 허리가 조금 더 숙어진다.
그립 길이를 조금 길게 잡고, 척추를 늘어트리면 허리는 조금 펴진다.

위 사항은 역그립에서 어떤 미세 거리 & 방향 조절이 필요할 때, 유용하게 사용할 수 있다. 단, 자주 사용하면 어깨 감각이 떨어져서 전체 퍼팅감이 저하된다. 그리고 정그립에서 이 제어 방법은 득보다는 실이 많다.

⑨ Setup에서 상완 삼두박근 Tension 세기
페이스 면이 닫히는 것을 완화하기 위하여 다운스트로크에서 팔꿈치 폄이 조금 이루어지는데, 삼두박근에 Tension을 조금 더 주고 스트로크하면, 타격이 조금 더 강하게 이루어진다.
안 구르는 환경의 그린에서 이 방법을 적용할 수도 있다. 단, Even 한 Tension 세기를 사용하는 것보다는 거리 제어 정확도는 떨어진다.

일반 퍼팅을 할 때, 삼두박근에 Tension이 약하면, 약하게 타격 되어 거리가 짧게 된다.
퍼팅에서 거리가 짧은 원인 중의 하나가 팔꿈치 삼두박근 Tension 상태이다.
보통 삼두박근 Tension은 4th & 3rd 손가락 악력으로부터 전완을 타고 50% 정도 만들어진다.
다운스트로크에서 오른팔의 동력 전달은 내측 밑면 근육을 타고 손바닥 아래 날 쪽에서 퍼터로 연결되는 형태여야 한다.

e) 기본 퍼팅 거리

엄청난 연습 없이는 백스트로크 크기를 완전히 선형적으로 증가시켜 원하는 모든 퍼팅 거리를 다 맞추기는 어렵다. 따라서 듬성듬성한 퍼팅 거리 스트로크 연습을 하게 된다.
예로, 0.25보, 0.5보, (0.75보), 1보, 1.5보, 2보, (2.5보), 3보, (3.5보), 4보, 5보, (6보), 7보, (8보), 9보, 11보, 14보, 17보, 20보, 25보, 30보, (35보), 40보, 50보처럼 디지털식 퍼팅 거리 스트로크를 갖게 된다.

이것을 자신이 수행하는 기본 퍼팅 거리라 하며, 더 세세하게 또는 더 촘촘히 거리를 나누는 것은 각자의 노력(연습)과 감각의 여력에 달려 있다.
  - 아이언 클럽별 기본 거리처럼, 일차적으로 퍼팅도 기본 백스트로크 크기에 따라 십여 개의 기본 거리를 가진다.

이후, 위의 괄호 속 거리와 같은 좀 더 거리를 세분한 퍼팅 거리를 추가하게 된다.
- 연습과 라운드가 한정된 일반 골퍼가 볼을 보고 자동으로 몸이 인식하여 퍼팅 세기를 맞춰지게 스트로크를 하는 것은 거의 불가능하다고 하겠다.

아날로그 방식으로 퍼팅 세기를 조절하여 퍼팅 거리를 마음대로 조절하는 것은 인간이 할 수 있는 영역이라고 보기 어렵다.

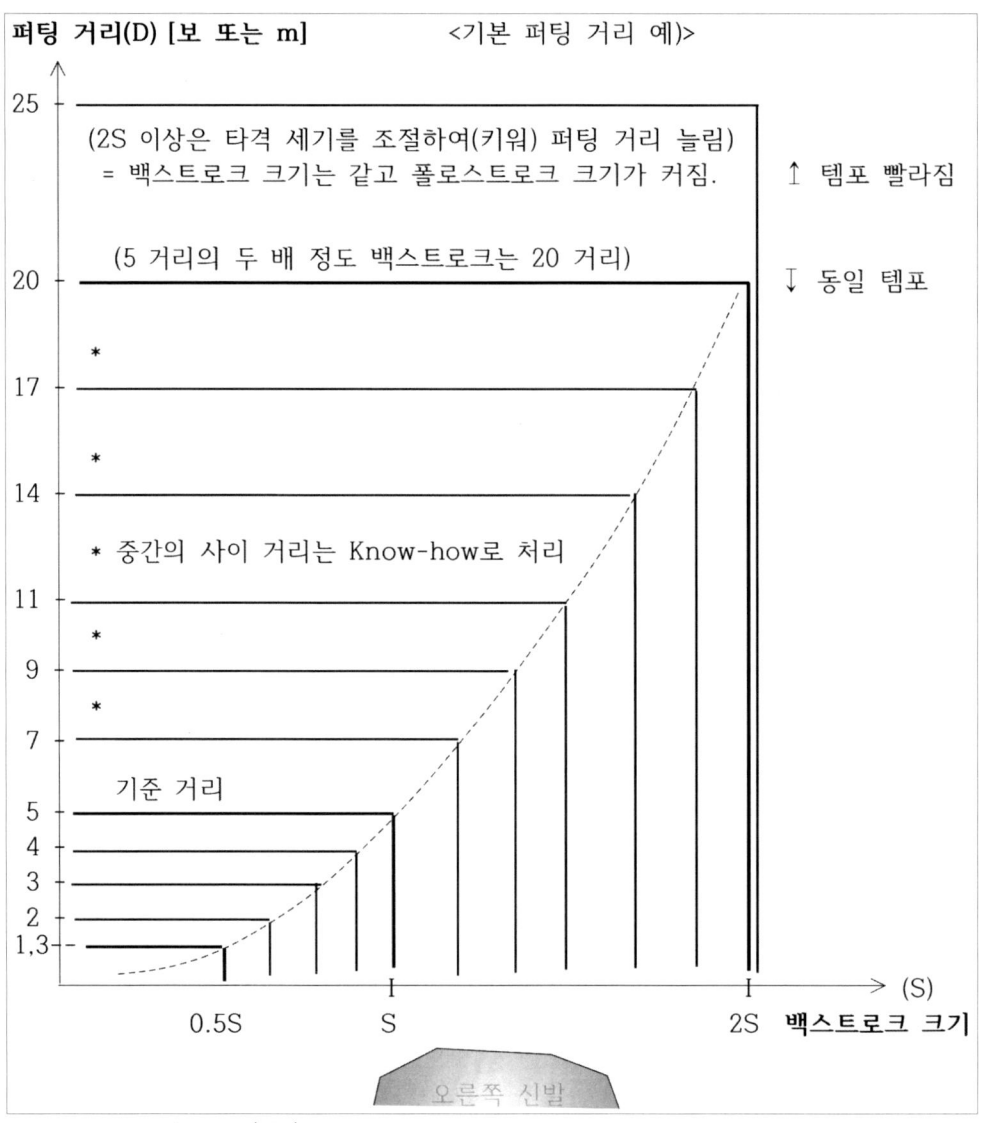

그림 1.2.12 기본 퍼팅 거리 (예시)

만약 퍼팅 거리를 조금 세세하게 조절하고 싶다면, 자신만의 기본 퍼팅 거리에 ±5% 정도 거리 가감되게 하는 자신만의 거리 조절 방법을 접목하여 사용할 수 있다.
 * 비유 : 시계의 시침(분침)과 초침이 따로 있듯이, 기본 퍼팅 거리에 이차적인 세세한 거리 조절 방법을 추가로 더하는 것이다.

기본 퍼팅 거리에 약간의 ± 거리를 조절하는 방법 :
(단, 쉽지 않으며 방향이 함께 변하게 되고, 기본 거리 퍼팅 정확도를 떨어트릴 수 있는 악영향이 있다.)
  - 의도적 힐·토우 미스 타점
  - 그립 길이 조절
  - 대기시간 조절
  - 핸드포워드 / 핸드백워드 양 조절
  - 기타 Know-How
* 앞선 루틴 조건을 바꿔 퍼팅을 조금 세게 & 약하게 하는 방법 :
그립을 조금 더 꽉 잡고 빈 스트로크를 하고, 본 스트로크는 평상시와 같이 하면, 본 스트로크에서 한시적으로 어깨와 팔 근력이 자연스럽게 조금 더 들어가 약간 강한 스트로크가 된다.

3) 퍼팅 거리 오차, 오르막 & 내리막 퍼팅

(심화 내용 - 막연한 사항을 수치화하여 이해하는 용도이니 참고로 알아두기)
(오르막 퍼팅이 얼마나 쉽고, 내리막 퍼팅이 얼마나 어려운지?)

오르막 퍼팅은 편하고, 내리막 퍼팅은 어렵다고 한다.
거리 맞추기에 있어서 오르막/내리막 경사가 얼마나 쉽고, 어려운 것인가?
오르막/내리막 경사에서 Hole In 난이도 차이는?

a) Hole Cup 접근율

<u>10보 거리의 퍼팅에서</u> 오차 발생 인자를 다음과 같이 추정했을 때 평균 거리 오차는 아래와 같이 계산될 수 있다.

- 스트로크 세기 오차 : ±3% (5보 2%, <u>10보 3%</u>, 20보 5% 정도라고 가정)
  스트로크 세기에 따른 거리 오차 ≈ 스트로크 세기 오차^2
  $$\approx \pm 6\%$$
- 그린 면 불균일 및 딤플에 의한 거리 오차 : ±3%
- 잔딧결 거리 오차 : ±3%
- 거리 읽기 오차(그린 스피드 차이 포함) : ±3%
- 타점, Roll 양에 따른 거리 오차 : 조금 (a little)

* 개별 항목 3%의 오차는 상당히 높은 정밀도 수준이라고 인정할 것이다.

이것들의 평균 거리 오차는 모두 합한 15%가 아니고 분산의 합 개념인 8% (7.94%)이다.

σ = 분산의 합^0.5 = (6^2 + 3^2 + 3^2 + 3^2)^0.5 = <u>±8%</u>

Remarks

#1. 긴 거리 퍼팅을 Hole Cup에 딱딱 붙이는 기술은 없다고 보는 것이 맞을 것이다. 오차는 한 가지 항목으로 결정되는 것이 아니기 때문이다.
더 가까이 붙이는 방법은 <u>근력 사용량</u>과 <u>스트로크 크기</u>, <u>시간적인 템포의 일관성</u>을 확보하는 것이고, <u>조건에 근접하게 거리를 읽는 것</u> 4가지 조합이다.

#2. 여론조사에서 보통 신뢰도를 95% 수준으로 잡는다. 몸 근육의 가동 정확도를 97%로 보는 것은 대단한 정확도라고 볼 수 있다.

#3. 거리 8% 오차, 방향 3% 오차면 접근율은 '100-√(8^2+3^2)=91.5%'이다.

b) 오르막 퍼팅, 내리막 퍼팅 얼마나 쉽고 어려운가? (Hole 접근율 측면)

직선거리로 10보인데, 3°의 오르막 그리고 3°의 내리막 퍼팅을 한다고 했을 때, 경사 형태별 퍼팅해서 발생할 수 있는 거리오차는 어떤 차이를 보일까?

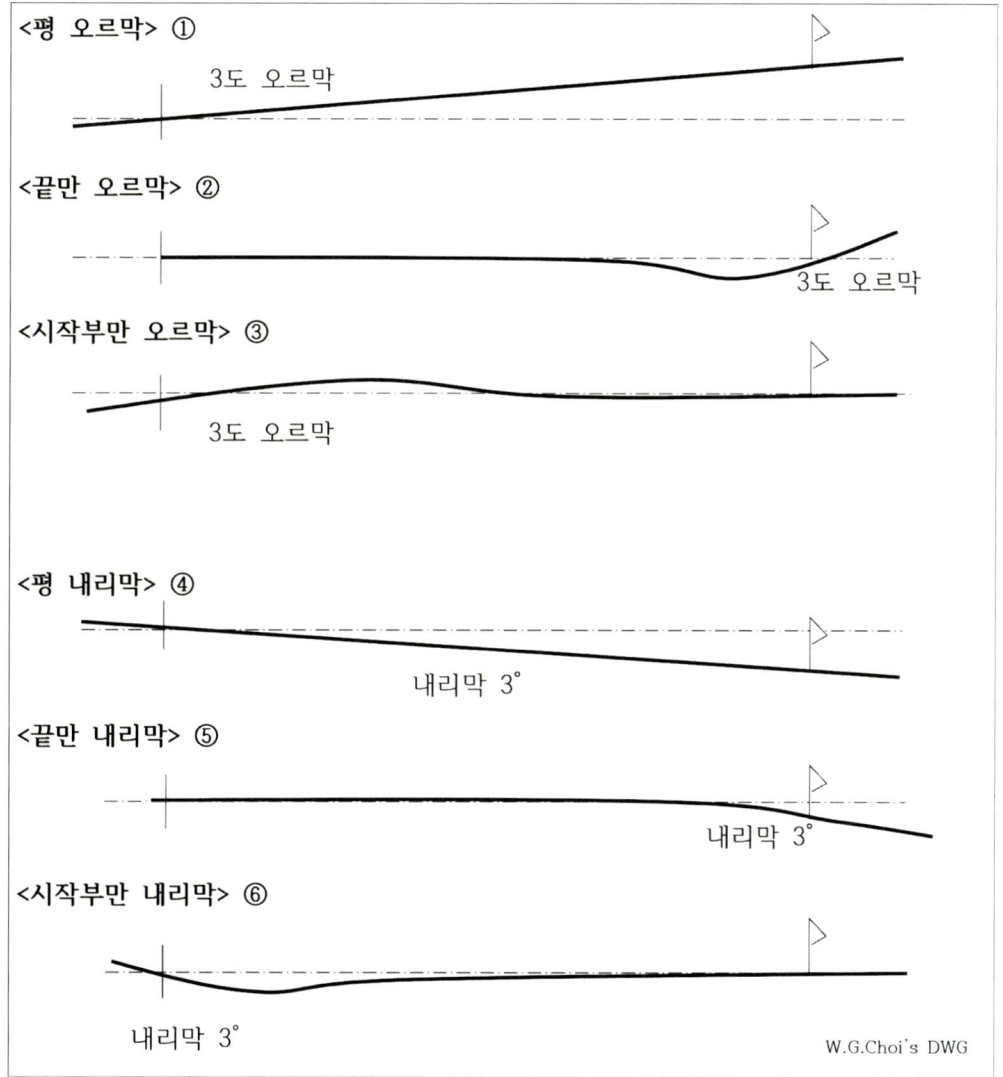

그림 1.2.13 오르막 내리막 퍼팅 난이도 (예시)

횡경사 라이(발끝 오르막, 발끝 내리막)를 제외하고, 오르막 내리막 퍼팅은 위 그림의 6가지 Case로 볼 수 있다. 추가하여, 가장 어려운 '쭉 오르막이었다가 끝만 내리막'인 경우가 더 있다.

결론부터 말하면, 퍼팅 Hole Cup 접근율은 다음과 같은 난이도를 가지고 있다고 볼 수 있다.
②끝만 오르막 〈 ①평 오르막 〈 ⑥시작부만 내리막 〈 평지 〈 ③시작부만 오르막 〈 ④평 내리막 〈 ⑤끝만 내리막
* 끝만 오르막이 제일 쉽고, 끝만 내리막이 어렵다.
(제일 어려운 것은 긴 오르막에 끝만 내리막인 경우이다. 60~90%는 3-퍼팅)

오르막, 내리막 퍼팅에서 오차를 변화시키는 요인은 경사로 인한 스트로크 세기 변화와 Hole에서 오버런 값 변화이다.

10보 거리의 3° 경사는 ±5보 거리 가감에 해당한다.

다음 계산들은 스트로크 세기가 변하면 정확도 오차가 '5보=2% -〉 15보=4%'로 커진다고 가정하고, 구르는 말단부 Over run이 경사에 따라 변하는 것에 착안하여 오르막/내리막 조건별 최종 정확도 오차를 계산해 본 예이다.
Over run 증감을 그린 빠르기의 마찰계수에 경사를 마찰계수로 변환하여 계산할 수 있다.

① 평 오르막 퍼팅 거리 오차
  - 퍼팅 거리(세기) : 10 + 5보 = 15보 --- 스트로크 세기 오차 ±4%
                            = 거리 오차 ±8%
        오버런 고려 거리 오차는 ±5.3%
        (오버런 증감 : 0.08 × μ0.10/μ0.15 = 0.053)
  - 그린 면 불균일 & 딤플에 의한 거리 오차 : ±3%
  - 잔딧결 거리 오차(기타 포함) : ±3%
  - 실거리 읽기 오차에 의한 거리 오차 : ±3%
  - 타점, Roll에 따른 거리 오차 : 조금
     (단, 오르막 라이 퍼팅은 타격 Roll이 적게 생성되는 경향임)

평균 거리 오차 = $(5.3^2 + 3^2 + 3^2 + 3^2)^{0.5}$ = 7.4% + α

② 끝만 오르막 퍼팅 거리 오차
- 퍼팅 거리(세기) : 10보 --- 스트로크 세기 오차 ±3%
  = 거리 오차 ±6%
  오버런 고려 거리 오차는 ±4%
  (오버런 증감 : 0.04 × $\mu 0.10/\mu 0.15$ = 0.04)
- 그린 면 불균일 & 딤플에 의한 거리 오차 : ±3%
- 잔딧결 거리 오차(기타 포함) : ±3%
- 실거리 읽기 오차에 의한 거리 오차 : ±3%
- 타점, Roll에 따른 거리 오차 : 조금

평균 거리 오차 = $(4^2 + 3^2 + 3^2 + 3^2)^{0.5}$ = 6.6%

③ 시작부만 오르막 퍼팅 거리 오차
- 퍼팅 거리(세기) : 10보 --- 스트로크 세기 오차 ±3%
  = 거리 오차 ±6%
- 그린 면 불균일 & 딤플에 의한 거리 오차 : ±3%
- 잔딧결 거리 오차(기타 포함) : ±3%
- 실거리 읽기 오차에 의한 거리 오차 : ±3%
- 타점, Roll에 따른 거리 오차 : 조금
  (단, 오르막 라이 퍼팅은 타격 Roll이 적게 생성되는 경향을 보임)

평균 거리 오차 = $(6^2 + 3^2 + 3^2 + 3^2)^{0.5}$ = 8% + α

④ 평 내리막 거리 오차
- 퍼팅 거리(세기) : 10 + 5보 = 5보 --- 스트로크 세기 오차 ±2%
  = 거리 오차 ±4%
  오버런 고려 거리 오차는 ±8%
  (오버런 증감 : 0.04 × $\mu 0.10/\mu 0.05$ = 0.08)
- 그린 면 불균일 & 딤플에 의한 거리 오차 : ±3%
- 잔딧결 거리 오차(기타 포함) : ±3%
- 실거리 읽기 오차에 의한 거리 오차 : ±3%
- 타점, Roll에 따른 거리 오차 : 조금

(단, 내리막 라이 퍼팅은 타격 Roll이 많이 생성되는 경향임)

평균 거리 오차 = (8^2 + 3^2 + 3^2 + 3^2)^0.5 = 9.5% - β

⑤ 끝만 내리막 거리 오차
- 퍼팅 거리(세기) : 10보 --- 스트로크 세기 오차 ±3%
  = 거리 오차 ±6%
  오버런 고려 거리 오차는 ±12%
  (오버런 증감 : 0.06 × μ0.10/μ0.05 = 0.12)
- 그린 면 불균일 & 딤플에 의한 거리 오차 : ±3%
- 잔딧결 거리 오차(기타 포함) : ±3%
- 실거리 읽기 오차에 의한 거리 오차 : ±3%
- 타점, Roll에 따른 거리 오차 : 조금

평균 거리 오차 = (12^2 + 3^2 + 3^2 + 3^2)^0.5 = 13.1%

⑥ 시작부만 내리막 거리 오차
위 ③번과 유사 조건임. 단, 타격 Roll 생성조건이 조금 다르다.
- 타점, Roll에 따른 거리 오차 : 조금
  (단, 내리막 라이 퍼팅은 타격 Roll이 많이 생성되는 경향임)

평균 거리 오차 = (6^2 + 3^2 + 3^2 + 3^2)^0.5 = 8% - β

위의 추정 계산을 비교 정리하면 고저 퍼팅에서 홀 접근율은 다음과 같다.
②4% 〈 ①7.4%+α 〈 ⑥8%-β 〈 평지 8% 〈 ③8%+α 〈 ④9.5%-β 〈 ⑤13.1%

난이도를 절댓값 100% 비율(접근 오차 비율)로 표현하면 다음과 같다.
②50% 〈 ①92%+α 〈 ⑥100%-β 〈 평지 〈 ③100%+α 〈 ④119%-β 〈 ⑤164%

* 그린 면, 잔딧결, 거리 읽기 오차가 Over run을 가감시키는 것은 같은 비율로 작용한다고 볼 수 있는데, 0~40% 정도 그 차이를 키울 수 있다.

계산으로부터 중장거리 퍼팅은 *"홀 주위가 오르막이면 50% 쉽고(편하고), 내리막이면 50% 어렵다."* 라고 단순하게 정의하는 것도 괜찮을 것 같다.

그냥 오르막 내리막 퍼팅이 아니고, 난이도는 Hole 주위 경사에 결부된다.

Remarks

#1. 3도 경사 경우의 퍼팅 조건에서, 끝만 오르막은 평지보다 붙이기 50% 정도 쉽고(접근 오차가 배로 향상), 끝만 내리막은 평지보다 붙이기 64% 정도 어렵다는 것을 계산 결과가 보여 준다.

평지 롱퍼팅 2개/4회의 3-퍼팅 발생 비율 실력의 골퍼가, 라운드에서 오르막에만 걸렸다면 1개/4회의 3-퍼팅을 할 것이고, 내리막에만 걸렸다면 3개/4회의 3-퍼팅을 할 것이다. 실력이 변한 것이 아니고 퍼팅하는 고저 경사 조건이 달라진 것에 기인하여 3-퍼팅 개수가 줄기도, 늘기도 하는 것이다.

#2. 실제로도 끝만 오르막 퍼팅이 거리 오차가 적어서 Hole Cup에 붙이기 제일 편안하고, 끝만 내리막 퍼팅은 거리 오차 제일 커서 불안하고 3-퍼팅 가능성이 커 조심스럽게 된다.

Hole Cup 주위만 내리막인 퍼팅 라인에서 특별히 보수적으로 스트로크 세기를 가져가야 하는 이유가 계산처럼 붙이기마저도 어렵기 때문이다.

#3. 오버런 증감량 계산에서 μ=0.15, 0.1, 0.05 값은 Hole Cup 주위 경사량 ±3°를 마찰계수로 환산하여 계산한 것이다.

보통 내리막에 볼이 굴러가다가 설 수 있는 정도의 경사는 매우 빠른 그린에서 5°, 보통 빠르기 그린에서는 6°, 느린 그린에서는 7°라고 보면 된다. 그래서 위 계산은 평균치의 반값인 3° 경사로 예시해서 계산해 본 것이다. 실제 경사도에 따라 그에 상응하는 만큼 위 계산의 접근율이 선형적으로 증감된다.

#4. 위의 계산은 단순히 어떤 라인, 뭐가 쉽고, 뭐가 어렵다고 말하는 것보다는 추정의 결과로써 서로 난이도를 수치로 비교하는 방법을 제시한 것이다. 추정값이 더 정확하면 비교 결과도 더 정확해질 것이다.

#5. 그림의 6가지 외에 긴 거리의 오르막 후 끝만 내리막 3°에 있는 Hole Cup 위치는 최고로 어려운 그린 고저 경사 조건이 되는데, 같은 계산 방식으로 해보면, 평지에 비해 대략 2.1배(210%)의 접근율 오차 난이도가 된다. 절대적으로 피해야 하는 샷 공략 지점이 되는 것이다.

#6. 빠른 그린은 자체로 오버런을 키우는 요소, Break을 키우는 요소, Roll을 줄이는 요소로 작용하여 접근율에서 그만큼 불리하다. 단 그린 편평도가 좋고 약한 퍼팅하는 장점이 있다.

#7. 아이언 샷으로 그린을 공략할 때, 퍼팅 및 어프로치 하기 편한 곳을 고려(공략)하는데, 오르막 퍼팅 조건이 유리하게 되는 이유를 수치상으로 보여 주는 계산이다.
* 어프로치를 할 때도 반드시 퍼팅이 편한 곳을 염두에 두어야 한다.

#8. Hole In 조건은 뒷벽 영향이 관계되므로 다른 난이도이다. 다음 항에서 계산으로 보여 준다.
또한 횡 경사(Side break)가 있는 경우는 접근율과 성공률이 또 달라진다.

#9. 기타 사항으로, 바람에 의한 거리 오차 증가는 퍼팅 어려움이 가중되어 Hole Cup 접근율을 떨어트린다.

#10. 퍼팅 라이의 오르막, 내리막 조건에 따라, Setup 변화, 중력에 의한 스트로크 변화와 타격 Roll 양의 가감은 더 오차를 증가시키는 요인으로 작용한다. 더불어, 발끝 오르막 & 발끝 내리막에서는 스트로크 궤도까지 크게 변한다.

#11. 코스는 보통 전저후고(앞은 낮고 뒤는 높은) 그린을 많이 가지고 있다.
몸 상태가 좋지 않은 날(담에 걸리거나, 피로 또는 몸에 약한 부상이 있는 경우), 방향성은 좋은데 타격이 약해서 거리가 10~20m씩 적게 나가는 경우가 있다. 그런데 이런 날은 의외로 스코어가 나쁘지 않다. 조심스러운 샷은 벌타가 예방되고, 오르막 쇼트어프로치나 오르막 롱퍼팅을 하여 Par 기록이 쉽기 때문이다.
반면 몸 상태와 타격감이 좋아서 10m씩 깃대를 훌쩍 넘길 때가 많은 날은 의외로 스코어가 나쁠 수 있다. 어려운 내리막에서 쇼트어프로치로 붙이기 어렵고, 내리막 롱퍼팅은 3-퍼팅을 계속해서 발생시키기 때문이다. 그린 공략 지점 선정이 의외로 중요함을 알게 해주는 특이한 예이다.

⟨내리막 경사 Hole Cup에서 퍼팅 대책⟩
단순히 *"내리막 퍼팅은 잘해야 한다.", "내리막 퍼팅은 신중해야 한다."* 라고 말하거나 생각한다고 도움이 되는 것은 아니다.
내리막 경사 퍼팅일 때 다음과 같은 습관을 들인다.
① 거리 읽기 & 계산을 0.5보 또는 더 상세하게 0.25보 단위로 한다.
* 쇼트퍼팅과 미들 퍼팅은 거리 읽는 단위를 더 쪼갠다.

② 스트로크에서 조금 더 세게, 조금 약하게 치는 것은 거의 통하지 않는다. 오히려 세기와 방향성 편차를 키울 뿐이다.

따라서, 기준 거리 스트로크에 다음 미세 조정법 중 하나를 더 사용해준다.
- Ⓐ 토우 타격, 힐 타격으로 에너지 전달률을 조금 줄여준다.
- Ⓑ 빈 스트로크할 때 그립 악력 세게 또는 약하게 변화를 주어서 본 스트로크에서 조금 강한 타격 또는 조금 약한 타격이 자동으로 이루어지게 한다.
- Ⓒ 최종 그립 잡은 후 스트로크 시작 전까지 대기시간 다르게 사용되지 않도록 염두에 둔다.
  * 응용 : 단, 조금 과감하게 치는 오르막 볼 라이에서는 대기시간을 짧게 가져가고, 조금 부드럽게 타격 되면 좋은 내리막 볼 라이에서는 대기시간을 조금 길게 가져간다.
- Ⓓ Hook Break에서는 허리를 조금 숙여서, 밀리면서 조금 약한(5%) 퍼팅이 되도록 할 수 있다.

③ 롱퍼팅인 경우, 될 수 있으면 다음 2nd 퍼팅이 어려운 조건이 되지 않는 위치를 염두에 둔다. 즉, 오르막 퍼팅이 남도록 Hole을 지나치는 것 또는 낮은 쪽 방향에 볼이 서는 것을 염두에 둔다.

c) (Hole In 측면) 오르막 퍼팅, 내리막 퍼팅 얼마나 쉽고 어려운가?

앞의 b) 항은 중·장거리 퍼팅의 Hole Cup 접근율에 관한 내용이다.
그렇다면, 짧은 3보 거리 평지에서 성공률 50%인 퍼팅과 이에 비교하여 직선 오르막 퍼팅과 내리막 퍼팅의 성공률은 어떻게 변할까?

그림처럼 Hole In 되는 Case는 다음 4가지를 대표로 하여 표현할 수 있다.
- ① 정확하게 거리 맞아 Hole 측면에서 굴러떨어지는 볼
- ② Hole 측면에 맞아 돌아 굴러떨어지는 볼
- ③ Hole 정면 뒷벽 맞고 떨어진 볼
- ④ 점선의 볼과 같이 더 빠른 속도로 진입하여, Hole 뒤턱을 볼의 하단부가 맞아 위로 Jump 하며 튀었다가 떨어져 들어간 볼
- * 깃대에 맞는 것(꼽는 것이 좋은지, 빼는 것이 좋은지?)은 논외로 한다.

(다음은 매우 심화한 내용인데, 고등학교 기하 & 물리 수준 정도의 내용이다.)

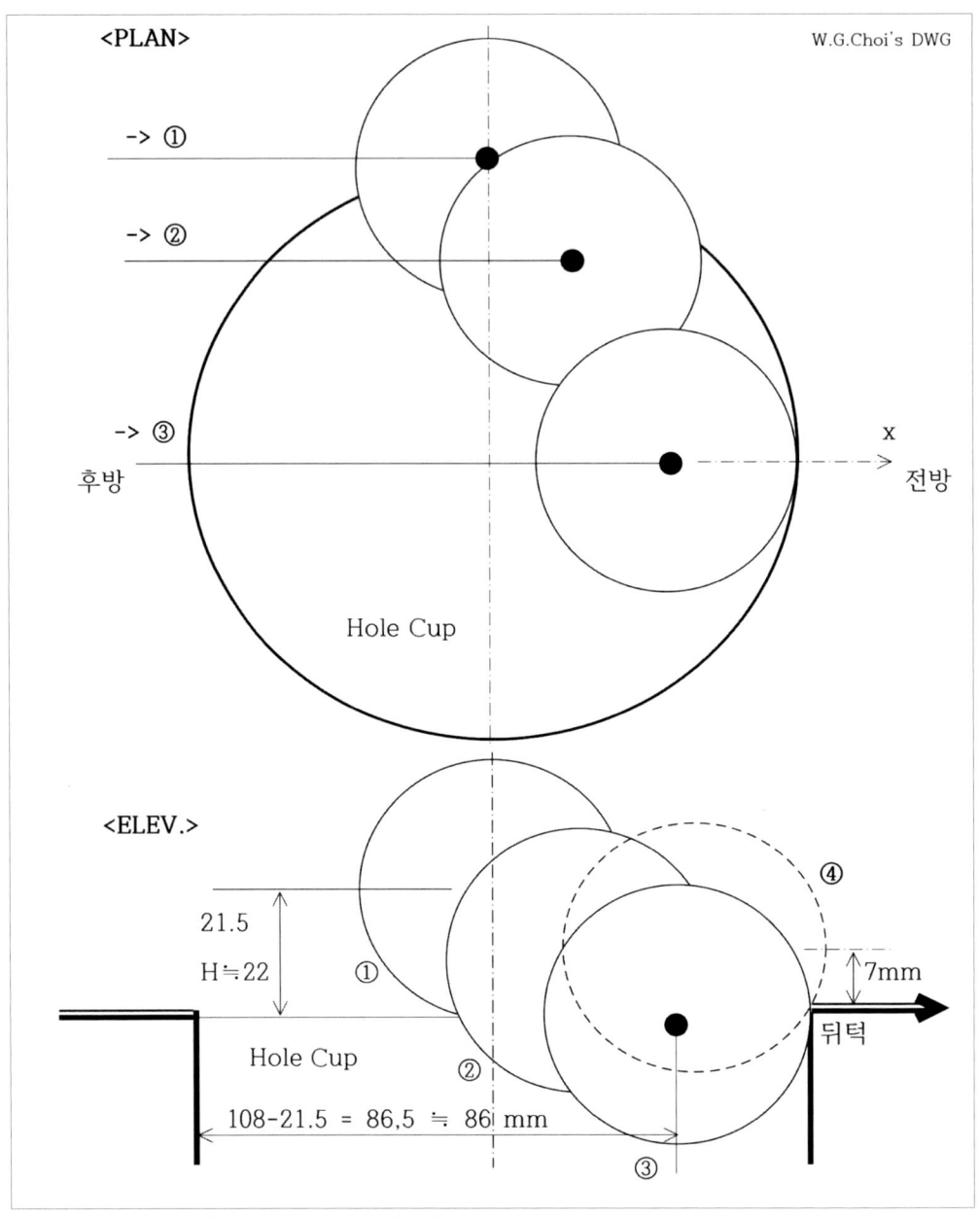

그림 1.2.14 Hole In 되는 퍼팅 볼과 Cup 뒷벽 모양

문제 1) 뒷벽을 맞고 들어가는 (③ Case) 볼의 최대 진입속도(Vmax)는 얼마인가?

〈풀이〉
Hole Cup 내에서 자유낙하 높이(H) = 22mm --- 볼의 반지름(21.5mm)
Hole Cup 내에서 이동 거리(L) = 86mm --- 홀컵 직경에서 볼 반지름을 뺀 것

자유낙하 시간 t를 구하면
  t = (2 * H / g)^0.5 = (2 × 0.022 / 10)$^{0.5}$ = 0.066sec
볼의 진입속도 Vmax를 구하면
  Vmax = L / t = 0.086 / 0.066 = 1.3m/s

1.3m/s가 만드는 Over run 거리(Do) = V * t - 0.5 * a * t^2
(단, 구르는 시간 T를 구하려면 'V - a * t = 0' 관계에서 't = V / a')
  Do = V^2 / a - 0.5 * V^2 / a
    (감속력 = 마찰계수 × 볼 무게 = μ * m * g = m * a
    ∴ a = μ * g = 0.1g)
    = 0.5 * V^2 / a = 0.5 × 1.32 / 0.1g = 0.845m

Remarks

#1. Hole Cup 끝(모서리)의 탄성과 볼의 탄성을 고려하지 않고, 뒷벽을 맞고 위로 튀었다가 떨어지는 경우도 제외하고, 순수하게 뒷벽을 맞고 밑으로 떨어지는 Case의 Hole In 되는 그림의 ③ 모양에서 최대 속도는 1.3m/sec, 이때의 지나치는 거리(Over run)로 환산한 값은 0.845m이다. (마찰계수 μ =0.1 일 때)

실제로는 그림에서 ④와 같이 볼 중심선 밑 7mm가 Hole의 뒤턱 모서리에 맞아 볼이 Jump 했다가 들어갔다고 가정한다면, 이때의 볼 속도와 지나친 거리는 위와 같은 계산법으로 볼 진입속도 Vmax≒1.61m/s, Over run Do≒1.3m가 될 것이다.
Hole 컵과 볼의 탄성 역할을 실제화하면 Vmax와 Do 값은 더 커지는 결과가 된다.

#2. 볼과 홀컵 접촉 기하학, 탄성, 볼의 속도, 중력을 조합하면 홀컵 테두리에서 볼의 이동 경로(움직임)를 표현하는 것은 어려운 일이 아닐 것이다.

⟨고저 경사에서 Hole In⟩

고저 경사지에 있는 Hole Cup에 퍼팅하는 경우를 생각하면 다음 그림과 같다.

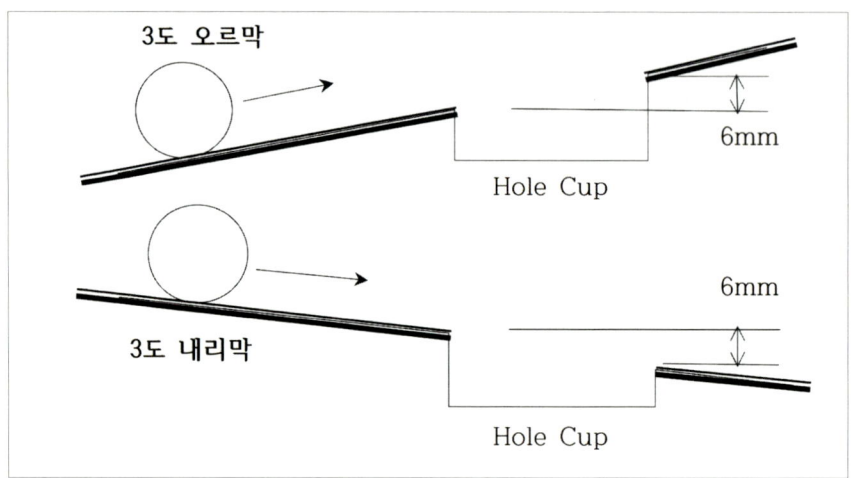

그림 1.2.15 경사지 퍼팅에서 Hole Cup 뒷벽 영향

문제 2) 오르막 3°, 내리막 3°에 Hole Cup이 있는 경우, Hole In 할 수 있는 Vmax 값은 평지와 비교하여 어떻게 변하는가?

⟨풀이⟩

이때는 앞 그림의 ③ Case에서의 필요한 자유낙하 높이가 변한다.

$\triangle H = 108 \times \tan 3° = \pm 5.66mm ≒ \pm 6mm$

즉, 오르막 경사에서는 (22-6=16), 16mm만 자유낙하 해도 Hole In 되고, 내리막 경사의 Hole에서는 (22+6=28), 28mm의 자유낙하 높이가 필요하다는 이야기이다.

- 오르막 3°에서 퍼팅 성공하는 홀 진입속도(Vmax) 값 :
   자유낙하 높이(H) = 16mm
   이동 거리(L) = 86mm

위 평지 계산 방식과 같게 하면,
낙하 시간 t = 0.0566sec
진입속도 Vmax = 1.6m/sec
1.6m/sec 속도에서 굴러가는 거리(Do)를 평지로 환산 = 1.28m Over run

3° 오르막 경사 Over run = V * t − 0.5 * a * t^2 ----- 참고용 계산
= 1.6 * 1.07 − 0.5 * 1.5 * 1.07^2 = 0.85m
a = (0.1 + 0.05) * 10 = 0.15 으로 가정
t = V /a = 1.6 / (0.15 * 10) = 1.07sec

- 내리막 3°에서 퍼팅 성공하는 홀 진입속도(Vmax) 값 :
  자유낙하 높이(H) = 28mm
  이동 거리(L) = 86mm

위 평지 계산 방식과 같게 하면,
낙하시간 t = 0.0748sec
진입속도 Vmax = 1.07m/sec
1.07m/sec 속도에서 굴러가는 거리(Do) 평지로 환산 = 0.57m Over run

3° 내리막 경사 Over run = V * t − 0.5 * a * t^2 ----- 참고용 계산
= 1.07 * 2.14 − 0.5 * 0.05 * 2.14^2 = 2.18m
a = (0.1 − 0.05) * 10 = 0.05 으로 가정
t = V /a = 1.07 / (0.05 * 10) = 2.14sec

위 계산에서 숫자가 얼마냐를 보고자 하는 것이 아니고, Over run 숫자의 비율을 보고자 하는 것이다. 숫자의 비율이 경사에 따른 Hole In 할 확률 비율이기 때문이다.
  내리막 Hole Cup 최대 Over run(평지 환산 값) : 0.57m
  평지 Hole Cup 최대 Over run : 0.845m
  오르막 Hole Cup 최대 Over run(평지 환산 값) : 1.28m

이 숫자 비율은 '(내리막 3도)67% vs (평지)100% vs (오르막 3도)151%'이다.
즉, 동일 조건의 평지에 비해, 3° 오르막 홀컵은 51% 더 Hole을 지나가는 세기에도 Hole In 되고, 3° 내리막 홀컵은 33% 약하게 Hole을 지나가는 세기여야만 Hole In 된다는 이야기다.

그만큼 퍼팅 거리(세기) 오차 흡수율 차이를 보이는 것이며, 이 수치는 그만큼 Hole In 하기 '쉽다' 또는 '어렵다'라고 말할 수 있는 것이다.

퍼팅 거리(세기) 오차 흡수율을 Hole Cup 전체에 표현하면 다음 그림과 같다.

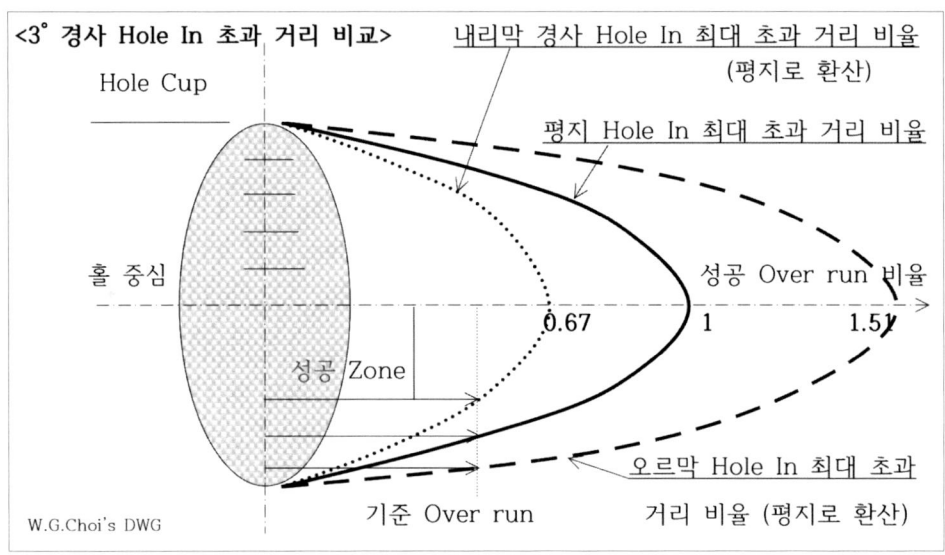

그림 1.2.16 경사지 Hole Cup에서 Hole In 되는 퍼팅 세기 오차 비율 (예시)

홀컵 중심에서 조금 벗어나면 Hole In 되기 위해서 허용되는 Over run의 비율이 조금 줄어든다. 홀컵 끝에 가까워질수록 Hole In 되기 위한 Over run 거리는 급격히 줄어든다. 시각적으로 경험하는 사항이다.

그림에서 곡선이 만드는 면적비(오르막 홀컵, 평지 홀컵, 내리막 홀컵)가 경사지 조건 퍼팅 성공 비율과 같다고 보면 된다.

또, 곡선의 폭 비율이 어떤 경사 홀컵 내의 방향 오차에 대해, 성공할 수 있는 Over run 크기를 말한다. 같은 타격 세기 오차에서 내리막~오르막 홀컵 조건에 따라서 Hole In 하는 폭, '성공 Zone'이 그림과 같이 달라진다.

참고로, 평지 기준 Hole Cup 한쪽의 안쪽을 5 등분하여 Hole In 하는 Over run 거리를 계산하면 다음 표와 같다. 성공 Over run 크기는 비율을 참조하기 위한 것이다.

Hole Cup 측면 위치	(5/5) 끝	4/5	3/5	2/5	1/5	0/5 Center
홀 종단 길이 [mm] =2 * 54 * sin(acos( ))	0	64.8	86.4	99	105.8	108
홀 이동 거리 [mm] ⓛ=종단 길이 – 볼 반경	0	42.8	64.4	77	83.8	86
홀 진입속도 V = ⓛ / 66 [m/sec]	0	0.65	0.98	1.17	1.27	1.32
성공 Over run (Do) = 0.85 * V / 1.32 [m]	0	0.44m *작아짐	0.66m *작아짐	0.75m	0.82m	0.85m

Remarks

#1. 볼의 측면과 Hole Cup 턱이 만나는 기하학적인 조건은 일단 무시하고, 볼의 중앙 앞면과 턱이 만나는 것만 고려하여 Hole In을 계산한 것이다.
  (* 볼 측면이 먼저 Cup 턱에 맞는 것을 감안하면 수치는 조금 작아진다.)
#2. 볼이 Hole을 지나가는 5분위 지점별 Over run 거리 비율을 보기 위한 것임.
#3. 수식에서, 66은 0.066sec, 0.85는 Center Do, 1.32는 Center Vmax

표 1.2.17 Hole Cup 측면 쪽 위치별 Hole In 하는 Over run 거리(예시)

Remarks

#1. 긴 거리 퍼팅에서 Hole에 붙이는 것은 *b) 항에서* 설명한 바와 같이 고저 경사 조건에 따라 난이도가 다르고, 짧은 거리 퍼팅에서 Hole In 하는 데에도 고저 경사 조건에 홀컵이 받아주는 속도가 달라져서 난이도가 다르게 된다.

#2. Over run(홀컵 지나치는 거리)을 얼마 주는 것이 적당한 가는 다음 사항이 연관된다.
  - 그림에서 곡선이 그리는 모양, 즉 홀을 지나치는 Hole In 되는 속도
  - 각 골퍼의 거리 (세기) 오차
  - 홀컵 주위 그린 편평도
  - 홀인 되지 않았을 때 되돌아오는 다음 퍼팅의 난이도
  - 각 골퍼의 쇼트퍼팅 똑바로 치는 (방향성) 능력

#3. 경사지 쇼트퍼팅 적절한 Over run 크기를 그림으로 나타내어, 한눈에 오르막과 내리막인 경우를 비교하면 다음과 같다.

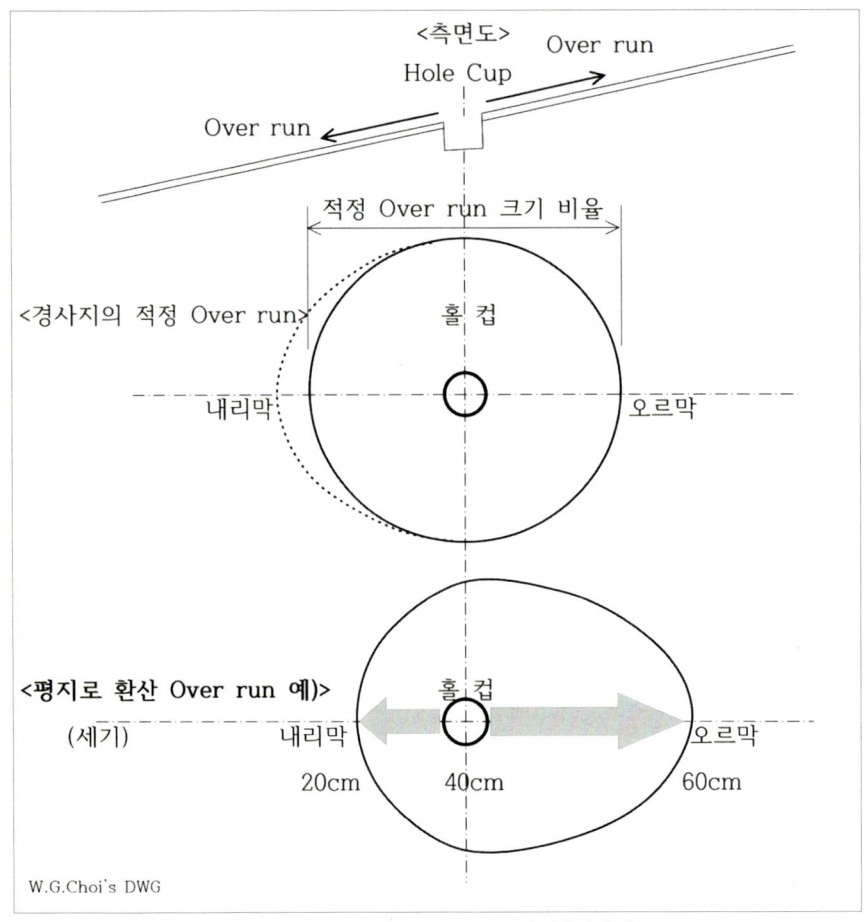

그림 1.2.18 경사지 오르막, 내리막에서 적정 Over run 크기 비율 (예시)

혹자가 "*오르막 쇼트퍼팅은 뒷벽을 맞고 들어가도록 강하게 쳐라.*"라고 하는 이야기는 맞는 말일까? 평지 일반 Over run 거리가 0.4m라면, 3° 오르막은 (평지 기준) 0.6m 긴 것이 동일 방향 오차를 흡수할 수 있는 Over run 거리이다. 3° 오르막임을 고려하면 오르막 실거리로 0.4m 긴 퍼팅 세기가 뒤턱 Advantage로 평지와 같은 방향 오차를 흡수하는 Over run 거리이다.

혹자의 말이 (A)"*더 세게 쳐서 오르막 실거리 Over run을 평지 거리 정도로 만들어라.*"라는 의미일 수도 있고, (B)"*더 세게 쳐서 오르막 실거리 Over run을 평지보다 더 길게 만들어라.*"라는 의미일 수도 있다.

(A) 의미는 오르막 실거리로 0.4m 정도 또는 그보다는 조금 작게 치라는 것이고, 평지 기준 Over run

이 25% 정도 더 큰(센) 퍼팅을 하라는 의미이다.

(B) 의미는 오르막 실거리로 0.4m보다 더 크게 치라는 것인데, 평지 기준 Over run을 50% 이상 더 주는 퍼팅을 하라는 의미가 된다. 그러나 이 의미는 오판이다. 홀컵의 방향 오차 흡수율이 평지보다도 좁아지기 때문에, 결과는 홀컵을 맞고 튀어나오는 확률이 높아진다.

오르막임을 고려하면, 오르막 실거리 Over run을 평지보다 조금 작게(10~20%, ex. 0.3m) 쳐도, 평지보다는 강하게 친 것이고, 볼의 Hole 진입속도가 평지보다 더 큰 조건이 되는데, 뒤턱 영향으로 방향 오차 흡수율은 높게 되어 Hole In 가능성은 더 크다.
어쨌든, 평지 기준으로 같은 Over run을 주어서 방향 편차를 조금 더 흡수할 수 있는 선택을 할 수 있고, 조금 더 (10~40%) 주어서 Hole In 폭을 넓혀주고 Break을 덜 보는 이득을 취할 수도 있다.

#4. 막연하게 '쉽다, 어렵다.'라고 이야기거나, 혹시 난이도에 큰 차이가 없는 것이 아닌가 하고 의구심을 가질 수도 있는 사항인데, 본 Over run 계산은 조건과 현상을 구체화 한 것이다. 퍼팅에서 경사 각도의 전 영역에 대하여 계산하면 타 영역의 엔지니어링 자료에서 보곤 하는 표준 실행 Data sheet(그래프 또는 표)가 될 수 있다.
계산 로직과 지배방정식을 세우고 전 경사각도 영역에 대하여 정의하면 되는데 추가적인 계산은 생략한다.

#5. 그린 오르막, 내리막 경사는 Break 양에도 영향을 주어 난이도를 다르게 한다. 이 내용은 *다음 3절에서 설명*한다.

#6. 보통 10보 퍼팅은 15%±5% 정도의 Hole In 성공률을 갖는다.
10보 거리, 평 오르막 3°, 평지, 평 내리막 3° 3가지 경사에 따른 거리 정확도 차이와 홀컵의 뒤턱 영향 차이로 인하여 만들어지는 성공률 차이(난이도)는 다음 표와 같이 대략 정리 비교할 수 있다.

난이도 \ 경사	평 오르막 3°	평지	평 내리막 3°
퍼팅 거리 정확성 난이도 비율	92%	100%	119%
홀컵 뒤턱 영향 난이도 비율	1/151%	1/100%	1/67%
합계 (두 개의 곱)	0.61	1	1.78

계산의 결과로부터 대략, Hole In 하는데 평지에 비하면, 평 오르막 3°는 39% 더 쉽고, 평 내리막 3°는 78% 어렵다고 할 수 있다.

같은 거리라도 쉬운 쪽에서 퍼팅할 것인지, 어려운 쪽에서 퍼팅할 것인지, 선택할 수 있다면, 결과는 큰 차이를 보일 것이다.

* '스마트 워치(코스 & 그린 정보 통신기기)'와 같은 등고 정보가 있어, 그린 정보를 훤히 보고 하는 그린 공략과 퍼팅은 대략 두 배는 쉬운 쇼트게임 조건이라고 할 수 있을 것이다. 특히, 롱게임 스윙 이론, 어프로치 방법, 퍼팅 요령 모두를 알고 하는 골퍼가 스마트 워치를 착용하면 플레이가 정말 쉬워질 수 있다.

4) Roll의 많고 적음에 따른 Hole In 차이

(Roll 타격을 하면 볼이 Hole Cup에 쏙쏙 들어가는 이유)

(타격 Roll 있는 퍼팅을 해야 하는 또 다른 이유 --- Hole Cup을 키워준다)

타격 Roll이 많으면 평지에서도 직진성이 좋아 방향성이 좋은 것은 이미 설명했다.
쇼트퍼팅, 수평 타격해서 Roll이 적은 경우와 상향·상승 타격 되어 Roll이 좋은 경우, 홀컵에 들어가는 유불리는 어떨까?
눈에 아주 희미하게 구별되는 것으로는 Roll이 좋은 볼은 Hole에 속속 들어가는 모양새고, Roll이 적은 경우는 Hole 컵을 맞고 튀어나오는 잘 안 들어가는 모양새인데, 어떤 Logic이 숨어 있고, 어떤 차이가 있는 것인가?

결론부터 말하면, Roll이 있는 타격은 홀을 키워주는 드라마틱한 효과 있다.

문제 1) 평지 1.2m 쇼트퍼팅, Roll이 있는 타격과 Roll이 없는 타격을 했을 때, Hole In 차이를 구하라. 단, 다음 가정을 사용한다.
- 홀을 지나는 Over Run은 0.4m
- Roll이 있는 타격의 마찰계수 μ=0.12(평균 80% Roll 진행),
  Roll이 없는 타격의 마찰계수 μ=0.16(평균 40% Roll 진행)

힌트) Key point는 볼의 Hole 진입속도 차이이다.

〈풀이〉 --- (고등학교 물리 수준의 내용)

퍼팅 거리(D): 1.2 + 0.4 = 1.6m

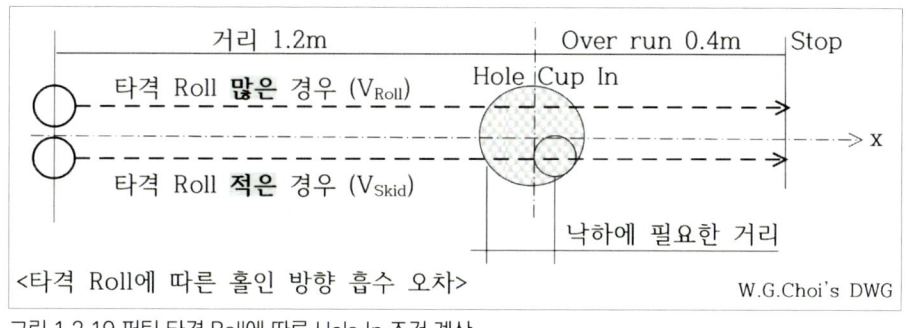

<타격 Roll에 따른 홀인 방향 흡수 오차>

그림 1.2.19 퍼팅 타격 Roll에 따른 Hole In 조건 계산

퍼팅 볼 속도와 거리 공식으로부터,
$D = V * t - 0.5 * a * t^2$
(단, 구르는 시간 t를 구하려면 'V - a * t = 0' 관계에서 't = V / a')
$D = V^2 / a - 0.5 * V^2 / a = 0.5 * V^2 / a$
$\therefore V = (2 * D * a)^{0.5}$ (단, $a = \mu * g$)

⟨초기속도⟩
타격 Roll이 많은 볼 초기속도 = $(2 * 1.6 * 0.12 * 10)^{0.5}$ = 1.96 m/s
타격 Roll이 적은 볼 초기속도 = $(2 * 1.6 * 0.16 * 10)^{0.5}$ = 2.26 m/s

⟨Hole 진입속도⟩
타격 Roll이 많은 볼 홀 진입속도 = $(2 * 0.4 * 0.12 * 10)^{0.5}$ = 0.98 m/s
타격 Roll이 적은 볼 홀 진입속도 = $(2 * 0.4 * 0.16 * 10)^{0.5}$ = 1.13 m/s
* 홀인에 필요한 낙하 높이 22mm라 하면, 낙하 시간은 0.066sec이 된다.

⟨진입속도에 따라, Hole을 지나면서 Hole In을 위해 낙하에 필요한 거리⟩
$L = V_{max} * t$
타격 Roll이 많은 볼의 홀컵 낙하에 필요한 거리 = 0.98 * 0.066 = 65mm
타격 Roll이 작은 볼의 홀컵 낙하에 필요한 거리 = 1.13 * 0.066 = 75mm

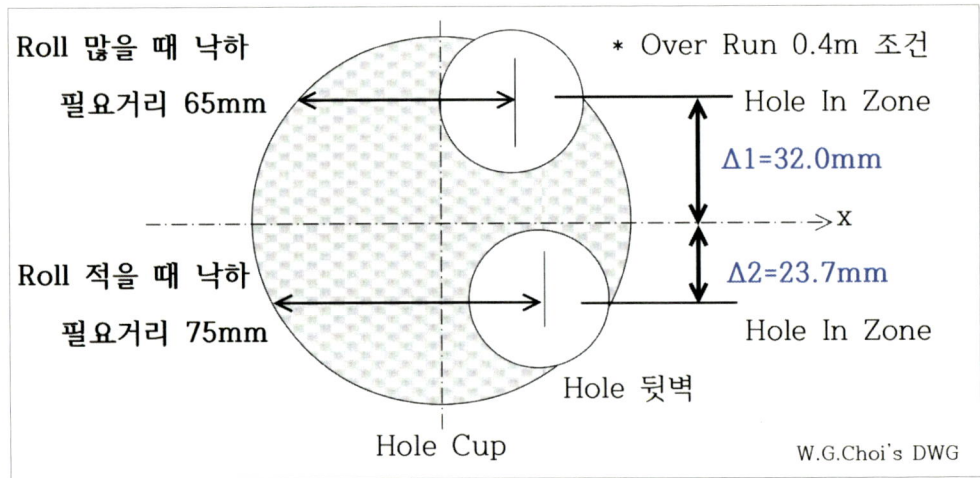

그림 1.2.20 1.2m 퍼팅, 타격 Roll에 유무에 따른 방향 허용 오차 폭 (예시)

〈홀인 되는 방향 허용 오차 폭〉

낙하에 필요한 이동 거리를 수학의 기하 이용, 홀의 폭으로 계산하면

$\varDelta 1$ = 54 * sin (acos((낙하에 필요한 거리 + 22)/2 / 54)) = 32.0mm

$\varDelta 2$ = 54 * sin (acos((낙하에 필요한 거리 + 22)/2 / 54)) = 23.7mm

위의 계산으로부터 $\varDelta 1$(Roll 있는 타격)과 $\varDelta 2$(Roll 없는 타격)는 Hole In 방향에 30% 차이를 보이므로, 퍼팅 거리에 따라서 차이는 있지만, 쇼트퍼팅에서 Roll이 있는 퍼팅은 Roll이 없는 퍼팅보다 Hole In 조건에서 대략 30% 방향 오차를 더 허용한다고 봐야 한다.
이것이 Roll이 있는 타격을 해야 하는 절대적인 이유(근거)이다.

* Roll이 있을 때는 뒤턱 맞고 들어가고, Roll이 없을 때는 뒤턱 맞고 돌아 나오는 이유는 볼의 Hole Cup 진입속도 차이 때문이다.

같은 표현으로, Roll이 있는 볼은 그림과 같이 Hole Cup을 키워주는 역할을 해서 Over run의 오차를 더 크게 흡수한다고 보면 된다.

그림 1.2.21 퍼팅 타격 Roll 대소에 따른 Hole Cup 크기 변화

Remarks

#1. 타격 Roll이 Hole In에 영향을 주는 것은 실력별 방향성 오차 때문에 다음 엑셀 계산과 같이, 퍼팅 거리에 따라서 효과가 다르게 나타난다.

계산에서 보듯이 2m 전후 퍼팅 거리에서 타격 Roll 영향을 Test 하는 것이 가장 뚜렷이 Hole In 확률 차이를 볼 수 있다. (상급자는 2m, 중·하급자는 1.5m 정도에서 Test)

* 유능한 교습가는 타격 Roll 주는 방법과 그 효과를 설명할 때, 3보 정도 떨어진 퍼팅 거리에서 Hole In 시범을 보인다.

동일 0.4m Over run 적용, 타격 Roll 많고 적음에 따른 거리별 Hole in 되는 반폭 방향값					
퍼팅 거리 [m]	1.2	2.4	3.6	4.8	특기
타격 Roll이 많은 경우 허용 각도 [°]	1.528	0.764	0.51	0.38	마찰계수 = 0.12
타격 Roll이 적은 경우 허용 각도 [°]	1.132	0.566	0.38	0.28	마찰계수 = 0.16

실력별 방향 오차 평균	±오차 [°]	
프로	0.8	
싱글	1.1	
80타대	1.5	추정값
90타대	2.1	
100타대	2.9	

0.4m Over run 적용, 타격 Roll & 실력별 Hole in 성공 확률 = (NORMCDIST(Z_값)-0.5)*2   <--- Roll의 중요성

조건(퍼팅 거리 & 타격 Roll)	1.2m		2.4m		3.6m		4.8m	
	Roll 대	Roll 소	Roll 대	Roll 소	Roll 대	Roll 소	Roll 대	Roll 소
프로	94.39%	84.29%	66.04%	52.07%	47.57%	36.28%	36.70%	27.65%
싱글	83.52%	69.66%	51.27%	39.31%	35.67%	26.84%	27.16%	20.30%
80타대	69.16%	54.96%	38.95%	29.41%	26.58%	19.86%	20.10%	14.96%
90타대	53.32%	41.01%	28.40%	21.25%	19.16%	14.26%	14.43%	10.72%
100타대	40.17%	30.37%	20.78%	15.47%	13.94%	10.35%	10.48%	7.77%

* Roll 영향 비교하는 것으로써, Break은 따로 고려되지 않음

결론 :
#1. 같은 Over run을 적용했을 때, 타격 Roll의 많고 적음에 따라서 Hole In 되는 확률은 최대 14% 정도 차이를 보인다.
   (성공 비율 차이는 대략 28%)
#2. 상급자는 2m 거리, 중하급자는 1m 거리에서 최대로 성공률 차이가 난다.
   (퍼팅 실력 중하급자 중에 1m 전후 퍼팅에서 유독 Hole cup을 맞고 나오는 경우가 많다면 타격 Roll 주는 연습 필요)
#3. Over run의 크기도 중요하지만, 타격 Roll을 주는 것은 더 중요하다.

표 1.2.22 타격 Roll 대소에 따른 실력별 거리별 Hole In 확률 (예시)

#2. 위 계산에서 Input data로 사용된 그린 마찰계수는 엇비슷하게 가정하여 계산한 것이지만, Hole 진입속도를 결정하는 Roll 유무에 따른 마찰계수 차이는 실제 짧은 퍼팅에서 최대 30% 정도 성공 비율 격차를 보인다는 것은 경험으로도 대충 알 수 있다.

막연하게 더 좋다는 것 보다, 이 정도 좋다고 확인해주는 계산은 유익한 정보가 된다.

다양한 조건의 실험으로 타격 Roll이 홀컵 폭을 넓혀주는 효과를 만드는 것에 대한, 더 근사치의 상관관계를 밝힐 수 있을 것이다.

#3. 4ft(1.2m) 퍼팅에서는 타격 Roll이 30%의 Hole Cup 방향 오차 (≈ 30%의 Over run 오차)를 더 허용되게 해준다면, 누가 Roll이 없는 타격을 하려 할 것인가!

더군다나, 타격 Roll이 있으면 Hole까지의 진행에서 그린 편평도에 의한 방향 변화 오차도 최소화하는 직진성 이점도 있다. 그리고 거리 정확도도 더 높다.

* 홀컵 주위는 발자국에 의하여 그린 편평도가 더 불규칙적이고, 작지만 홀컵이 볼록하게 올라가는 둔덕이 만들어진 경우가 많다. 1~2m의 가까운 쇼트퍼팅에서 타격 Roll이 있어야 이것들을 이겨내고 Hole In 되지, Roll이 없는 퍼팅 하면 옆으로 삐져나가는 현상이 많이 벌어지고, 또한 Hole Cup을 맞아도 돌아 나오는 경우가 많아진다.

쇼트퍼팅에서 똑바로 맞추는 것에만 주야장천 전력을 다하고 있는 골퍼는 이참에 타격 Roll을 주는 것에 대한 필요성과 방법을 꼭 깨달아야 한다.

똑바로 맞추지 못해서 Hole In 능력이 낮다고 생각하고, 그것에만 열중인 일반 골퍼들이 의외로 많다. 퍼팅 능력을 올리기 위해 탈피해야 하는 사항이다.

타격 Roll 주는 것은 '손 감각 죽이는 스트로크'만큼 중요하다.

#4. 위에서 설명한 차이 때문에 "퍼터 헤드 밑 부분으로 볼을 위로 올려 때려라."라는 말이 있는 것이다. Roll이 주어지는 타격을 하라는 것이다.

권투에서 올려 치는 어퍼컷처럼, 퍼팅에서는 1장 7절에서 설명되었던 상승, 상향, De-loft 타격이 되어서 초기 Roll이 있어야 방향성, 거리감, Hole In에 모두 유리하게 된다.

Roll은 '퍼팅 자세 + 스트로크 형태 + 주려는 의지'에 의해서 만들어진다.

5) 그린 빠르기와 Over run vs Hole의 크기

(느린 그린에서는 Over run을 짧게 가져가는 쇼트퍼팅 해야 한다.)
(빠른 그린에서는 Hole Cup이 커지고, 느린 그린에서는 작아진다. 왜?)
(고등학교 물리 수준의 계산)

앞항에서 오르막 & 내리막 경사일 때, 그리고 타격 Roll이 있을 때와 없을 때 Hole In 조건이 달라짐을 살펴보았다.
유독 Hole Cup 크기가 작아 보이는 날이 있고, 어떤 날은 Hole Cup 크기가 커 보이는 날이 있다. 이것이 단순히 심리적인 것 때문일까? 아니면 다른 이유가 있는가?

결론부터 말하면, 쇼트퍼팅에서 그린 빠르기는 Hole Cup 크기를 변화시킨다.
절대 치수가 바뀌는 것이 아니라, 상대적인 숫자가 변한다.
동일 거리의 Over run일 때,
 - 빠른 그린은 Hole Cup을 키워줌
 - 느린 그린은 Hole Cup을 작게 만듦
 * 스트로크로 정한 Over run이 맞았을 때는 Hole Cup이 커지고, 상대적으로 과도한 Over run이었을 때에는 Hole Cup이 작아진다.

문제1) 그린 빠르기를 마찰계수로 환산하여, (A) 매우 빠른 그린(μ=0.09), (B) 보통(μ=0.11), (C) 매우 느린 그린(μ=0.13) 이라고 가정하고, 똑같이 Over run을 0.4m 주는 세기로 1.2m 쇼트퍼팅을 한다면, 세 가지 경우 Hole In 되기 위한 방향성 허용 오차는?

〈풀이〉
앞 4)항의 공식을 그대로 이용한다.
가속도에 단순히 그린 마찰계수만 넣으면 비교된다.

〈0.4m Over run을 만들기 위한 Hole 진입속도〉
(A) 볼의 홀 진입속도 = $(2 * 0.4 * 0.09 * 10)^{0.5}$ = 0.85 m/s
(B) 볼의 홀 진입속도 = $(2 * 0.4 * 0.11 * 10)^{0.5}$ = 0.94 m/s
(C) 볼의 홀 진입속도 = $(2 * 0.4 * 0.13 * 10)^{0.5}$ = 1.02 m/s

홀인에 필요한 자유낙하 높이 22mm이면, 낙하 시간은 0.066sec이다.

〈자유낙하 시간에 필요한 홀 내 필요한 이동 거리〉
  = 속도 * 시간
(A) 볼의 홀컵 낙하에 필요한 거리 = 0.85 * 0.066 = 56mm
(B) 볼의 홀컵 낙하에 필요한 거리 = 0.94 * 0.066 = 62mm
(C) 볼의 홀컵 낙하에 필요한 거리 = 1.02 * 0.066 = 68mm

〈홀인 되는 방향 허용 오차 폭〉
낙하에 필요한 이동 거리를 수학의 기하 이용, 홀의 폭으로 계산하면,
(A) $\Delta 1$ = 54 * sin (acos((낙하에 필요한 거리 + 22)/2 / 54)) = 37.3mm
(B) $\Delta 2$ = 54 * sin (acos((낙하에 필요한 거리 + 22)/2 / 54)) = 33.9mm
(C) $\Delta 3$ = 54 * sin (acos((낙하에 필요한 거리 + 22)/2 / 54)) = 29.8mm

〈홀인 되는 타격 방향 허용 오차 각도〉
  = atan(오차 폭 / 1.2m)
(A) (매우 빠른 그린) 타격 방향 허용 각도 : 1.78° --- 1.1   비율
(B) (보통 그린)   타격 방향 허용 각도 : 1.62° --- 1   (기준)
(C) (매우 느린 그린) 타격 방향 허용 각도 : 1.42° --- 0.88 비율

계산의 결과로부터, 타격 허용 방향성을 Hole In 확률로 봤을 때, 매우 빠른 그린은 Hole Cup 폭이 10% 커지고, 매우 느린 그린은 Hole Cup 폭이 12% 작아지는 효과이다.
이것 때문에 그린 빠르기에 따라서 Hole Cup이 크게 보이기도 하고 작게 보이기도 하는 이유이다.

쇼트퍼팅, 홀에 넣으려고 하는 퍼팅에서, 그린 잔디가 길어서 (물기, 맞바람 영향 동일) 느리게 된 그린은 Over run 거리를 상대적으로 짧게 가져가야 Hole In 확률이 높다는 이야기다.
같은 Over run 거리라면, Hole Cup 위를 지나는 볼의 속도가 빨라서 Hole을 맞고 튀어나오는 확률이 높기 때문이다.
느린 그린인 경우, 홀을 맞고 나오는 경우가 많고, 유독 홀컵이 작게 느껴진다. 원인은 상대적으로 Over run을 크게 주고 있기 때문이다.
쇼트퍼팅 성공률을 높이기 위해서는, 그린 빠르기에 따라서 유동적으로 Over run 거리를 정하여야 한다.

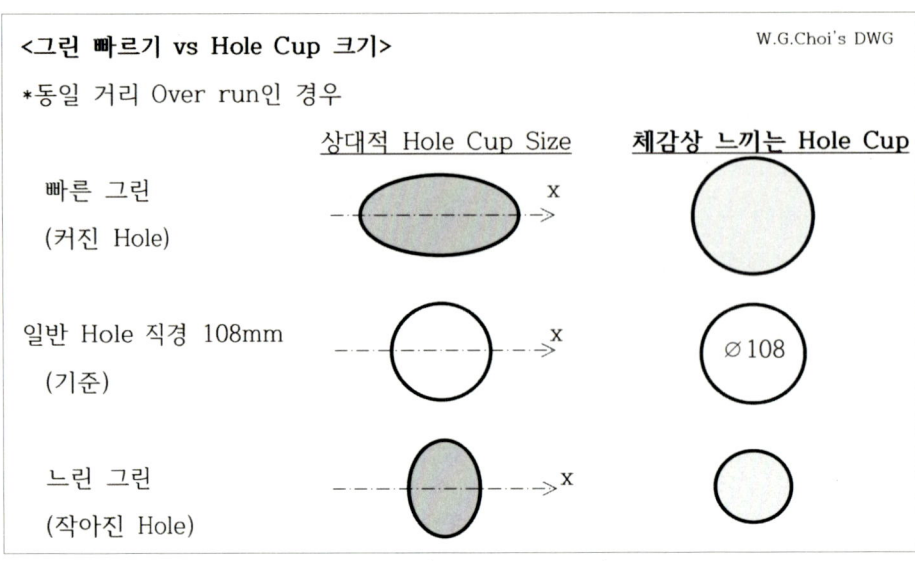

그림 1.2.23 그린 빠르기에 따른 Hole Cup 크기 (동일 Over run 조건)

골퍼가 실제 느끼는 Hole의 크기는 '오르막 & 내리막 + 빠른 그린 & 느린 그린' 조건에 따라서 달라진다.

Remarks

#1. 혹자가 *"0.43m Over run이 제일 좋다."* 라고 했다면, 그것은 어떤 그린 빠르기 기준이 있는 조건이다. 전제조건 없이 언급된 이야기를 듣는다면, 혼란을 겪게 된다.

일반 골퍼가 플레이하는 그린 중에는 의외로 느린 그린이 있다. 이런 그린에서는 0.43m 대신에 20% 줄인 Over run 거리(예로 0.35m)가 Hole In 하기에 더 적합할 것이다.

위에서 (B) 보통 그린(Over run 0.4m를 적용)의 볼 홀 진입속도 0.94m/s를 역으로 (A)와 (C)에 같게 적용하면, 각각의 적합한 Over run 거리는 다음과 같이 계산된다.

(A) 매우 빠른 그린 Over run = $0.94^2 / (2 * 0.09 * 10)$ = 0.49m -- 123%

(C) 매우 느린 그린 Over run = $0.94^2 / (2 * 0.13 * 10)$ = 0.34m -- 85%

중계방송, 선수들이 최적의 Over run 거리를 선정하여 쇼트퍼팅을 하고 있다고 가정한다면, 선수들의 그린보다 느린 그린에서 플레이하는 일반 골퍼는 좀 작은 기준 Over run 거리를 적용하는 것이 쇼트퍼팅 Hole In 성공률을 높이는 방법이다. (기준이 같을 것이라는 선입견에서 벗어나야 한다.)

#2. *"Never up, Never in."* 이라고 짧은 퍼팅은 절대 들어가지 않는다는 이야기가 있다. Over run에 관한 이야기다.

많은 일반 골퍼가 Over run이 커서 3-퍼팅을 한 2개 Hole보다는 거리가 짧아서 안 들어간 1개 Hole 퍼팅을 더 아쉬워한다.

적정 Over run은 퍼팅 거리, 그린 빠르기 및 Break에 따라서 다르겠지만, 퍼팅 실력이 좋은 사람은 좀 더 봐도 되고, 거리 편차를 포함하여 퍼팅 방향성 실력이 좋지 않은 사람은 좀 짧게 보는 것이 좋다고 하겠다. Over run을 적게 보는 퍼팅은 다음과 같은 장점이 있다.

- 3-퍼팅 발생 가능성 완화
- Hole In 폭이 넓어짐
- 힘 조절에 더 열중
- Break을 더 정확히 읽는 능력 배양하기 좋음

* Hole In을 목표로 하는 퍼팅 거리에서 실력별 적정 Over run 예 :
프로-0.4m, 상급자-0.35m, 중급자-0.3m, 하급자-0.25m

실제로는 Over run 거리보다 타격 Roll 주는 것에 더 신경을 써야 한다.

#3. 느린 그린에서 유독 Hole Cup이 작게 느껴지는 것은 우리가 의식적으로 인지하지 못하지만, 뇌는 Hole에 들어가기 어렵다는 것을 알아챈 것이다. 그래서 Hole이 작게 느껴지는 것이다.

Over run을 줄이면 Hole Cup은 다시 크게 보일 것이다.

* 라운드 중에 특정 Hole 그린 상태가 거칠고 잔디가 길다면, Hole Cup이 작게 보인다. 뇌가 무의식 중에 들어갈 확률이 낮음을 짐작하기 때문이다.

#4. 선택의 오류에 기인한 것인데, 의외로 느린 그린의 짧은 거리 직선 퍼팅에서 (지레짐작, 선입견으로) 과감하게 치는 경우가 많다. 상당수는 홀을 맞고 나와버린다. 반복되면 Hole Cup이 점점 더 작아져 보인다. 자신감도 떨어진다.

느린 그린인 경우, 유독 홀컵을 맞고 돌아 나오는 퍼팅이 많다.

설혹 들어간다고 하더라도, 홀컵을 빙글 돌아서 겨우 들어가곤 한다.

그린 빠르기에 비해서 Over run을 크게 주고 있기 때문인데, 그날은 운이 없다고 생각하거나, 똑바로 치지 못한 것으로 생각하거나, 또는 Break을 조금 잘못 읽은 것으로 자의적인 오판을 할 수 있다. 상당수 일반 골퍼 & 선수들이 이런 반응(모션)을 보인다. 이런 판단은 직면한 현상을 극복(대처)할 수 없다.

#5. 어떤 거리의 퍼팅을 할 때, 그린 빠르기 별로 Over run에 따른 Hole 진입속도 차이가 있어서 Hole In 폭이 달라지는데, 퍼팅 실력별로 방향 오차 때문에 성공률에 주는 영향은 다르게 나타난다.

동일 0.4m Over run 적용, 그린 빠르기에 따른 거리별 Hole in 되는 반폭 방향값

퍼팅 거리 [m]	1.2	2.4	3.6	특기
빠른 그린 Hole in 허용 각도 [°]	1.78	0.89	0.59	빠른 그린은 Hole을 10% 키워줌
보통 그린 Hole in 허용 각도 [°]	1.62	0.81	0.54	
느린 그린 Hole in 허용 각도 [°]	1.42	0.71	0.47	느린 그린은 Hole이 12% 작아짐

실력별 방향 오차 평균	±오차 [°]	
프로	0.8	
싱글	1.1	
80타대	1.5	추정값
90타대	2.1	
100타대	2.9	

0.4m Over run 적용, 그린 빠르기 & 실력별 Hole in 성공 확률 = (NORMCDIST(Z_값)-0.5)*2   <--- 진입 속도 차이

조건	1.2m			2.4m			3.6m		
	빠른그린	보통	느린그린	빠른그린	보통	느린그린	빠른그린	보통	느린그린
프로	97.39%	95.71%	92.41%	73.41%	68.87%	62.52%	54.17%	50.03%	44.59%
싱글	89.44%	85.92%	80.33%	58.15%	53.85%	48.14%	41.04%	37.65%	33.30%
80타대	76.46%	71.99%	65.62%	44.70%	41.08%	36.40%	30.76%	28.12%	24.77%
90타대	60.33%	55.95%	50.11%	32.83%	30.03%	26.47%	22.25%	20.29%	17.83%
100타대	46.06%	42.36%	37.56%	24.11%	22.00%	19.34%	16.21%	14.77%	12.97%

* 그린 빠르기에 따른 Break 가감으로 나타나는 방향성 오차는 별도로 고려하지 않는 조건에서 비교한 것임.

결론 :
 #1. 같은 Over run을 적용했을 때, 그린 빠르기에 따른 진입속도 차이로 Hole In 되는 확률은 최대 ±5% 정도 차이를 보인다.
    (성공 비율 차이는 대략 ±10%)
 #2. 상급자는 2~3m 사이 거리, 중급자는 1.5m 거리, 하급자는 1m 거리에서 최대로 성공률 차이가 난다.
 #3. 느린 그린에서는 성공 확률이 떨어지지 않도록 하기 위하여 Over run을 줄여야 한다.

표 1.2.24 실력별 그린 빠르기 & 거리별 Hole In 차이 비교 (예시)

가장 큰 성공률 차이를 보이는 거리는 실력별로 표 예와 같이 다르게 나타난다.
만약 적정 Over run 거리를 파악하기 위한 Test를 한다면, 대략 프로선수는 2.5m, 중·상급자는 2m, 중·하급자는 1.5m 정도에서 퍼팅해 보는 것을 추천한다.

#6. 라운드에서, 자신이 퍼팅할 수 있는 방향성 능력은 거의 정해져 있다고 봐야 한다.
쇼트퍼팅에서 느린 그린이라면, 오히려 Over run을 조금(10~20% 정도) 줄여서, 홀컵 크기가 줄지 않고, 키워지게 하는 선택을 해야 성공확률을 높일 수 있다. 홀컵을 맞고 나왔던 4개 정도의 퍼팅 중에 1~2개는 Hole In 될 것이다.
또한, 앞 4)항에서 설명한 타격 Roll을 주어 홀컵 키우는 것을 적용해야 한다.

#7. 과감하게 직선 쇼트퍼팅을 할 때, 보통 빠르기의 그린에서 1보 ~ 0.8m 정도를 지나치게 쳤다면, 느린 조건의 그린에서는 과감한 퍼팅은 0.8보 ~ 0.6m 정도를 지나치는 세기여야 한다.
 * 실제 스트로크 세기로 0.5보 정도가 적정 Over run에 가깝다.

#8. 빠른 그린, 쇼트퍼팅에서는 의외로 Hole Cup이 커 보일 때가 많다. 같은 Over run이라면, Hole In 되는 방향성 오차가 더 커도 성공되기 때문이다.

#9. 최적 Over run 거리는 고정된 값이 아니고, 다음 항목에 따라 달라진다.
- 골퍼의 거리확률 분포(거리 정확도) --- 골퍼마다 다름
- 골퍼의 방향확률 분포(방향 정확도) --- 골퍼마다 다름
- 퍼팅 거리
- 그린 빠르기
- 타격 Roll

위 두 가지의 확률 분포 조건과 세 가지 홀인 Over run 조건을 조합하여 계산하는 방식으로, 수학적으로 최적 Over run은 계산할 수는 있다.
계산은 좀 복잡하지만, 그렇다고 몹시 어려운 것은 아니다.
그러나 실전 라운드에서 이것들을 모두 계산하여 퍼팅할 수는 없다. 골퍼의 경험과 감에 의존하고 각각의 조건을 고려하여 Over run 거리는 결정된다.

중요한 것은 착각을 배제하기 위하여 다음 사항을 확실하게 인지하는 것이다.
◇ 느린 그린에서 과감하게 치는 쇼트퍼팅은 Hole Cup을 맞고 나올 확률이 높아지므로 오히려 Over run을 줄여야 한다는 것. (과감하게 치면 안 된다는 것 = 손해라는 것)
◇ 타격 Roll이 많으면 Over run은 조금 커도 되는 유리함이 있다는 것. (타격 Roll이 적으면 Over run이 조금 작은 쇼트퍼팅이 되어야 하는 불리한 측면이 있다는 것.)

#10. Hole에 넣으려는 퍼팅에서, 타격 Roll을 주는 것과 그린 빠르기에 맞는 Over run 거리를 선택(느린 그린에서 작은 Over run)하는 것은 성공확률에 큰 영향을 주는데, 현재 실력에 따라서 차이는 있지만 0~20% 성공률 향상을 추가로 만들 수 있는 사항이다.
Hole에 안 들어간다고 해서 똑바로 보내는 능력 향상에만 신경을 쓸 것이 아니라, *4) 항 '타격 Roll'과 5) 항 '그린 빠르기에 따른 Over run'에 대해서* 섭렵하는 것이 절대적으로 필요할 것이다.

#11. 미래 기술 : 건강 검진과 같이 골프 점검을 하는 System 또는 AI 분석기가 스윙부터 퍼팅까지 점수를 먹이고 개선해야 하는 부분을 알려주는 시대가 올 것이다.
골프 검진 Room을 돌고 나면, 골퍼의 장단점과 시급히 개선해야 할 내용 모두를 알려주는 방식이 될 것이다. 1년, 3년 주기적으로 진단 받을 수도 있다.

6) 볼 표면 재질 vs 퍼터 페이스 재질
(장비 선택에 따라서 퍼팅 거리 특성이 바뀐다.)

퍼팅 임팩트 접촉시간(0.0002~0.0003sec)은 볼 표면 경도와 퍼터 페이스 재질에 따라서 달라지는데, 이는 스매쉬 팩터를 다르게 하고 타격 Roll 양을 다르게 만들어 퍼팅 거리를 변하게 한다.

-. 볼 표면 재질에 따른 경도
    B-1 표면이 딱딱한 재질 볼
    B-2 Even 표면 경도 볼
    B-3 표면이 부드러운 재질 볼

-. 퍼터 페이스 상태
    P-1 Steel 평면
    P-2 Steel에 홈 가공면
    P-3 Rubber(or Plastic) 부착한 면

똑같은 스트로크를 했더라도 위 두 가지 장비의 조합 상태에 따라서 퍼팅 거리 결과는 그림과 같이 크게 달라진다.

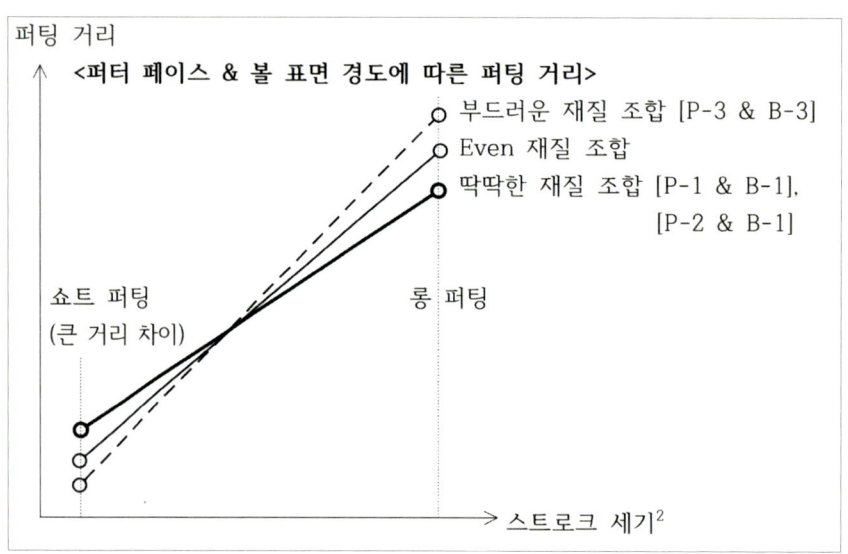

그림 1.2.25 퍼터 페이스 & 볼 표면 경도에 따른 퍼팅 거리 특성

Remarks

#1. 볼을 이것저것 섞어서 사용하는 경우, 일정한 퍼팅 거리 만들기에서 큰 어려움에 직면하게 된다.
퍼팅 거리가 달라지면 Hole 접근 거리가 변할 뿐만 아니라, 예상한 Break과도 차이가 발생하여 퍼팅 결과가 크게 나빠진다. 이것은 퍼팅 스트로크 실력 문제와는 별개의 사항이다.
될 수 있으면, 같은 볼 제품을 사용하여야 하며, 최소한 볼 표면 경도가 유사한 재질을 사용해야 한다.

#2. Steel 페이스 면 퍼터에 표면 경도가 강한 볼 조합을 사용하면, 쇼트퍼팅에서 볼이 튀어 맞아 거리가 증가하고 Roll이 적게 형성된다.
볼 표면 경도가 강한 것을 선호할 때는 퍼터 페이스는 부드러운 타면 재질이 형성된 것을 사용하여 퍼팅 임팩트 특성이 안정되도록 한다.

#3. 볼 표면 경도가 부드러운 것을 사용한다면 퍼터 페이스는 Steel 면을 갖는 것을 추천한다.
  * 상급자는 그림에서 보여 주는 그래프 특성을 어느 정도 알고 퍼터와 볼을 선정하여 사용한다.
  만약 볼을 이것저것 섞어서 사용하면 경험상 퍼팅에서 3타 내외의 손실이 발생할 것이다.

Break을 잘못 보지 않는 요령

2.3 퍼팅 Break 읽기
(Break 보는 능력은 보너스(성과급) 같은 것)

앞 *2절 1)항* 거리 읽기에서 이야기한 퍼팅을 하기 위한 '사전 조사' 사항에 대하여 Break 읽기 위한 관점에서 다시 한번 살펴본다.

〈읽기 순서〉
- 대략적인 그린 훑어보기
- 거리 측정 (잔디 상태 확인 포함)
- 고저 높이 견측 (야디지북, 그린 정보 있는 경우는 참고)
- Break 양, 방향 계산하기
- 외적 요소 (그린 빠르기, 잔디 결, 바람, 지형) 고려
- 최종 목표 거리 (타격 거리) 결정
- Break line 상상하기
- 최종 Break 양 (목표 방향) 결정

Remarks

#1. 만약 똑바로 보내는 능력이 탁월하다면, 퍼팅한 볼은 잘 못 읽은 Break 양만큼 벗어날 것이다. 반 컵인데 한 컵 봤다고, 퍼팅한 후에 후회해봐야 지나간 Hole에 도움 되는 것은 없다.

#2. Break을 보는 것에는 제한된 짧은 시간에 많은 것을 고려해야 한다. 짧은 시간에 Break을 보는 것도 능력이다.
그 능력이 어느 순간 하늘에서 뚝 하고 떨어지는 것이 아니라, 3개월, 6개월, 1년 꾸준한 훈련으로 연마되는 것이다. Break을 보는 것도 요령이 필요하다.

#3. 비유하자면 일을 진행하는 데 많은 훼방꾼이 있을 때처럼, 퍼팅 Break을 보는 데는 많은 방해 요소들이 작용한다. 보이는 것을 단편적으로 판단하는 것만으로는 Break 읽기 능력이 쌓이기는 힘들다고 봐야 한다.

1) 그린의 Break을 결정하는 일반 요소

라운드를 시작하기 전, 그날의 그린 Break 성질은 다음 항으로 대충 가늠한다.
그린 빠르기와 함께 낙구의 스핀 흡수율 그리고 Break이 얼마나 먹는 그린인지 파악하는 것이다.

- Break 양은 그린 빠르기의 제곱에 비례 --- Break은 구르는 시간의 제곱에 비례하기 때문

- 연습그린 경사지에 사선으로 볼 굴려보기
  물론 라운드 시작 전에 퍼팅연습을 해보면 좋겠지만, 시간상 여의찮을 때도 있다.
  연습그린과 코스 내 그린 빠르기의 Break이 맞는다는 보장은 없다. 연습그린에서 잔뜩 연습하고 출발했는데, 막상 코스 내 그린 빠르기와 Break 양이 다르다면 낭패를 볼 가능성이 크다.
  이런 이유에서 다음과 같은 Test가 효과적이다. 뇌에 장기적으로 저장된 감각과 비교하는 기능을 활용하는 것이다.
  ^ 그린 면에 볼을 30~40도 각도로 내팽개쳐 그린이 받아주는 바운스의 형태를 확인한다.
    아이언으로 그린을 공략했을 때 튀고 구르는 양과 어프로치 했을 때 그린이 스핀을 얼마나 받아주고 굴러갈지를 가늠하는 것이다.
  ^ 경사 그린 면에 볼을 소프트볼 게임에서 투수가 던지듯 언더스로로 살포시 던져 굴려 본다.
    볼 끝(끝 구간)에서 많은 Break을 타는지 아니면 휘는 양이 작은지를 살펴본다.
  ^ 볼이 굴러가는 모양새로 그린 빠르기를 인지한다. 굴러가는 모양새로 Break 양을 가늠한다. 뇌 속에 Data가 계속 쌓여가면 감이 온다.

- 과거와 최근 필드 경험과 감각 정보

- 기타 날씨 상황

이것들에 더하여 각 Hole에서 Break 양을 결정하는 요소는 다음 항목들이다.

a) 그린 빠르기에 의한 Break
빠른 그린은 굴러가는 시간이 길어서, 굴러가는 시간의 제곱에 비례하는 Break 양에 가장 큰 영향을 준다.

빠른 그린이 어렵다는 이유는 거리 맞추기에서도 더 높은 세기 정밀도를 요구하지만, Break 양이 커지는 이유가 크다.
  * 단, 짧은 거리, 거의 직선 퍼팅은 빠른 그린이 Hole In 확률이 높다. Hole을 지나가는 볼의 진입속도가 작으므로 Cup 안으로 떨어지는 시간적인 여유가 있기 때문이다.

그린 잔디 길이가 길어서 느린 그린은 Break 양이 확 줄어든다.
같은 퍼팅 거리에, 빠른 그린은 초기속도가 작고, 느린 그린은 초기속도가 크다.
초기속도가 크면 Hole Cup까지 도달 시간이 짧아 Break이 줄어든다.

각 Hole의 그린 빠르기는 감각적으로 판단하게 된다.

b) 잔디와 모래의 특성(다져진 상태와 습도)

그린은 다지는 기계로 단단하게 눌러 다진다. 잘 다져진 그린에 건조한 날씨면 빠른 그린이 되고 Break을 더 잘 탄다.
반대로 습한 날씨는 Break이 덜 타는 특징이 있다. 물기(물방울, 이슬)가 있는 그린은 Break 양이 확 줄어든다.
  * 모래 투성이 그린에 이슬까지 있으면 그린 빠르기는 50% 정도로 줄어든다.

c) 퍼팅 스트로크, 타격 Roll에 따른 Break

타법에서 타격 Roll이 많이 들어가면 Break을 덜 탄다. *(1장 7절 1)항, 2장 3절 3)항 설명)* 타격 Roll이 적은 스트로크로 퍼팅했을 때는 Break을 많이 타고, 방향성이 불분명해진다. 타격 Roll이 많으면 Hole In 가능성이 커진다는 것은 *2절 4)항에 설명*되어 있다.

2) Break 읽기

a) 대략적인 그린 훑어보기

그린 입구에 진입하면서 볼과 홀컵 사이의 대략적인 거리, 오르막/내리막인지, 훅/슬라이스 Break인지를 거시적으로 읽는다. 이때 확인한 가장 낮은 쪽 그린 방향은 이후 고저 높이 견측 지점으로 사용된다.

그린의 제일 높은 곳과 제일 낮은 쪽을 참고로 확인하여 둔다. 이것은 Break 읽기에 혼선이 있을 때 판단 자료로 사용하고자 함이다.

남쪽 방향 (정오 태양 방향)이 어딘지 확인 해 놓으면, 보이지 않는 잔딧결을 짐작하기에 편하다.

b) 야디지북, 그린 등고선 Map

그린의 높낮이에 대한 정보(지도)가 있는 경우는 거의 전적으로 그것을 신뢰하는 것이 좋다. 항공촬영, Level 계측기 등의 첨단 기술로 만들어진 자료로써 눈의 착시현상을 보완할 수 있다.

Remarks

#1. 태양이 있을 때는 그 빛의 차이(명도)가 뚜렷해져 Break과 잔딧결이 잘 읽힌다. 그러나 구름이 끼었을 때는 Break line이 잘 안 보일 수 있다.

#2. 태양 고도가 높을 때는 Break이 잘 보이는데, 해질녘에는 Break line이 잘 안 보일 수 있다.
  시력은 ① 형태 구분 능력(우리가 이야기 하는 일반적 시력), ② 명도 구분 능력, ③ 움직임 구분 능력, ④ 평형감각 조합 능력으로 나뉘는데, Break을 보는 것은 평형감각 조합 능력에 더하여 명도(색깔) 구분 능력이 크게 영향을 미친다.

#3. 우기(장마철) 그리고 그 후 잔디 생육이 빠른 계절에는 잔디 색깔이 모두 진하게 되어서 Break 보기가 어려울 수 있다. Break은 봄, 가을의 건기에 더 잘 보일 수 있다.

c) Break 방향과 경사도 읽기 (Break 보는 위치)

전체 큰 경사를 읽고 난 후, 볼과 컵 사이의 거리를 보폭으로 확인하면서 세부 경사 양도 함께 확인한다. 그리고 Hole 주위 좌우 Break과 볼 좌우 Break을 읽는다.

읽는 순서는 다음과 같다.

그린 진입 시 대충 보기 ---〉 (마크) ---〉보폭 거리 확인 시 진행선의 측경사 확인 ---〉 홀컵 주위 좌우 경사 확인 ---〉 (낮은 점에서 고저 경사량 확인) ---〉 볼 주위 좌우 경사 확인 ---〉 최종 퍼팅 거리 & Break 양 결정

그림 (B)와 (A) 지점, 홀컵 뒤 4보, 볼 뒤 4보에서 홀컵 좌우 그리고 볼 좌우 1~2m 되는 지점을 서로 비교하여 높은 쪽과 낮은 쪽을 확인하고, 그 차이(경사 양)가 어느 정도인지 가늠한다.

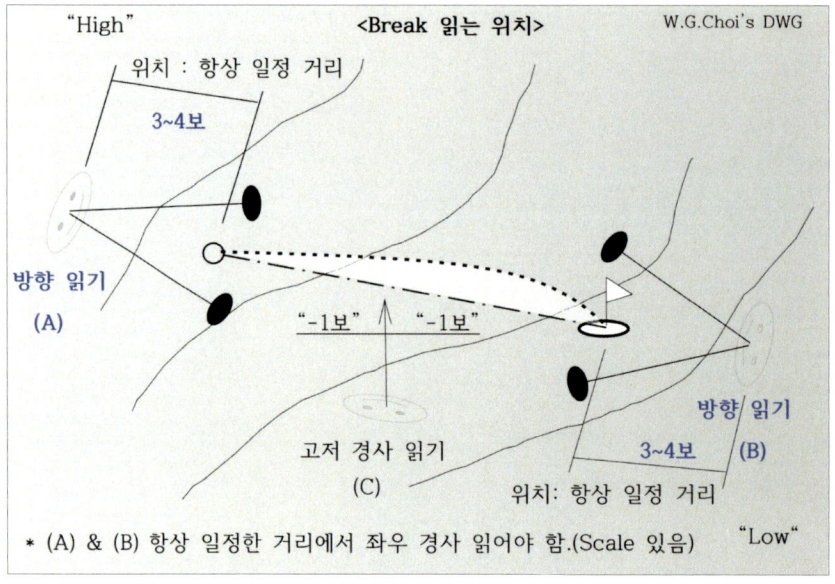

그림 1.2.26 퍼팅 라인 좌우 경사 읽는 위치

Remarks

#1. 뒤에서 보는 지점은 항상 일정한 같은 거리여야 한다. 3보면 3보 뒤, 4보면 4보 뒤, 만약 보는 거리가 불규칙적이면, 경사를 읽는 시각 감각이 무디게 작동한다. 비유하자면 무딘 칼날로 싸우는 것과 같다. 항상 일정한 거리에서 보면 경사를 읽는 감각이 날카로운 칼날처럼 작동될 것이다.

좌우 경사를 비교할 때는 고개를 돌려서 보면 안 된다. 반드시 One-View로 한 번에 봐야 한다. 그래서 3~4보 뒤에서 One-View로 보는 것이다. 이것을 계속 실행하여 무의식중에도 할 수 있도록 습관화하여야 한다. 가까이에서 고개를 돌리며 좌우를 비교하면, 고개 돌리는 도중에 평형 기준이 바뀌게 되어 정확한 좌우 경사 값을 보기가 어렵다.

잘 봐야지 하는 의지로 잘 볼 수 있는 것이 아니다. 잘 보이도록 환경 설정을 해주어야 한다.

#2. 좌우 측 경사를 보는 과정에서, 고저 경사 착시현상이 발생할 수 있는데, 4보 뒤가 움푹 꺼진 곳이나, 볼록 올라와 있는 곳이라면 보는 위치의 Level 착시를 고려해야 한다.

다음 그림처럼 낮은 곳에서 보면 올려다보게 되어 더 오르막처럼 보이고, 높은 곳에서 보면 내려다보게 되어 더 내리막 경사처럼 보인다.

이것은 평형 감각 기관과 눈의 수평선 높이 설정 기준에 대상물의 거리와 높이가 변하여, 수평 기준으로 더 올려다보면 오르막 경사로, 더 내려다보면 내리막 경사 값으로 오인되기 때문이다.

읽는 지점의 높낮이에 따른 경사 읽기 오류는 퍼팅 거리와 Break 양 판단(계산)에도 착오를 일으키게 만드니 주의해야 한다.

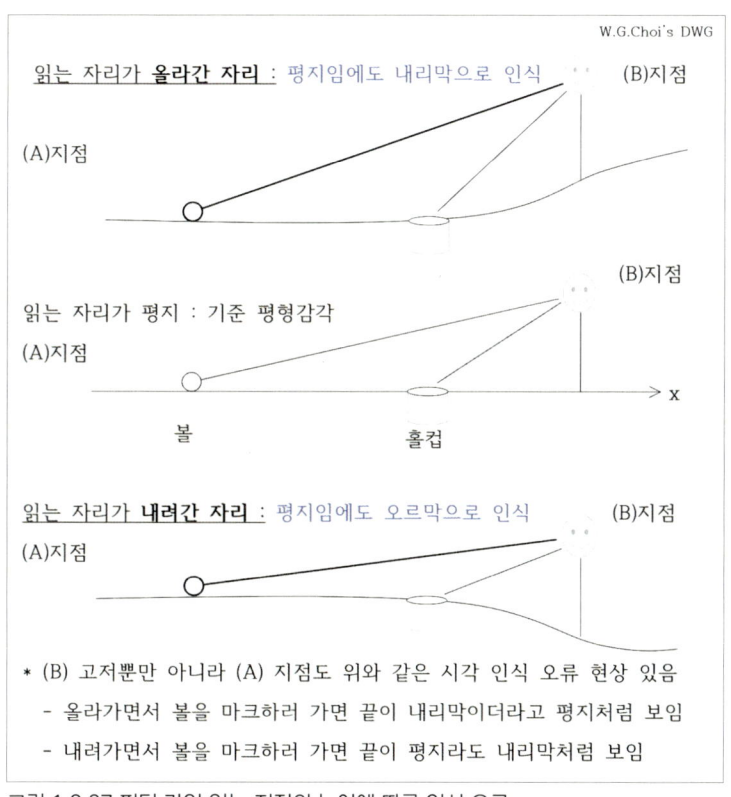

그림 1.2.27 퍼팅 라인 읽는 지점의 높이에 따른 인식 오류

이 경우에는, *앞 그림 1.2.5 및 1.2 26의 (C) 위치*, 즉 낮은 쪽 측면에서 읽은 내리막/오르막 고저 경사 값을 전적으로 믿어야 한다. 고저 및 경사의 '시각 인식 오류'를 방지하기 위해서는 반드시 그린 읽는 루틴을 정형화할 필요가 있다.

그리고 읽는 방법들이 숙달되어 사용하는 데는 바로 다음 날 되는 것이 아니고, 몇 개월의 적용 기간 및 수련 과정이 필요하다. 습관처럼 몸에 배야 한다.

d) Break 읽는 높이 (시선 높이에 의한 Scale 차이)
(많은 일반 골퍼가 깨닫지 못할 수 있는 오판의 한 가지)

Break을 읽을 때 시선 높이(선 자세 vs 앉은 자세)에 따라서 Break 양이 다르게 보인다.
선 자세(높은 자세)로 Break을 보면 앉은 자세(낮은 자세)로 Break을 본 것보다는 Break 양이 작게 보인다.
반대로, 앉은 자세로 보면 같은 퍼팅 라인인데도 불구하고 Break(좌우 경사 값)이 더 크게 읽힌다.

시각적 Scale 차이에 기인 된 것이다.
그래서 Break을 읽을 때 더 정확히 읽기 위하여 낮은 자세로 본다.
선 자세에서 보이지 않았던 Break이 앉은(낮은) 자세에서는 읽히게 된다. 선 자세에서는 긴가민가 했던 Break이 낮은 자세에서는 보이게 된다.

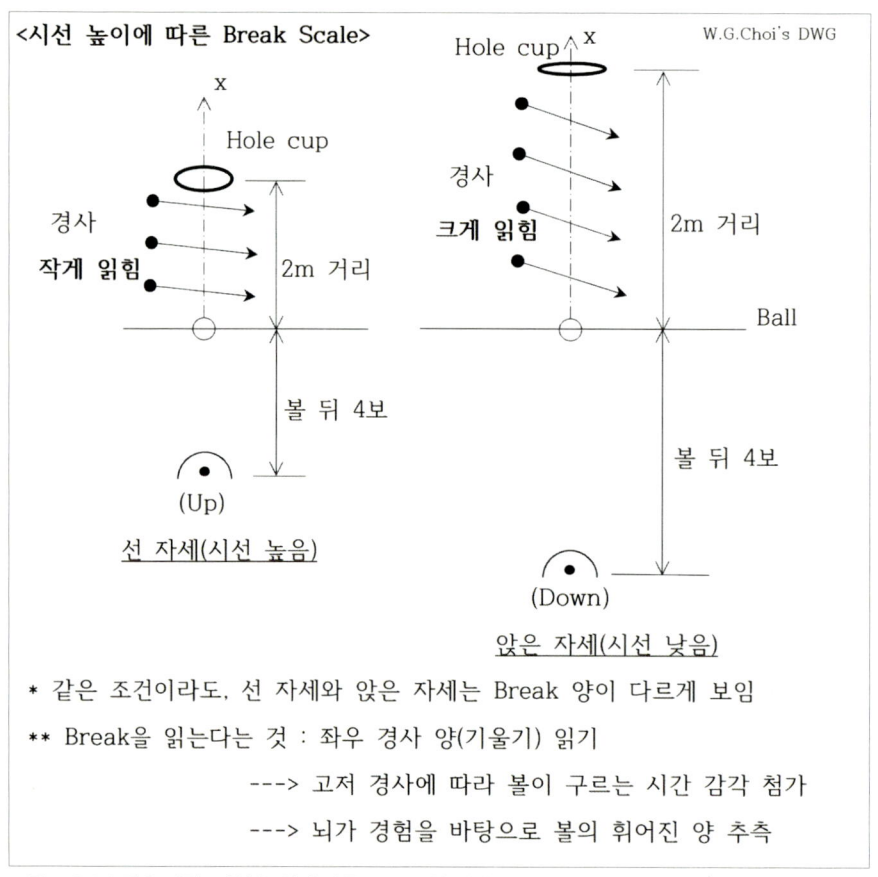

그림 1.2.28 같은 퍼팅, 시선 높이에 따른 Break 양 차이

하나 더 중요한 것은 Scale 오판이라는 것이다.

그림의 선 자세(Up)에서 1컵 슬라이스 Break으로 읽힌다면, 앉은 자세(Down)의 시각 정보는 2컵 슬라이스 Break으로 읽히게 된다.

Down 자세의 시각 정보에 따라서 방향을 잡고 퍼팅하게 되면 볼은 Hole Cup 왼쪽으로 지나가게 되는데, 과하게 왼쪽을 본 것이다.

선 자세로 본 Break 양은 선 자세 경험에 비추어 결정해야 하고, 앉은 자세로 본 Break 양은 앉은 자세 경험에 비추어 결정해야 하는 것이 핵심이다.

선 자세에서 조금 보였던 Break이 앉은 자세로 보니 많게 보인다고 해서, 많이 보는 우를 범하면 안 된다. 비교 기준(Scale)이 서로 다른 것이다.

일반 골퍼에게 있어서 쇼트퍼팅 방향 미스는 스트로크 타격 방향성 문제일 수도 있지만, 이 Break scale 오판에 기인 된 것이 크다. 낮은 자세로 신중하게 Break 잘 읽었는데, 적용하는 Scale을 크게 해버리는 실수를 범하는 예이다.

Remarks

#1. 비유 1 : 만 원짜리 지폐 1장(선 자세 Break 컵)과 오천 원짜리 지폐 2장(앉은 자세 Break 컵)은 같은 금액이지만 장수(매수)가 다르다. 읽는 높이가 두 가지면 두 개의 Ruler를 사용해야 한다.
   * 잘 보려는 것보다 해석을 잘해야 한다. 다른 사람이더라도, 보는 것은 서로 비슷비슷하게 본다. 그것을 해석하여 사용하는데 차이가 있는 것이다.

#2. 비유 2 : 건강이 안 좋아지면, 규칙적인 생활을 하고 운동을 하라고 한다. Break이 잘 안 보이면, 일정한 위치, 일정한 높이에서 보는 습관을 들여야 한다.
   사람의 뇌는 컴퓨터나 GPS처럼 자동 보정 계산 기능이 있는 것이 아니고, 대략적인 형태만 잡는다. 이런 시각의 감각 정보는 생존에 중요한 것이 아니라서 뇌의 능력을 아껴 사용하는 것이다.

#3. 1~3m Hole In 해야 하는 짧은 퍼팅에서, 거의 Break이 없다고 생각했는데, 앉아서 보니 Hole Cup 끝이나 조금 밖을 봐야 할 것 같은 Break이 읽히는 경우, 읽는 시선 높이에 따른 차이 때문임을 알고 그것의 반 정도만 인정해주어야 하지, 온전히 다 봐주는 것은 과하게 Break을 결정하는 경우라 하겠다. 골퍼에게 있어서, 이 쇼트퍼팅 Break scale 오판은 Hole In 하느냐, 못 하느냐를 판가름하는 중요 요인으로 작용한다.

#4. 미들 거리 퍼팅에서는 Hole In 할 확률 자체가 낮으므로 시선 높이 Break 오판으로 인해서 볼 수 있는 손실 비율은 그리 높지는 않다고 하겠다.

그러나, 롱퍼팅일 때 이와 같은 Break 오독은 3-퍼팅 가능성을 높여서 타수 손실을 볼 수 있다.

긴 퍼팅에서 서서 보니 5컵 Break이, 앉아서 보니 10컵으로 보여, 10컵을 겨냥해서 쳤다면, 거리 미스에 방향 미스가 더해져 홀 접근에 영향이 크게 미치고, 만만하지 않은 다음 퍼팅을 남기게 된다.

#5. 좌우 경사의 시각적인 차이는 보는 눈에 의해서도 조금 달리 보인다.

(오른 눈 감고) 왼쪽 눈으로만 보면 왼쪽으로 경사진 것처럼 보이고, (왼 눈 감고) 오른 눈으로만 보면 오른쪽으로 경사진 것처럼 보인다. 앉은 자세에서 이렇게 봤을 때 대략 0.3컵/5m 정도의 감각 인지 차이를 보일 것이다.

이런 현상을 보이는 것이 눈의 위치 때문인지 아니면 각각 좌우뇌의 시신경 정보 해석(좌측 시각은 우뇌가 담당하고, 우측 시각은 좌뇌가 담당)에 의한 것인지는 확실하지 않으나, 좌·우 눈의 미세한 경사 인식 차이가 있다. 추측하건대, 운전하면서 볼록한 (배수 기능) 도로 단면에 익숙해진 것일 수 있다. 아무튼, 이 현상은 정확한 좌우 Break을 읽을 때 요긴하게 사용할 수 있다.

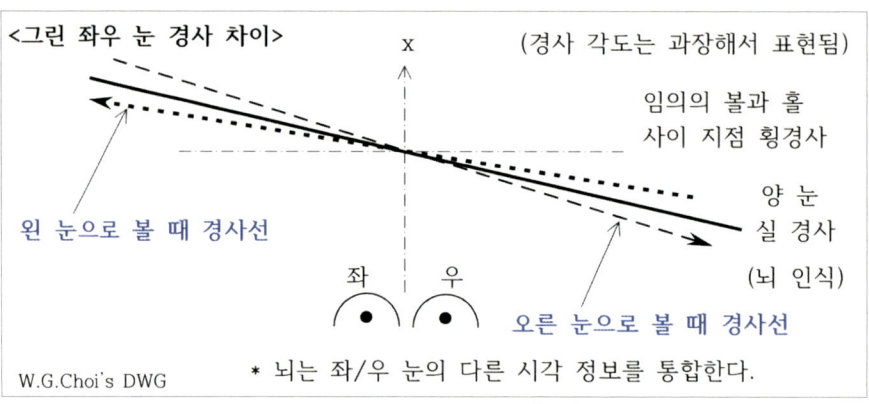

그림 1.2.29 각각 좌우 눈만으로 보았을 때 그린 횡 경사 차이 (예시)

좌우 횡경사 방향이 미심쩍거나, 경사량 판단이 확실하지 않을 때, 왼 눈으로만 보고, 다시 오른 눈으로만 보고 나서 두 개의 평균 경사 값을 사용하면 된다.

* 평지는 왼 눈으로 보면 미세한 왼쪽 경사로 보이고, 오른 눈으로 보면 미세한 오른쪽 경사로 보인다. 즉 좌우 시각은 평지를 ╱╲ 경사로 본다.

cf. 1) 좌우 시각 경사가 달라서 주시 쪽으로 편향될 수 있다.

cf. 2) 당구는 정렬 위치상 우측 눈이 타격 두께(볼 진로) 정렬 기준이다.

e) 기본 Break 양 계산하기

대략적인 Break은 축적된 경험으로 읽히고 판단된다.
가장 크게 Break 값에 영향을 주는 요소는 그린 빠르기와 경사도이다.

횡 경사에 따른 퍼팅 난이도는 다음과 같다.
    횡경사 없음(똑바름) 〈 S-Line 〈 단일 횡경사 〈 시작만 또는 끝만 횡경사
    * 초입 또는 종말의 한 부분만 횡 경사인 경우, 퍼팅 세기 오차만큼의 방향 오차가 발생하여 제일 어려운 횡 경사 라인이 된다.

Break은 눈에 보이는 것에 더하여 감으로 읽는다.
퍼팅하면서 이하 설명되는 물리학적 계산 내용은 알 필요도 없고 이용하지도 않는다.
단, 시뮬레이션 게임을 만든다면, 볼의 이동 메커니즘이 정의되어야 하므로 필요할 것이다.

〈눈으로 보이는 퍼팅 Break을 수식으로 정의〉
(심화 내용으로 참조만, 계산식은 Skip & Pass)

퍼팅 거리(D) = $V * t - 0.5 * \mu * g * t^2$ 공식이다.
대략 잔디 마찰계수 μ는 다음과 같다. μ는 그린 빠르기에 직결된다.
    - 타격 끌림 $\mu = 0.2$
    - 바운스 후 Skid 구간 $\mu = 0.2$
    - 천이 구간 $\mu = 0.2 \rightarrow 0.1$
    - 구름(Roll) 구간 $\mu = 0.1$
    - 정지마찰 구간 $\mu = 0.15$

보통 그린 빠르기에 따라서 μ 값은 ±0.02 정도 가감된다.
μ 값이 작으면, 즉 그린이 빠르면 타격 볼 속도가 작고, 대신 구르는 시간 t가 커진다.
구르는 시간 t가 커진다는 것은 중력에 의한 Break이 커지고, 구르는 시간 t가 작아진다는 것(느린 그린)은 중력에 의한 Break이 적게 먹는다는 이야기다.

Side break 양(D_{SB})의 기본 계산식은 경사량(Δ)에 따라 다음과 같이 표현할 수 있다. 퍼팅 거리(D)에서 계산된 시간(t)이 사용된다.
    $D_{SB} = 0.5 * \Delta * g * t^2 - \mu_{SB} (0.5 * \Delta * g * t^2)$

그리고 Side break speed는 다음과 같이 표현할 수 있다.

$V_{SB} = \Delta * g * t - \mu_{SB} (\Delta * g * t) - (정지마찰 영향 = \mu_{SB} * g * t)$

계수 값은 대략 다음과 같다. 마찰계수 μ는 그린 빠르기에 연관된다.

  Δ = tan (경사각)
  g = 중력가속도
  Skid 구간 횡 마찰계수 μ_{SB}=0.1   --- 그린 빠르기 Base
  Roll 구간 횡 마찰계수 μ_{SB}=0.14 --- 대략적인 추정값
  정지마찰 구간 횡 마찰계수 μ_{SB}=0.15

기본적으로,

① Break 양은 경사각과 구름 시간에 의해 결정된다.
  - 경사각 3°은 대략 0.05g의 Break 생성 가속도를 만든다.
  - Break 양은 구름 시간의 자승에 비례한다.
    구름 시간은 마찰계수에 반비례한다. 따라서 그린 빠르기 마찰계수가 10% 작아지면 구름 시간은 대략 10% 늘어나고 Break 양은 21%가 증가한다.

② 횡 방향으로 Break 흐름속도는 V_{SB} 식과 같이 표현될 수 있다. 퍼팅 거리 방향으로 볼이 정지하면 정지마찰계수가 작용하여 Break 흐름속도도 정지하게 된다.
  단, 내리막 경사 값이 6° 이상(μ=0.1 그린 빠르기 기준)에서 움직이는 볼은 계속해서 구르게 되는데, 정지하기 위한 마찰력보다 경사 중력값이 크게 작용하기 때문이다.
    * 어떤 경사 자리에서, 오르막 퍼팅할 때는 멈춰 섰던 볼이, 내리막 퍼팅에서는 계속 굴러 내려오는 이유는 서 있는 볼의 정지마찰계수는 μ=0.15 정도이고, 구르고 있을 때의 구름 마찰계수는 μ=0.1이기 때문이다.

③ Skid 구간의 횡 마찰계수 μ_{SB}=0.1, Roll 구간 횡 마찰계수 μ_{SB}=0.14 값은 아주 대략 추정한 값이다. μ_{SB}가 크면 Break은 덜 먹고, 작으면 Break은 잘 먹는다.
  Roll이 크면 경사 방향의 마찰계수(μ_{SB})가 크게 되어 Break이 적게 먹는 것처럼 보인다. 그리고 접촉점이 경사면 쪽에 치우쳐서 올라타려는 관성력이 작용한다. *(1장 7절 1)항 내용)*

④ 어떤 횡경사에서 구간별, 굴러가는 시간을 기준으로 퍼팅 거리(D)와 Break 양(D_{SB})을 그래프로 표현하면 다음과 같다.

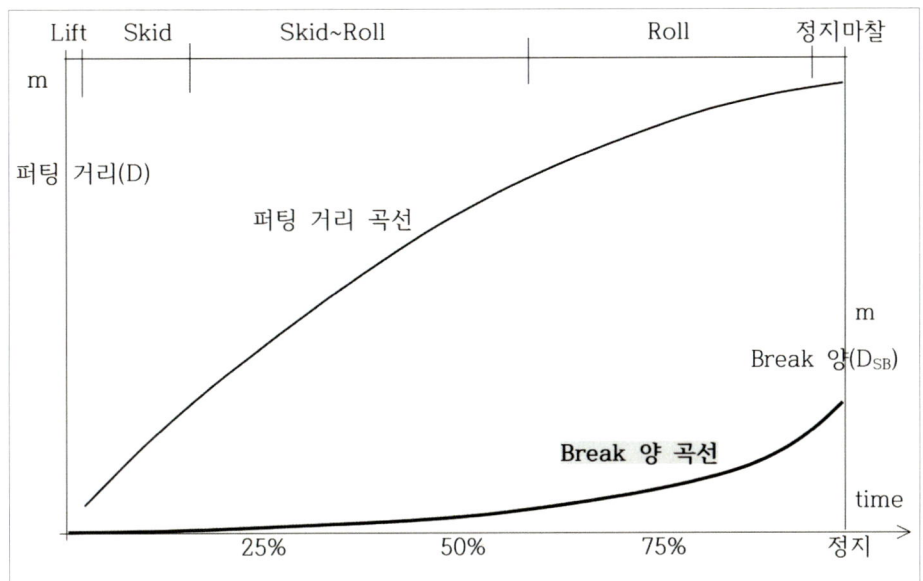

그림 1.2.30 퍼팅 진행 시간별 Break 양 곡선 (예시)

* 혹자는 *"Break point(꺾이는 지점)를 알아야 한다."* 라고 이야기하지만, Break 곡선에는 꺾이는 지점이 없다. 이차원 곡선이기 때문에 곡면은 연속적으로 변한다. 혹자가 말하는 퍼팅 Break point는 편의상 방향 설정을 하기 위한 가상의 기준점이라고 보면 된다. 번거로우면 Break point란 것은 무시한다. 그냥 굴러가는 라인을 상상하면 된다.

f) Break에 영향을 주는 외적 요소

① 그린 빠르기 변화

앞 e) 항에서 볼 수 있듯이 그린 빠르기는 구르는 시간을 변화시키며, 구르는 시간의 제곱만큼 Break 양을 변하게 한다.
국부적으로 다르고, 시간별, Hole 별 그린 빠르기가 조금씩 바뀌는데, 긴 거리 퍼팅에서는 Hole Cup 접근율에 큰 차이를 만들지만, 쇼트퍼팅에서는 약간의 차이이므로 민감하게 생각할 필요는 없다.

중요한 것은 전체적인 그린 빠르기에 맞춰서 경험에 바탕을 둔 Break 양에 대한 기준을 감으로 설정하는 것이다.

이른 시점(1번 & 2번 Hole)에서 그린 빠르기와 그날의 Break 특성을 감각적으로 맞게 설정할 수 있어야 한다. 이때 동반자의 퍼팅 상황도 눈여겨봐야 한다.

빠른 그린이더라도, Break을 덜 탈 때는 조금 습할 때이며, 느린 그린이더라도 Break이 생각보다 많이 탈 때는 건조한 기후일 때이다.
Break을 먹는 양은 감에 의존하지만 빨리 파악할 수 있는 능력은 라운드마다 감각적으로 머릿속에 저장하고 비교 평가하는 습관을 들일 때 체득된다.
이것은 하다 보면 저절로 몸에 쌓이는 능력의 형태이다.

이슬, 빗물 등의 영향은 느린 그린을 만들어 Break 양을 거의 반 이상으로 줄어들게 만든다. 날씨가 변하면 상황 판단을 빠르게 하여야 한다.

* 앞 *2절의 퍼팅 거리 공식과 구르는 시간 공식*을 요약하면 다음과 같았다.
   (심화 내용, 이하 Logic 확인용으로 Only reference이다.)
   (Break은 감으로 읽히지, 숫자로 계산을 하는 것은 아니다.)

퍼팅 거리　　$D = V t - 0.5 a t^2$
구르는 시간　$t = V / a = V / (\mu * g) = (2D)^{0.5} / (\mu * g)^{0.5}$
　　$D = V^2 / a - 0.5 V^2 / a = 0.5 * V^2 / a$
　　$V = (2 D a)^{0.5} = (2 D \mu g)^{0.5}$
　　(단, $a = \mu * g$)

Break 양(D_{SB}) ≈ t^2이므로, (단일) 횡 경사에서 $D_{SB} \propto D / \mu$가 된다.
식으로부터, Break은 퍼팅 거리에 비례하고, 그린 빠르기($1/\mu$)에 비례한다.
　* Break을 각도(θ_B)로 표시하면, 단일 경사일 때 θ_B는 거리에 거의 무관하게 일정하게 된다.

⟨오르막 내리막 횡경사에서 Break 비교⟩
오르막, 내리막을 포함한 측 경사에서는 다음과 같이 표현(계산)된다.
(단, 그린 빠르기의 마찰계수는 $\mu=0.1$로 가정하고, 점진적으로 경사 방향이 바뀌는 것은 무시한다.)

- 오르막 3도 측 경사 : $\mu' = \mu + \tan($오르막 경사각$) ≒ 0.1 + 0.05$
$= 0.15$

t 공식에 넣으면 구르는 시간은 √(2/3) t = 0.82t, Break 양은 t^2이므로 2/3로 줄어든다.

- 내리막 3도 측 경사 : $\mu' = \mu - \tan($내리막 경사각$) ≒ 0.1 - 0.05$
$= 0.05$

t 공식에 넣으면 구르는 시간은 √2 만큼 커지고, Break 양은 2배로 커진다.
Break 비율을 비교 정리하면 표와 같다.

경사	내리막 3° 횡경사	단일 평 횡경사(μ=0.1)	오르막 3° 횡경사
구름 시간	1.41	1	0.82
Break 양	2	1	0.67

두 경사의 상대적 Break 양은 3배 차이이고, 시간 차이는 1.73배이다.
빠른 그린과 느린 그린도 위 계산식에서 마찰계수를 바꾸면 Break 양 변화 경향을 알 수 있다.

위의 계산은 단순히 Logic이다. 왜 오르막 vs 내리막 횡경사에서 Break 차이를 보이는지 수식으로 확인한 것일 뿐이다. 계산기준이 종말(볼의 정지) 기준인데, 실전에는 Over run이 있고, 실제 그린에서는 정지마찰계수가 큰 영향을 주기 때문에 계산과 차이가 있다.
아울러, 실제는 다양한 오르막/내리막 경사 양에 따라서 Break은 변화무쌍하다. 그리고 Break은 경로의 변경으로 다시 진행 중에 경사 양을 변하게 한다. 수식을 그래픽 화하기 위해서는 미세 구간 정보를 달리하여 계산해야 한다.
따라서 실전에서는 시각적으로 보이는(아는) 경험(감)으로 Break을 가늠하는 것이지, 계산식을 만들어 그것을 계산하여 사용하는 것은 바보스럽다고 하겠다.

   * 위의 표는 보통 빠르기 그린인데, **빠른 그린에서 Break 비율**을 비교하면 다음 표와 같다. 내리막에서 Break 비율이 상대적으로 더 많이 커진다.

경사	내리막 3° 횡경사	단일 평 횡경사(μ=0.085)	오르막 3° 횡경사
구름 시간	1.69	1.085	0.86
Break 양	2.86	1.18	0.74

빠른 그린에서는 내리막 vs 오르막 두 횡경사의 상대적 Break 양은 3.9배 차이이고, 구르는 시간 차이는 1.97배이다.

   cf) 보통 빠르기 그린 Break 양 차이 : 3.0, 구르는 시간 차이 : 1.73

이런 비율과 같이 빠른 그린이 Break을 많이 먹어 어려운 조건이 된다. 단, 빠른 그린은 약한 스트로크를 할 수 있어서 Break과 고저 영향을 받지 않는 퍼팅 라인 조건이라면 유리한 면이 있다.

② 잔딧결

그린 위의 잔딧결은 페어웨이 잔딧결과 마찬가지로 다음 표와 같은 3가지 생성 원인에 의해서 만들어지며, 각기 특징이 있다.

Break에 영향을 주는 값은 결의 세기와 방향에 따라 매우 유동적이다.
그린의 잔딧결은 매 홀, 그리고 볼의 위치에 따라서 달라진다. 각 퍼팅에서 잔딧결에 의한 퍼팅 거리 영향과 Break 영향은 함께(같이) 파악해야 한다.

잔딧결 생성 원인	Ⓐ 태양 (생육 조건)	Ⓑ 잔디 깎기 작업	Ⓒ 물골
결 방향	북반구: 북향→남향	작업 진행 방향	물 흐르는 방향
Break 영향 값	대략 0.5°/6m	대략 0.5°/6m	대략 0.5°/6m
특징	포괄적 적용	경사지에서 심함	국부적 생성

표 1.2.31 그린 잔딧결 생성 원인과 특징

Remarks

#1. 잔딧결 영향은 감각적으로 파악되어야 한다. 돋보기로 살펴보듯 할 수는 없다. 표의 3가지 조건이 조합되어 잔딧결을 만들고 영향이 배가되기도, 상쇄되기도 하는데, 국부적으로 심하게 영향을 주는 조건이면 Hole In에 중요한 인자로 작용한다.

아울러, 횡경사에 잔딧결이 합쳐지면 더 큰 영향을, 그리고 내리막과 바람이 합쳐지면 상상 이상의 Break과 거리 오차가 발생한다. 가장 어려운 퍼팅 상황이 된다.

#2. 잔딧결이 눈에 보이지 않더라도 남향을 등지고 (그림자 쪽에서) 퍼팅할 때는 훅 Break 0.5°(반 컵)/6m, 북향을 등지고 (그림자 반대쪽에서) 퍼팅할 때는 슬라이스 Break 0.5°(반 컵)/6m 정도 잔딧결 영향을 받는다고 생각할 필요가 있다. 단, 계절별로, 시간별로 조금 다르게 변한다.

잔디가 태양 쪽으로 자라는 생육 방식 때문에 나타나는 현상이다.

보이는 것뿐만 아니라 보이지 않는 잔딧결 영향(퍼팅 거리 & Break 변화량) 읽는 능력도 골프 실력의 한 요소이다.

#3. 좀 더 Hole Cup에 붙이는 첫 긴 퍼팅과 어떻게든 좀 더 잘 넣으려는 짧은 퍼팅에서, 보일락말락하는 잔딧결을 더 유심히 살펴보는 것은 괴롭고 귀찮은 일인데, 어쩔 수 없이 골프의 한 요소로 받아들여야 한다.
관심을 가지고 보다 보면, 영향을 줄 만한 잔딧결일 때 그것이 조금씩 보이기 시작한다.

#4. 사람마다 시각 명도를 구분하는 능력에 차이가 있다. 잔딧결이 누구는 잘 보이고, 누구는 잘 안 보일 수 있다. 정오보다 해질녘 명도가 잘 안 보인다.

#5. 홀컵 주위의 잔딧결을 Cup의 테두리에 보이는 잔디 뿌리 모양새로 확인한다는 이야기가 있는데, 그럴싸하지만 제한적인 이야기 같다. 그것이 정보를 주는 것일지라도, 해석하는 Logic을 세워야 하고 적용하는 방법을 찾아야 하는데, 쉽지는 않겠다. 그냥 *"잔디 생육은 남향이다."* 라는 생각이면 된다.

〈퍼팅 타수에 가장 큰 영향을 주는 그린 잔디 결 & 퍼팅 거리〉

2m 내외 퍼팅 거리(1.5m~2.5m)에 경사 방향으로 잔디 결이 누운 경우, 성공확률에 가장 큰 영향을 준다. 라운드 중에 이런 퍼팅은 그린 사이드 벙커에 들어가는 횟수와 엇비슷하며, 또한 대처하지 못하면 비슷한 타수 손실을 줄 수 있다.

예시)
거리 : 2m 거리
경사 : 1컵 경사 Break
잔디 결 : '진행 방향에 직각 ~ 진행 방향의 45°역결' 형태 ≈ 1컵 Break
총 고려해야 하는 Break : 2컵 (과감하게 1컵에 1컵을 더하여 퍼팅한다.)
* 거리별 이런 경사와 잔디 결이 퍼팅 성공에 미치는 상대적 영향 비교 :
 1m : 90% ---〉 80% --- 10% 성공률 감소
 2m : 50% ---〉 20% --- 30% 성공률 감소 〈--- 상대적으로 큰 성공률 감소
 (라운드에서 1~2타 영향)
 5m : 20% ---〉 10% --- 10% 성공률 감소

〈가장 어려운 잔디 결〉
슬라이스 라이에 슬라이스 잔딧결, 훅 라이에 훅 잔딧결은 Break을 가중하는데, 잔딧결을 과감하게 고려할 필요가 있다. 여기에 내리막과 강한 바람이 더해지면 최고 난도의 퍼팅 라인이 된다.

③ 온도(쌀쌀한 날씨)와 햇빛
쌀쌀한 날씨의 초봄 & 늦가을에는 잔디잎 형태에 따라서 그린 빠르기 및 Break이 정오 대비 해질녘에 완전히 달라진다. (오후 1시 vs 4시 빠르기 ≈ ±15%)
  - 햇빛이 강한 정오 전후에는 광합성을 위해 그린 잔디잎이 벌려져서, 그린이 빠르고 Break이 크게 작용한다.
  - 쌀쌀하면서 해가 넘어가는 시점에는 그린 잔디잎이 오므라들어 뻣뻣해져 느린 그린이 된다. 특히 오르막에서 저항이 더 강해지고 Break이 20~40% 적게 먹는다. 특이하게 내리막은 빠르기와 Break이 거의 줄어들지 않는다.
  * 이런 기후 조건에서는, 태양이 기우는 정도에 따라서 체감상 Hole Cup이 점점 작게 느껴진다.

〈하루 시간대별 그린 빠르기와 대응 방법〉

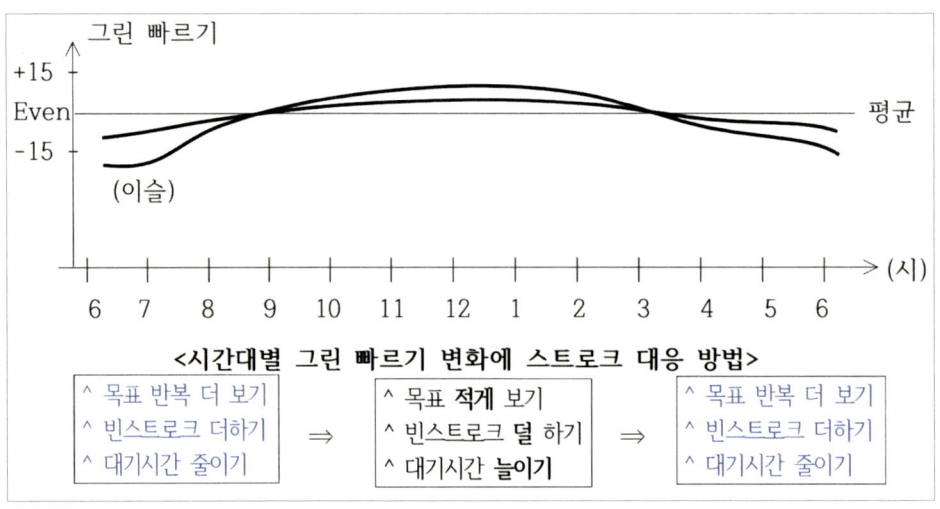

그림 1.2.32 하루 시간대별 그린 빠르기 변화와 그 대응 방법

④ 바람

지역별 차이는 있겠지만, 바람이 퍼팅에 큰 영향을 끼치는 날은 겨우 1~3회/10번 정도이다. 따라서, 바람이 퍼팅에 미치는 영향을 탐구하는 것은 메인이 아니라 부가적인 것으로 취급해야 한다. 바람이 타수에 미치는 영향은 대략 다음과 같다.

구분	1클럽 바람	2클럽 바람	3클럽 바람
퍼팅	-	+ 1~2타	+ 2~4타
쇼트·미들 어프로치	-	+ 1타	+ 1~2타
롱게임	+ 1~2타	+ 2~4타	+ 3~6타
합	+ 1~2타	+ 4~7타	+ 6~12타

바람은 그 세기와 구르는 시간의 제곱에 비례하여 퍼팅 Break에 영향을 준다. 또한 바람이 부는 방향에 따라 거리 계산과 Break 계산에 영향을 준다.
바람은 세기와 방향이 시시각각 변한다.

퍼팅 방향성에서, 바람이 만드는 영향은 다음 식이지만 골퍼가 그 영향을 감각적으로 파악하는 것은 경험에 기반을 두고 감으로 이루어진다.

바람의 Break & 거리 영향 = 바람 방향 * (바람 세기^2 * 구르는 시간^2 * 양력)

감각적인 것을 빨리 습득하는 것은 경험도 중요하고, 위 공식의 의미를 대략 아는 것도 도움이 될 것이다. 3클럽 바람은 1클럽 바람에 비해 퍼팅 Break 및 구름에 대략 15배 정도 영향이 있다.
 cf) 최고 난도 퍼팅 조건 :
끝만 내리막 Break < 내리막 + Break 방향 잔디 결 < 내리막 + Break 방향 잔디 결 + Break 방향 2~3클럽 바람
 (짧은 거리 퍼팅마저도 3-퍼팅 가능성이 매우 커진다.)

Remarks

#1. Reminder : 바람 세기를 클럽 바람으로 환산하여 표현하는데 앞 2절에서 그 세기를 수치적 비율로 설명했다.
 1클럽 바람 세기 = V

2클럽 바람 세기 = $2^{0.5}$ V = 1.41 V

3클럽 바람 세기 = $3^{0.5}$ V = 1.73 V

(1클럽 바람이 6m/s였다면, 2클럽 바람은 8.5m/s, 3클럽 바람은 10.4m/s이고, 그린 위의 바람속도는 거의 50~70% 정도로 줄어든다. --- 지면 마찰 영향)

#2. 바람 세기에 따른 평지 퍼팅에서 Break 영향은 대략 다음과 같은 경험치이다.

1클럽 측 바람 : 영향 거의 없음

2클럽 측 바람 : 0.5°(반 컵)/ 6m 내외 <--- 실 고려 0.25 컵

3클럽 측 바람 : 2.0°(두 컵)/ 6m 내외 <--- 실 고려 1.0 컵

* 정지하기 직전에 많이 휜다. 그리고 빠른 그린은 Break 커지고, 느린 그린에서는 작아진다.

70~ 80도 측 바람도 공기의 지면 효과로 인하여 90° 측 바람과 거의 비슷한 Side Break 양을 만든다. 90도 측 바람만 영향이 큰 것이 아니고, 그것과 엇비슷한 각도로 부는 바람의 영향은 거의 같다. 단순 삼각함수 비율이 아님을 알아야 더 정교하게 바람 영향을 반영할 수 있다.

#3. Shot에서는 탄도를 바꾸어 바람을 이겨내는 방법이 있으나, 퍼팅에는 별다른 방법이 없다. 그 영향 값을 읽고(알고) 고려하는 수밖에 없다.

#4. 동반자(경쟁자)는 모르는데 나만 아는, 다른 사람은 아는데 나만 모르는 경우를 상상해보자. 바람에 의한 퍼팅 거리 가감과 Break 영향을 알고 있는 것은 그런 날씨에 특별한 능력의 무기를 가지고 있는 것과 같다.

#5. (심화 내용 - Only Logic 확인 및 참조용) 바람에 의한 Side Break 영향을 대략 계산하면 다음과 같다.

심화 문제) 6m 퍼팅, 볼 스피드 4m/s, 측 바람속도 8.5m/s(두 클럽 바람) & 10.4m/s(세 클럽 바람)에서 바람에 의한 Side break을 계산하라.

그린에서 볼이 전진하는데 걸리는 합성 마찰계수 μ=0.125로 가정한다.

공중 바람속도 대비 지면 바람속도는 50%와 70%로 구분 비교한다.

<풀이>

퍼팅 거리(D) = V*t − 0.5 * μ * g * t^2 공식에서 구르는 시간 t 구함

$0.5 * 0.125 * 10 * t^2 - 4 * t + 6 = 0$

$0.625t^2 - 8t + 12 = 0$

근의 공식 이용 $(4 \pm (4^2 - 0.625*6)^{0.5})/0.625$, t=4초

정지마찰 영향으로 Running 시간은 조금 작을 수 있다.

〈퍼팅에서 측 바람 Side Break 영향〉

- 바람 Side Force = $0.5 * \zeta$(공기밀도) $* v^2$(바람속도) $* A$(볼 투영면적) $* CD$(항력계수)

    (유체역학의 항력 공식임)

    공기밀도 : 1.225 kg/m^3

    바람속도(v) : 8.5m/s & 10.4m/s ---〉 지면 위에서는 50%로 감소

    볼 투영 면적 : $3.14 * 0.043^2 / 4 = 0.00145 \text{ m}^3$

    지면 위 볼의 공기 항력계수 : 0.2 (대략 추정)

        cf) 공중 : 0.4

          딤플 있을 때 공중 : 0.3

    볼 질량 : 0.045kg

[8.5m/s] Side force(F) = $0.5*1.225*8.5^2*0.00145*0.2 = 0.0128$ N

    Side 날림 가속도 = F / m = 0.0128 / 0.045 = 0.284 m/sec^2

    Side 날림 양 = $0.5 * a * t^2 = 0.5*0.284*4^2 = 2.272$m

2.272m 의미는 마찰 Zero의 매끈한 유리 위에 볼을 놓았을 때, 4초 후 바람에 굴러가는 거리가 2.272m 정도 된다는 이야기다.

현실의 마찰계수가 있는 그린 조건에 맞추어 계산 Input 값을 수정하면,

  Ⓐ Roll과 그린에 의한 볼 측면 바닥 저항계수 : μ_{SB}=0.14

  Ⓑ 지면 위 바람속도 50% 감소 : 8.5/2 = 4.25m/s

Ⓐ & Ⓑ를 반영하여 Side Break을 계산하면,

  바람의 Side Break 영향 = $0.5 * t^2 *$ (바람 가속도 − 바닥 마찰저항)

  = $0.5*4^2*(0.284*(50\%)^{0.5} - 0.14*0.045*10)$

  = $0.5*16*(0.071-0.063)$ = 0.064m

        = 약 0.5컵

      (지면 위 바람을 70%로 하면 5컵)

세 클럽 바람 [10.4m/s] 경우 같은 계산으로,

그린 위 바람의 Side Break 영향 = 0.346m

= 약 3컵

* 강한 바람에서는 지면 바람 세기 변화 및 방향에 따라서 Break은 매우 유동적이라서 그 영향을 감으로 정확히 짐작하는 것은 매우 어려운 조건이 된다고 하겠다.

위 계산 결과는 현실과 비교해서 괴리가 조금 있다. 괴리 발생 원인은 추정값의 차이에 의한 결과이다.

페르미의 수학적 추정 원리에서 추정값이 많으면, 서로 상쇄 기능이 있어 답에 가까울 수 있다. 계산에 추정값들이 여럿 사용되어 결과는 의미 있는 값으로 보인다. 위 계산은 아래 Remarks #6~#8 사항을 추측하기 위한 추정일 뿐이다.

#6. 측 바람에 의한 Side Break 계산에는 다음의 몇몇 실제 값이 필요하다.
- 구르는 시간의 확인 필요 --- 정지마찰에 의한 말단부 시간 감소량
- 공중 바람속도에 비해 감소 되는 지면 바닥의 바람속도로 현실화
  단, 지면 형태(모양)에 따라서 유동적이다.
- 지면 위 볼의 공기 중 항력계수
- 지면의 측면 마찰계수 값 현실화

위의 변수들과 그 변화량(오차량)이 유동적이어서 일반인들이 계산으로 뭔가를 확인하고, 또 그것을 이용하는 것은 맞지 않는 것 같다.

바람이 강하게 부는 날의 퍼팅은 바람이 만드는 퍼팅 거리 가감, Break 변화를 경험을 바탕으로 감각적으로 읽는 것이 결과에 도움을 준다. 위 심화 문제에서 자세히 살펴본 것은 바람 세기와 그 영향이 단순 수학적 비례 관계가 아님을 강조하기 위함이다.

#7. 바람에 의한 Side break 양은 바람 세기의 대략 5제곱 정도라 예상할 수 있다. (영향 비율 : 1클럽 바람=1, 2클럽 바람=$(\sqrt{2})^5$=5, 3클럽 바람=$(\sqrt{3})^5$=15)

구르는 시간이 늘어나는 내리막에서 그보다 더 영향이 크고, 구르는 시간이 짧아진 오르막에서는 작을 것이다.

#8. 특별한 Case로, 지면 지형(그린 모양)이 바닥에 있는 볼에 바람이 몰리게 되어 있으면, 바람의 영향은 그만큼 배가된다. 실제 3클럽 바람에서는 이런 경우를 종종 경험하게 된다. 이때 미들 거리나, 짧은 3~4m 퍼팅도 거리 예측과 방향 예측이 맞지 않아서 3-퍼팅을 하게 되는 경우가 발생한다.

경험적으로 봤을 때, 보통 3클럽 바람에서는 퍼팅에서만 3타 전후를 더 치게 (손해 보게) 된다.

〈깃대를 뽑고 퍼팅해야 하는 경우〉
한 클럽 이상 바람에서는 바람이 깃대와 깃발을 밀어서 깃대를 휘게 만드는데, Hole Cup에 2가지 영향을 준다.

- 깃대 밑동을 강한 구조 상태로 만든다. 이는 볼이 깃대를 맞고 튀어 나가는 물리적 성질(탄성, 반발)을 키운다.
- Hole 반 폭의 좌우, 앞뒤 배분을 달리하여 Hole In 할 수 있는 공간을 줄이는 악영향이 있다.

이들 현상은 바람이 강하면 강할수록 더 심해진다. 바람이 없을 때 퍼팅하면 들어가는 퍼팅 1~3개 정도가, 바람이 깃대를 변화시키면 볼이 깃대를 맞고 튀어 나오는 현상이 벌어진다.
귀찮더라도 바람이 어느 정도 불고 있을 때, 넣어야 할 퍼팅 거리에서는 깃대를 뽑고 퍼팅할 것을 추천한다.

cf) 그 외 깃대를 뽑고 짧은 거리 퍼팅해야 하는 경우 :
- 느린 그린
- 오르막 퍼팅

⑤ 물기
비가 오거나, 이슬, 물기가 있을 때는 구르는 (Roll이 있는) 볼에 물의 표면장력이 작용한다. Roll의 거리 증가 효과가 반감된다. Skid보다 Roll에서 오히려 표면장력 저항이 더 크게 걸린다.
퍼팅 거리는 1보당 1/3보(33%), 1/4보(25%), 1/5보(20%) 정도 감소하게 된다.

- 느린 그린이 되어, 센 퍼팅이 되므로, 볼 스피드는 빠르고, 구르는 시간이 감소하여서 Break은 그만큼 적게 먹는다.
- 볼에 접촉하는 물기에 따라서 표면장력이 발생하는데, 측 경사라면, 위쪽의 물기가 많게 되어, 표면장력 저항은 볼을 위로 올라가게 하는 쪽으로 작용한다. 그만큼 Break은 더 적게 먹는다.
  * 이슬이 있는 측 경사에서 Break이 거의 먹지 않고 똑바로 가는데, 마찰력이 크고 표면장력이 볼을 Break 반대 방향으로 틀어주기 때문이다.

위 두 가지 사항으로 물기가 있는 그린에서 퍼팅 Break은 50% 전후로 줄어들게 된다. 이슬 방울이 있는 때는 Break이 80% 정도까지 감소할 수 있다.
다음 3) 항의 그림 1.2.34 좌측, 전진 Roll이 Break을 줄이는 것과 비슷하다.

g) 착시

① 에이밍 착시

Setup 자세에서 Hole Cup(목표지점)을 보면, 좌측을 겨냥한 느낌이다. 이것은 몸(어깨)이 옆으로 있는 Setup 자세에서 시선이 전방을 보기 때문에 나타나는 착시일 뿐이다. 그 상태가 똑바로 되었다고 계속 믿으면 이 착시는 축소되고 사라진다. 또한 볼에 마크된 선을 믿으면 된다.

* 거짓말도 백 번 듣게 되면 참으로 생각된다는데, 마크 선을 믿고 퍼팅을 시행하면 똑바르다고 여기게 되고, 똑바로 섰다고 믿게 된다.

단, 우연의 일치로 다운스트로크에서 반사신경, 날·들-신경 반응으로 페이스가 닫히는 현상과 눈의 에이밍 착시가 같은 방향으로 일치되어, 혼란을 겪는 것인데, *퍼팅 스트로크에서 신경에 관계되는 1장 3절 & 4절의 내용*이 이해되면, 이 혼란은 벗어나게 될 것이다.
손의 감각을 죽여 반사신경과 Feedback 반응이 어느 정도 제어되면, 에이밍 착시는 고려 대상으로 여기지 않게 된다.

② 지형 착시

그린 주위 외곽으로 형성된 도로, 둑(기다란 둔덕 모양), 경사진 나무가 있을 때 높은 곳과 낮은 곳을 혼동하는 착시가 발생한다. 극히 일부 Hole에서 나타나는 현상이다.
고저 경사는 낮은 곳에서 읽고, 홀컵 뒤와 볼 뒤의 약간 떨어진 일정 거리에서 경사를 읽으면, 그린 주위 지형에 의해서 만들어지는 높은 곳 ~ 낮은 곳 착시를 약화할 수 있을 것이다.
퍼터를 세워서 들고 좌우 면을 나누어 그 크기 비교로 경사를 읽는 방법도 있다.

* Mountain break은 시야에 들어오는 산의 모양(북반구: 북쪽 급경사, 남쪽 완만한 경사), 나무의 기울기(식생: 태양을 향하는 성질)로 인한 착시이다.
그래서 지역적(경도), 위치(남사면, 북사면), 기후적인 것에 따라 코스별, 홀별 Mountain

break은 달라진다.

③ 경사지에서 에이밍 착시

-. 발끝 내리막 **훅 라이**에서는 목표지점으로 정렬해 놓은 볼 선에 Setup을 하면 정렬 선이 더 좌측을 가리키는 시각적 판단이 만들어진다. 실제 목표지점보다 좌측, 즉 Break을 조금 **적게** 본 것으로 착시가 발생한다.

-. 발끝 내리막 **슬라이스 라이**에서는 목표지점으로 정렬해 놓은 볼 선에 Setup을 하면 이때도 정렬 선이 더 좌측을 가리키는 시각적 판단이 만들어진다. 실제 목표지점보다 좌측, 즉 Break을 조금 더 **많이** 본 것으로 착시가 발생한다.

이런 현상은 평형 감각기관 정보와 연계된다고 추정되는데, 중요한 것은 정렬 선을 믿어야 한다는 것이며, 착시로 목표선을 재변경하면 안 된다는 것이다.

볼 마크 선은 중력에 수직으로 놓는다. 지면에 수직으로 놓으면 안 된다.

④ 좌우 눈 주시 및 볼 마크 라인 맞추기

좌우 눈 망막의 시각상은 Cross 형태(우측, 좌측 뇌)로 입력되어 합성하여 인식되는데, 주시 쪽으로 입력된 정보 해석이 우월한 경우다.

좌우 주시 특성에 따른 마크 방향 오차를 없애기 위해서, 마크 후에 볼 뒤에서 각각 한쪽 눈을 감고 한쪽 눈으로만 마크 라인이 제대로 맞춰졌는지 확인한다.

    ex) 마크 방향을 왼 눈 감고 오른 눈으로 보고, 오른 눈 감고 왼 눈으로 보며 확인

    * 앞 ① 에이밍 착시 및 좌우 눈 주시 영향은 어느 실력단계 이상이 되면 거의 신경 쓰지 않는 사항이 된다.

h) Break line 상상하기

그린 위에 볼의 궤적을 가상으로 그려보는, Break line을 상상하는 퍼팅을 하면, 조금씩 조금씩 상상한 Line이 실제 Hole In 궤적과 가까워진다. 상상 능력이 점점 좋아지는 것이다.

똑바로 치는 능력과 거리 맞추는 능력이 월등하게 향상되면, 상상 Line과 Hole In 궤적의 유사성(일치율)은 급격히 좋아질 것이다.

하기는 귀찮지만, Break line 상상하기는 점점 경험이 축적되게 만들어 Break 보는 능력이 향상되게 해준다.

i) 최종 Break 양 결정, 목표지점 설정하기

평지의 똑바른 Line (완전 S-Line 포함)을 제외하고는 Hole Cup 중앙을 보고 퍼팅하지는 않는다. 작은 퍼팅 거리의 고저 경사와 횡 경사에서는 홀컵을 보지 않고 대부분 자동으로 겨누었던 목표선과 목표지점을 보게 된다.

반면, 의식하지 않으면 간혹 중·장거리에 고저 경사와 횡 경사가 심한 퍼팅 라인에서 깃대(홀컵)를 보고 퍼팅하는 무의식적 동작이 나타난다.

습관 들이지 않으면, 뇌(시신경)는 항상 Hole Cup이 중요하다고 인식하고 있어서, 시선이 무의식적으로 Hole Cup을 향할 수 있다.

퍼팅 거리와 Break 양을 가늠하고, Break line을 상상하고 퍼팅하는데, 오르막/내리막, 좌/우 경사를 고려하여, 퍼팅하려는 방향의 연장선에 스트로크 세기에 해당하는 목표지점을 설정하고 그곳을 보고 퍼팅을 해야, 무의식중에 시선(시각) 정보로부터 발현되는 근육 동작 오류를 최소화할 수 있다.

즉, 그림과 같이 목표지점을 보고 퍼팅해야 거리감과 방향감에 유리하다는 이야기다.
  * 가까운 곳을 보고 퍼팅하면 약하게 되고, Break 없이 Hole Cup을 보면 Break이 덜 반영된 페이스 각으로 타격 되는 경향이 있다.

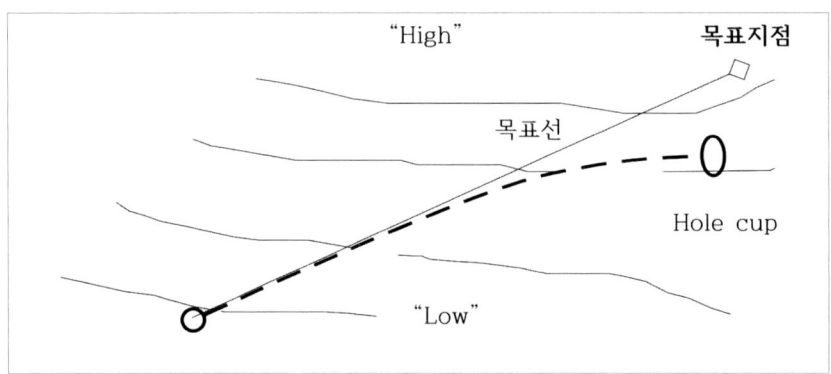

그림 1.2.33 퍼팅 목표지점 선정

목표지점을 설정하지 않을 거라면, 아예 깃대(Hole Cup)를 보지 않고, 볼에 있는 Mark line과 마음속에 정한 퍼팅 거리(백스트로크 크기)에만 집중하는 것이 차라리 좋을 것이다.

Remarks

#1. 최종 그립 잡기(오른손 엄지 검지 잡기) 직전 목표지점을 0회, 1회, 2회 보는 횟수에 따라서 방향성과 거리가 미세하게 변한다. 목표지점을 적은 횟수로 보면(안 보면) 밀리며 짧고, 많이 보면 당겨지고 길게 되는 경향이다.

#2. 미래 기술 : 내비게이션처럼 AI가 잔디 라이를 보고 구사해야 하는 샷을 알려주고, 그린을 탐색(Search)하여 그린 빠르기, 고저, 거리, Break, 적당한 Over run을 알려주는 AI 캐디가 골퍼의 수고를 덜어줄 수도 있을 것이다.

#3. 어떤 그린 빠르기에서 퍼팅 거리(거리 & 높낮이)와 방향을 알려주는 시뮬레이션 게임이 있다면, 스트로크 세기 맞추기를 제외한 읽기 사항 즉, 30% 정도의 퍼팅 게임 요소가 필요 없는 조건이 된다. 라운드보다 30% 정도 쉬운 퍼팅 플레이를 할 수 있다는 이야기다.

〈느린 그린에서 목표지점 설정〉

물기, 잔디 성장 등으로 느린 그린에서 퍼팅할 때는, 목표지점을 더 멀리 봐야 한다.
20% 느린 그린에서 퍼팅할 때, 10보라면 12보 백스트로크 크기로 퍼팅을 한다.
이때, 목표지점을 10보 거리를 바라보면 시각적인 입력이 근육의 강도를 약화해서 결국은 거리가 짧게 되는 상황이 발생한다.
따라서 느린 그린에서 퍼팅할 때는 짧아지는 것을 방지하기 위하여 목표지점을 깃대 넘어 더 먼 곳을 설정하는 것을 추천한다.
　　cf) 스트로크 대기시간을 길지 않게 한다.
그 외, 느린 그린 빠르기에 스트로크 타격 강도를 조금 세게 하는 방법으로, 그립을 꽉 잡고 빈 스트로크를 1회, 2회, 3회 하여 강하게 타격 되도록 하는 것도 있다.

3) Roll에 따른 Break 영향
(경사지에서 중력에 수직인 전진 Roll이 많으면 Break을 적게 먹는다)

a) Roll 양에 따른 Break 양
Roll 양에 따라서 Break 양이 달라짐을 인지해야 한다.
- *1장 7절 Roll 주는 타격법 참조*
- *2권 2장 1절 그린 밖 퍼터 어프로치 참조*

타격 Roll 양에 따라서 Break 양이 ±20%까지 달라진다고 봐야 하는데 타격 Roll이 많으면 구르면서 진행하는 볼은 직진성을 확보하고, 타격 Roll이 적은 (심지어는 백스핀 타격 상태) 볼은 직진성도 약하고 Break을 많이 탄다.

사람마다 타격 Roll 양이 달라, 서로 생각하는 Break 양을 다르게 볼 수 있다.

* 동역학적 계산보다는 단순하게 생각한다면, 'Roll이 많은 볼은 그린 잔디를 양옆으로 벌리며 볼이 진행되기 때문에 직진성이 좋다.'라고 상상하면 편하다.

b) 발끝 오르막, 발끝 내리막에서 Roll 방향
발끝 오르막, 발끝 내리막의 경사진 면에서 어떻게 볼 Line mark를 놓고, 퍼터 헤드를 어떻게 놓을지 고민이 된다.

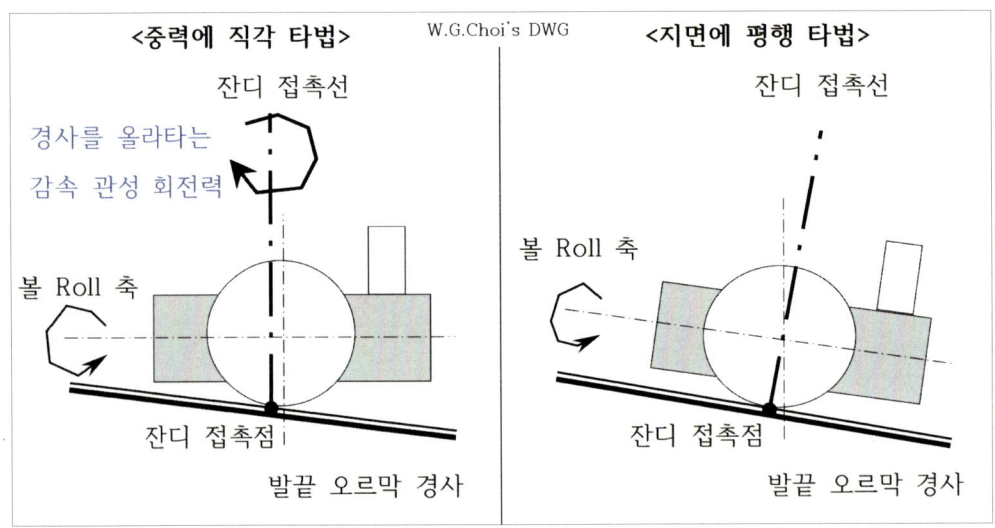

그림 1.2.34 발끝 오르막 경사지 퍼팅 Setup 방법

그림의 왼쪽과 같이 볼 Line mark를 중력에 수직으로 놓고, 퍼터 헤드는 중력에 수평으로 놓고 쳐야 한다. 그래야 중력에 수직 방향의 전진 Roll이 생성되는데, 잔디 접촉점의 수직선과 볼의 무게 중심이 어긋나서 볼은 경사면을 올라타려는 감속 회전 관성력이 생겨, 그 힘이 Break에 거스르는 작용을 해서 Break을 덜 타게 만든다. (추가 상세 설명과 동적 계산 명기는 생략함)
반면, 우측 그림과 같이 Setup 하면 지면에 평행한 기울어진 Roll이 생성되고, 경사 Break에 저항하지 않아서, 좌측 그림보다 Break을 많이 먹게 된다.

그림의 경사면에서 (경사도에 따라 차이는 변하는데) 타격 Roll을 주는 양과 그 Roll을 주는 방향에 따라서 Break 양은 서로 40%까지 차이를 보일 수 있다.
이는 이런 경사면 퍼팅에서 Hole 접근율 & Hole In 확률에 큰 차이를 만든다.

Remarks

#1. 18개의 그린에서 Hole Cup 위치가 큰 경사지에 꽂혀있을 경우 퍼팅은 어려운 조건이 된다. 보통 난이도와 분별력을 위하여 4~6 EA 그린에서 좀 더 경사가 심한 곳에 Hole을 위치 시킨다.
이 Hole 들에서 그림과 같은 고민을 하는 상황에 해당할 때가 3회 정도 발생하는데, 그림과 같은 차이를 아느냐, 모르느냐에 따라서 퍼팅 타수 차이는 1~2타 발생하게 된다.
* 비유: 이런 홀컵 배치는 대입 문제에서 변별력을 주기 위한 최상위 난이도 문제와 같으며, 아느냐 모르느냐가 퍼팅 성공 성패의 50% 정도를 판가름함.

#2. 발끝 오르막, 발끝 내리막 경사 퍼팅에서는 볼과의 스탠스 간격을 변경하면 헤드 면이 중력과 직각을 만들기 쉽다.
발끝 오르막 조건인 그림 모양에서 발과 퍼터 헤드는 평상시보다 가까이 서야 Setup 자세가 나온다. 단, 롱퍼팅에서는 볼과의 간격이 Push(멀리 서면) 또는 Full(가까이 서면) 궤도를 만들게 되므로 주의해야 한다.

#3. 토우 쪽 밑, 힐 쪽 밑이 잔디(바닥)에 걸리는 것을 방지하기 위하여, 타격점 위치를 조금 바꿔줄 수 있다. 이때 토우·힐 편심 타격을 하는 것은, 편심 타격이 Break을 줄여주는 기능까지 하는 긍정 요소로 작용한다.

4) 퍼팅 거리 & Break에 따른 Hole In 난이도

(퍼팅 거리와 Break 양이 얼마만큼 어렵게 만드나?)
(심화, 참조용 --- 난이도 비교 Logic 만들기)

감각적으로 '어려운 퍼팅이다 또는 쉬운 퍼팅이다.'라고 생각한다.
퍼팅 난이도를 결정하는 요소는 다음과 같다.
- 홀컵과의 거리
- 홀컵 위치 (말단부의 오르막/내리막 조건)
- Break 양과 형태
  * 그린 빠르기는 위 세 가지 요소에 다 영향을 준다.
- 기타 1 : 그린의 국부 요철(편평도), 바람, 잔딧결
- 기타 2 : 심리적 상태 (Break 양이 보이지(계산되지) 않아 확신이 없으면 퍼팅 성공률은 급격히 떨어진다.)

퍼팅 거리와 Break 양이 퍼팅 성공률의 난이도에 주는 영향은 얼마나 될까?

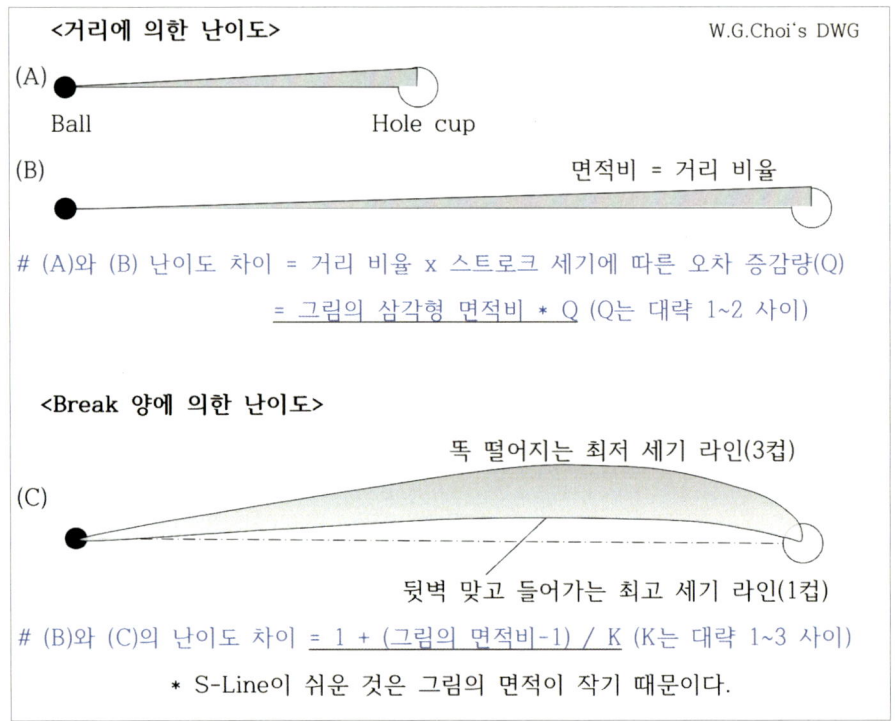

그림 1.2.35 퍼팅 거리 & Break에 따른 Hole In 난이도

퍼팅 성공 난이도를 단순히 거리에 따라 비교하고, Break 양에 따라 비교해보면, 그림과 같이 표현할 수 있다.
이 관계식에, 종말부의 오르막/내리막 조건*(2절에 고저 경사 난이도 비율 설명됨)*과 기타 인자(지면 요철, 바람, 잔딧결)의 영향까지 고려하면, 실제 필드에서 어떤 퍼팅 조건이 얼마나 어려운지 어림잡아 비교할 수 있게 된다.

난이도의 수치는 수학/과학의 수치처럼 딱 맞아떨어지지는 않고, 그림의 Q와 K의 작용으로 골퍼별 약간의 상대성을 갖게 될 것이다.

예) 거리가 2배이고, Q=1.5, K=2라 가정하면, 그림의 세 가지 퍼팅 난이도는
'(A) vs (B) vs (C) = 1 : 3 : 7.5' 정도가 된다.

퍼팅 거리가 2배이면, 난이도는 그 이상 증가한다.
Break이 많아지면 그 비율만큼은 아니지만, 그 난도는 점점 증가한다.

Remarks
#1. 어려운 것을 넣었을 때는 쾌감이 증가하지만, 너무 도전적으로 덤벼들어 3-퍼팅의 빌미를 만들었을 때는 후회하게 된다.
보수적으로 안전하게 선택할지, 도전적으로 접근할지는 Risk 가치 판단 능력에 달렸다. 퍼팅 난이도를 비교 해석할 수 있어야 한다.

#2. 어떤 날은 퍼팅 Line이 잘 보이고 거리 계산(퍼팅 세기 선정)이 잘 될 때가 있지만, 반면 어떤 날은 잘 보이지도 않고 계산도 안 될 때가 있다. 이것들이 잘되지 않는 날은 쇼트 & 미들 퍼팅 성공확률이 극히 낮다.
환경적, 감각적, 심리적 그리고 스트로크 능력과 운(매번 어려운 쪽에 볼이 위치)에 기인 되는 것이 존재한다. 즉, 어떤 라운드 한번에서는 퍼팅 실력이 100%가 아니고, 외적인 변수가 관여한다는 것인데, 반복 누적되면 그것은 확률적으로 거의 100% 실력이라고 말 할 수 있다.

#3. 퍼팅 개수로 전체 퍼팅 실력을 평가할 수는 있지만, 어떤 능력에 강점과 약점이 있는지는 분간하기 어렵다. 약점 극복에 더 노력하기 위하여 좀 더 세부적인 분석이 필요하다.

#4. Q와 K는 퍼팅 실력 지수이다. 여기에 퍼팅 세기 맞추는 능력을 추가하여, 퍼팅 실력을 결정하는 3가지 요소는 다음과 같다고 할 수 있다.

    Q : 퍼팅 똑바로 치는 능력 지수 --- 작으면 좋은 상태
    K : 퍼팅 Break 대처 능력 지수 --- 크면 좋은 상태
    S : 퍼팅 세기(거리) 맞추는 능력 지수 (위 그림에 표기 없음)
      (근육 메모리, 대기시간, 그립 모양/악력, 템포의 일관성에 연관됨)

대략 Q가 1.5보다 크면 똑바로 보내는 능력이 떨어지는 것이다. 특히 손의 신경(반사신경 & Feedback 신경)을 제어하지 못하고 있는지 생각해봐야 한다.

대략 K가 2보다 작으면, Break 대처 능력이 떨어지는 것이다. Break 보는 능력이 낮은지 생각해봐야 한다.

* 위의 Q, K, S는 막연하게 짐작하는 3가지 퍼팅 능력에 대하여 좀더 구체적인 통계적 접근 방법을 찾기 위한 제안으로써, 기준치를 현실화하는 것은 많은 실험과 Data 분석이 수반되어야 한다.

퍼팅 난이도는 Hole In line이 그리는 면적에 관계되고, 기준치가 구체화한다면 Break 양에 따라서 더 정확한 성공확률(난이도 비교)을 이야기 할 수 있을 것이다.

실제 골퍼는 경험을 바탕으로 감각적으로 어려움을 느끼는데, Hole In 하는 Max. ~ Min. 퍼팅 세기의 Break line이 그리는 면적이 클 때 어렵게 느낀다.

#5. 퍼팅연습은 같은 거리, 같은 Break에서 여러 번 시도하는 경우가 있다. 연습에서 잘 된다고 해서 단 한 번을 하는 실전에서 퍼팅이 잘 된다는 보장은 없다. 때로는 거리와 Break을 각각 다르게 하여 연습하는 것도 필요하다.

5) Break이 있는 쇼트퍼팅

(얼마만큼 Break을 보고 과감하게 칠 것인가?)

직선인 쇼트퍼팅은 강약 하나가 선택사항이 될 수 있는데, Break이 있다면 강약과 Break 양을 함께 계산해야 한다.

"Break 보지 말고 Hole Cup 뒤를 보고 과감하게 쳐라.", "Break 조금만 보고 과감하게 쳐라." 라는 말을 자주 듣는데, 이 말은 별로 도움이 되지 않는다. 실제로 중하급 실력 골퍼에서, 이런 퍼팅 결과는 Break을 타고 빠지거나, Break이 거의 안 먹고 지나쳐버리는 경우가 다반사다.

Break이 있는 쇼트퍼팅, 어떻게 계산하고 쳐야 할까? Logic이 있어야 한다.

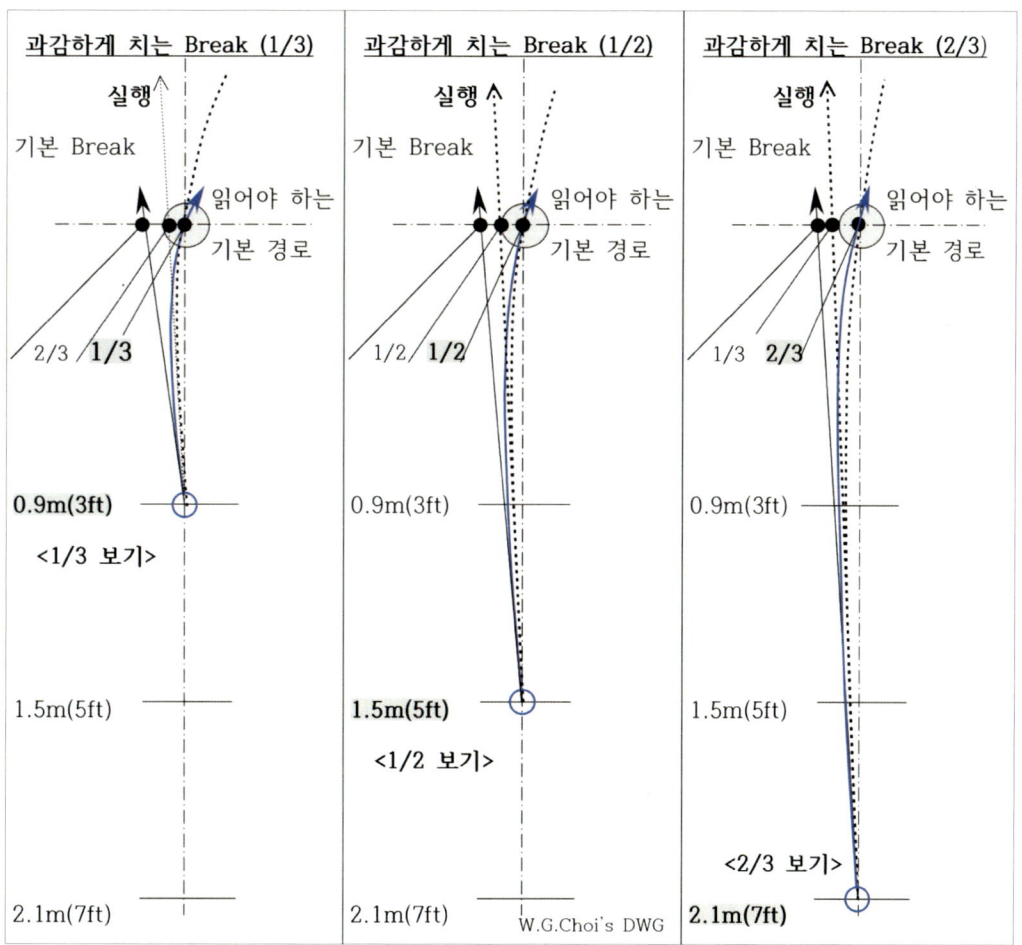

그림 1.2.36 Break 있는 쇼트퍼팅 과감하게 치는 방식 (예시)

Break 보는 양에는 기준 Logic이 있어야 한다. 그래야 그 기준에 가감을 할 수 있다. 과감하게 칠 때, Break 양 계산은 그림의 예시와 같이 거리별로 기본 Break의 1/3, 1/2, 2/3 양을 적용하는 것을 기준으로 한다.

읽고 계산하는 절차는 다음과 같다. 이것은 요령이다.
 ① 기본 Break을 알기 위하여 볼이 굴러 지나가는 기본 경로를 상상한다.
  귀찮더라도 꼭 굴러가는 길을 상상해야 한다. 이것이 쌓이면 실력이 된다.
 ② 쇼트퍼팅 거리에 따라 다른 목표량을 설정한다. 이것이 핵심이다.
  '퍼팅 거리 & Over run & Break'이 만드는 기하학을 이용하는 것이다.

〈기본 거리에 따른 Break 양 결정하는 방법 - 예시〉
0.9m 거리 ---〉 기본 Break의 1/3만 보기
1.5m 거리 ---〉 기본 Break의 1/2만 보기
2.1m 거리 ---〉 기본 Break의 2/3만 보기
* 2.7m 거리 이상은 평상시 보이는 Break 양 100% 고려

위와 같은 기준(요령)으로 쇼트퍼팅을 하면, 계산한 Break이 과한 것인지, 모자란 것인지 분간할 수 있다. 물론, 막연하게 칠 때보다 훨씬 Hole In은 많이 되며 실력은 날로 향상된다.
 cf) '막연하게 조금 보고 과감하게 쳐야지!'라는 것에는 기준이 불분명하여, 매번 똑같이 다람쥐 쳇바퀴 돌 듯, 알쏭달쏭하게 된다. 또 항상 고민하고 망설이게 된다. 많이 봐서 위로 빠지거나, 약하게 쳐서 아래로 빠지게 된다. 기준을 정해야 보정을 할 수 있다.

과감하게 치는 Break 계산에서, Input 사항은 다음과 같다.

1st Input	2nd Input	3rd Input
기본 경로 & Break 읽기	거리별 Break 감소량	Break 형태별 상세
(반복 숙달)	(적용 Logic은 요령)	Over run 크기
	* 과감하게 치기	그린 빠르기
		(Logic 변경 적용)

-. 2nd Input 사항은 골퍼별, 코스별, 스트로크별 같지는 않으며, 기본 거리(0.9, 1.5, 2.1m)도 달라지고, 그 사이 거리에 있을 때, 보간법 적용도 달라진다. 그러나 그것들은 사소한 영역에 속하

며, 반복 적용하면 어느 정도 자연적으로 체득되는 사항이다. (Break을 1/4, 1/2, 3/4으로 보는 방법은 Option)

-. 3rd Input 사항은 거리별 Break 감소량을 조금 조정하게 하는 요소로 작용하는데, 감각적인 면이 조금 있다.
  - Break 형태는 초입 Break, 평경사 Break, 끝 Break을 말한다. 이 형태에 따라서 과감하게 칠 때, Break 양이 조금 달라진다.
  - 과감하게 치는 Over run 크기는 골퍼별로 다르며, 그린 빠르기에 따라서도 다르고, 오르막&내리막에 따라서도 조금 다르다.
  - 그린 빠르기는 기본 경로와 기본 Break에 이미 반영되어 있어서, 따로 '거리별 Break 감소량'에 보정을 줄 필요는 없다.

〈응용 : 시뮬레이션 게임, Break이 있는 쇼트퍼팅 과감하게 치는 요령〉

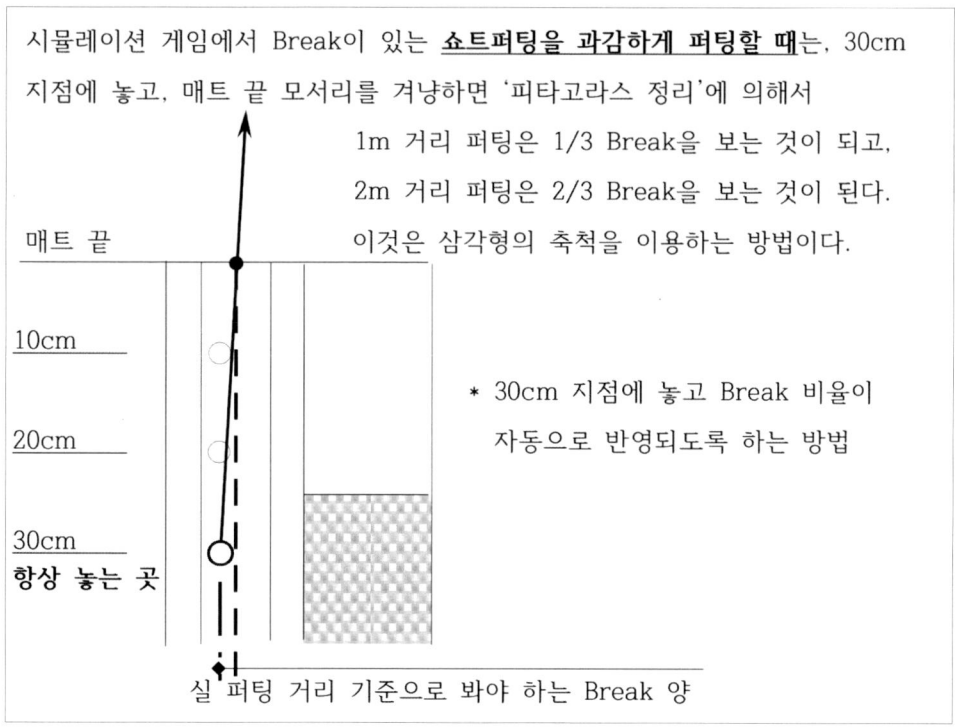

그림 2.7.37 시뮬레이션 게임, Break 있는 쇼트퍼팅 볼 놓는 위치

6) 최고 어려운 퍼팅 Break

a) 급 횡경사 내리막 Break
3~5m, 내리막 4~5° 측 경사에 홀컵이 있다면 2-퍼팅으로 끝내기도 쉽지 않다.

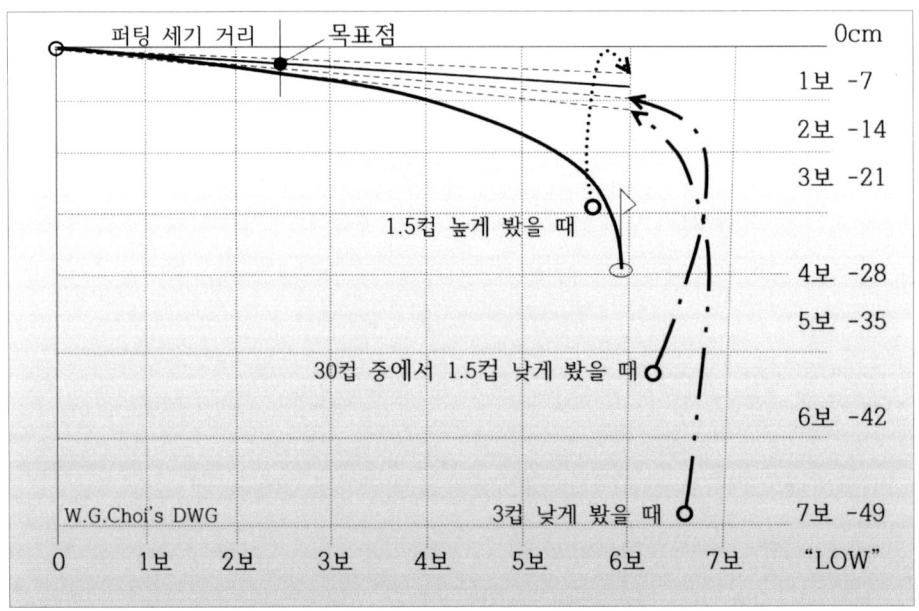

그림 1.2.38 가장 어려운 퍼팅 Break으로써, 보는 방향에 따른 남는 거리

간혹 그림과 같은 경사지 Hole Cup에서 볼 위치가 측면 내리막에 걸리는 경우가 있다. 2-퍼팅으로 마무리하면 아주 잘한 것이고, 3-퍼팅 또는 약했을 경우는 4퍼팅을 기록할 수 있다.
중요한 특징으로, 거리 계산을 정확히 하고, 스트로크 세기를 정확히 맞추었다고 해도, 목표 방향이 조금만 틀어지면 심한 거리 차이가 발생한다.

Remarks
#1. 그림에서 5% 방향 차이에 의해 1보(20%) 이상의 거리 차이 발생한다.

#2. 근본적으로 이런 위치 퍼팅을 피하고 오르막 퍼팅을 남기는 것이 상책이지만 모두 뜻대로 될 수는 없다.
  거리 계산과 스트로크 세기에 신중해야 하지만 목표 방향 설정에도 최선을 다해야 하는데, 다음 퍼팅을 짧은 오르막 퍼팅이 되도록 해야 한다.

b) 중·단거리 내리막등성이 좌우 Break 차이

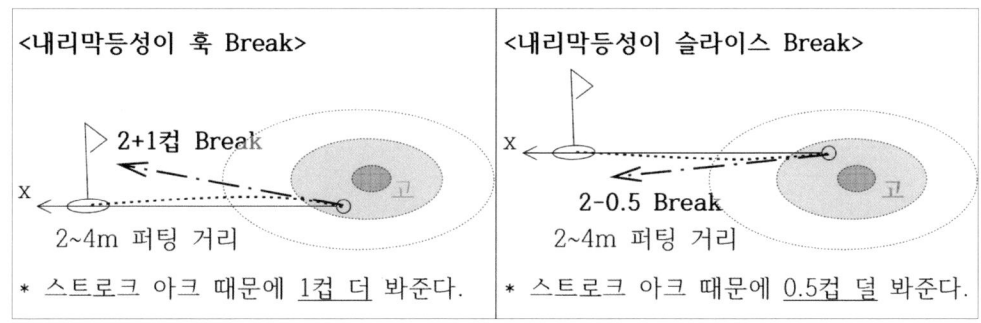

그림 1.2.39 등성이 내리막 훅 vs 슬라이스 Break 차이 (예시)

똑같은 경사 및 라인인데, 그림의 좌측은 Hook break 퍼팅이고, 우측은 Slice break 퍼팅 라인이다. 이때 Break 양을 달리 계산해주어야 하는데, 이유는 스트로크 아크 궤적 때문이다.

- 등성이 Hook break : 퍼터 헤드 궤적이 (↶) 모양이라서 그림의 경사 조건이면 궤적과 볼 밑 잔디 접촉점 저항 영향으로 좌향의 방향이 **추가**된다. 그림과 같이 **1컵 정도를 더** 봐줘야 한다.
- 등성이 Slice break : 퍼터 헤드 궤적이 (↷) 모양이라서 그림의 경사 조건이면 볼 밑 잔디 접촉점 저항 영향으로 우향의 방향이 **감소** 된다. 그림과 같이 **0.5컵 정도를 덜** 봐줘야 한다.
* 의도적으로 Hook break은 느린 루틴으로, Slice break은 빠른 루틴으로 오차를 상쇄시키는 방법도 있다.

같은 경사, 같은 퍼팅 조건이라도 그림과 같은 조건의 내리막등성이 퍼팅에서는, 퍼터 헤드 궤적이 아크를 그리는 것 때문에 Break 양이 달라지는 것을 인지하고 Break을 읽고 결정해주어야 한다. 특히 넣어야 하는 2~3m 거리 퍼팅에서 이 영향 인지는 성패를 좌우한다.

퍼팅, 똑바로 보내기 복습

2.4 퍼팅 방향성
(똑바로 보내기 – *1장 내용* 요약정리 및 소소한 것 정리)

퍼팅 똑바로 보내는 능력은 골프에서 가장 중요한 사항이다. 더군다나, 골프 실력이 올라가면 올라갈수록 이 능력은 더욱 중요하게 된다.
*1장 '퍼팅 똑바로 보내기' 내용*을 복습하는 차원에서 간략하게 정리하고, 머릿속에 핵심이 정립되도록 요약한다.
퍼팅 똑바로 보내는 데는 다음 사항이 연관된다.

〈Primary 사항〉
- 퍼터 드는 근육과 스트로크하는 근육 분리 사용 --- 헤드 흔들리지 않게
- 어깨 펴는 Setup 및 오른 아래 승모근으로 끌기 --- 궤도 직선화
  (어깨 모으는 Setup은 논외)
- 손(손가락) 감각 죽이기 --- Input 감각 줄여 신경 반응 억제
- 다운스트로크 템포 맞추기(일정 템포 S^2 = D) --- 뇌의 Feedback 반응과 조화
- 다운스트로크, 삼두박근 폄 사용 --- 오른 팔꿈치 폄으로 페이스 펴줌

 〈Secondary 사항〉
  - 타격 Roll 주기 --- 직진성 향상
  - 일정한 대기시간 --- 세기 & 방향성 영향
  - 팔꿈치 모양 --- 기하학적 이동 변화
  - 손목 고정 또는 인위적인 손목 조절 --- (핸드포워드, 고정, 핸드백워드)

 〈Auxiliary 사항〉
  - 기타 Setup : 에이밍, 스탠스, 체중 분배, 척추 각, 팔꿈치 위치,
                그립 모양, 그립 길이, 악력, 호흡, 시선 변화
  - 기타 동작 : (하체, 축, 머리) 고정
  - 타점
  - 장비 : 퍼터 페이스 각, 헤드 무게, 헤드 무게 중심, Loft 각, 그립, 볼

1) 퍼팅 방향성 - Primary 사항

퍼터 페이스 & 궤도 유지를 위한 5대 사항은 다음 그림과 같다.
*1장 요약한 내용*으로 복습 차원이다.

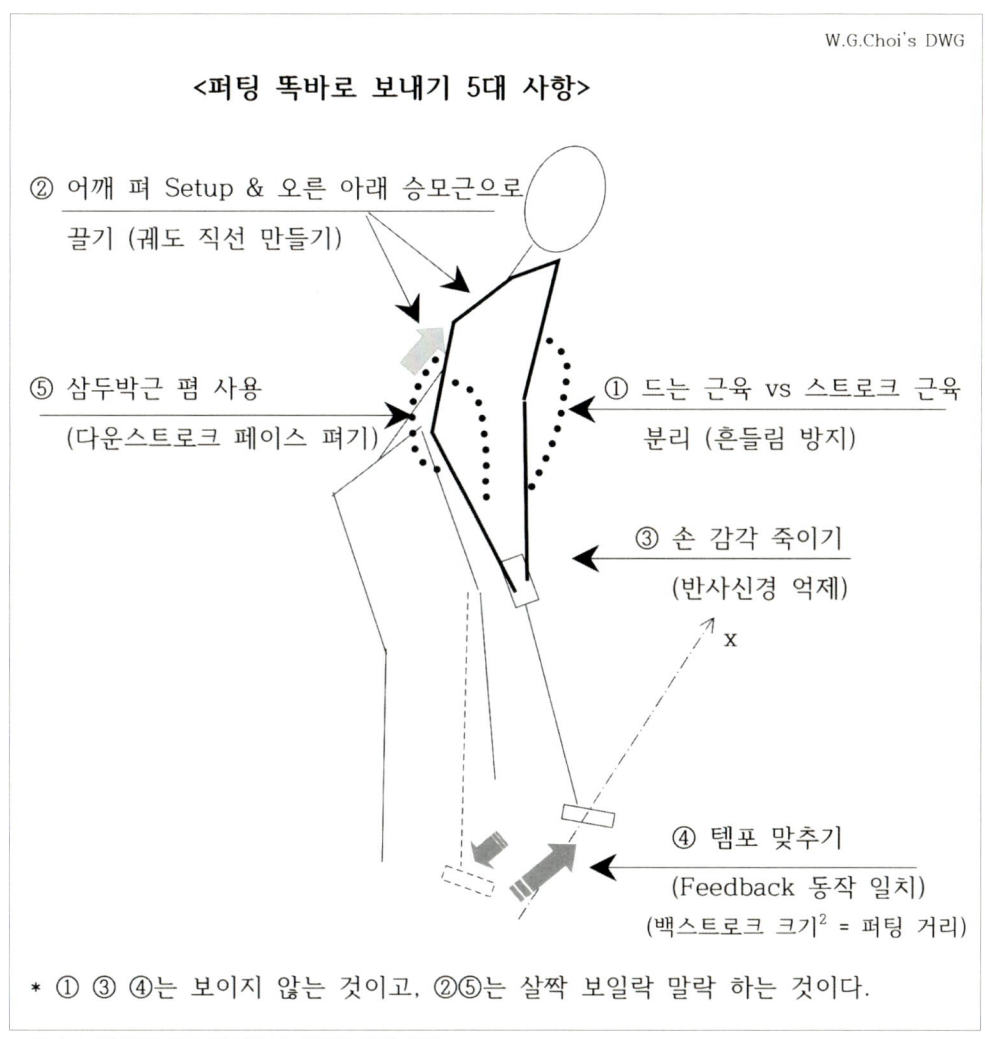

그림 1.2.40 퍼터 궤도 및 페이스 맞추기 5대 사항

퍼팅에서 의도하지 않는 변화가 발생하여 임팩트 페이스 각 실수가 발생 되는데, 어떻게 처리(관리)해야 하는지 방법을 알아야 똑바로 타격 되게 할 수 있다. 의지만으로는 1,000년을 해도 소용 없을 것이다.

다음 ① & ②는 간단하면서도 궤도 형성에 중요한 사항이다. ③항은 신경(감각)을 억제하여 페이스 각 변화를 최소화하는 사항이고, ④는 신경 전달의 시간 차이에 의해서 발생하는 근력 변화내용이다. ⑤는 페이스 각을 펴주고 헤드가 상승하도록 해주는 내용이다.

① **팔의 앞면(이두박근 선)으로 퍼터 헤드 들어 올리는 어드레스 하기**
백스트로크 직전의 퍼팅 어드레스에서 상완 이두박근(팔의 앞면 근육)으로 굽혀진 팔꿈치를 버텨, 퍼터 헤드 무게의 95~99%를 들고 있는 상태가 스트로크 Stand-by 상태이다. 이때 퍼터 바닥은 지면에 살짝 닿아있는 상태다.
이 근육 사용 상태는 스트로크 내내 거의 바뀌지 않는다.
등/어깨의 가동력 전달과 퍼터의 가속-감속-가속-감속을 버티는 근육은 팔의 측면 근육이 담당하게 한다.
<u>앞면 근육과 측면 근육이 연동되지 않게, 드는 힘(일정함)과 가속·감속하는 힘(변동)을 분리하여 관리하는 것이다.</u>

② **양어깨 모양 : 앞으로 모이지 않게 하기, 다운스트로크 가속을 일정부분 오른쪽 아래 승모근으로 끌어서 만들기**
이것은 스트로크 아크 반경을 크게 하고 임팩트 직선구간을 길게 만들며 상승 타격을 할 수 있도록 해주는 것이다.
<u>양어깨는 뒤로 젖히는(펴는) 모양으로 Setup 하여 어깨가 앞으로 모이지 않은 자세로 스트로크하면 다운스트로크 아크가 펴지며, 오른쪽 아래 승모근이 일정부분 사용되어 퍼터 헤드를 끄는 형태의 다운스트로크 가속을 만들게 된다. 원하는 임팩트 전후 긴 직선 궤도 형태를 만들 수 있다.</u>

    cf. 1) 반면, 어깨 모양을 앞으로 모으고 스트로크하면, 전적으로 왼쪽 중간 승모근이 어깨를 회전시키며 가속되어서 작은 스트로크 아크 반경이 만들어지는데, 손목이 펴지는 동작을 가미해 주어야 한다.
    어깨를 모으는 퍼팅 Setup을 하는 경우, 왼 손목의 모양과 다운스트로크 오른 가슴으로 팔 끌기, 그리고 왼 어깨의 올림 양으로 궤도 직선화 및 타격 Roll 생성을 제어해야 한다. 스트로크 메커니즘이 다르다.

    cf. 2) 아주 긴 퍼팅, 그린 밖 퍼터 어프로치에서는 타격 Roll이 작게 출발하도록 수평 타격을 해야 한다. 이때는 어깨를 앞으로 조금 모으는 것이 유리하다.

③ 손 감각 억제하여 다운스트로크 반사신경 & Feedback 반응 줄이기

손(손가락) 감각을 억제해야 반사신경에 의한 손목 꺾임, 그립 돌아감을 최소화할 수 있다. 0.16sec 정도 후에 나타나는 Feedback 반응 크기도 줄인다.

<u>손(손가락)으로 퍼터의 움직임, 하중을 느끼려 하지 말고, 오히려 내 손이 아니라고 취급한다.</u>
퍼팅 다운스트로크 중에 퍼터 헤드의 가속은 버스 급출발의 5~10배가 되어서, 반사신경이 손목을 꺾고 그립이 돌아가게 할 수 있는데 손 감각을 줄이면(죽이면) Input(감각)이 작아져 Output(반응)이 대수롭지 않아진다. 또한 시차를 두고 임팩트 직전 뇌가 명령하는 Feedback 반응량을 최소화할 수 있다.

* 신경 반응 작용이 완화되면, 닫히던 페이스는 열리는 쪽으로 변하게 된다.

④ 스트로크 템포 일정하게 맞추어 뇌의 Feedback 반응에 적응하기

퍼터 헤드의 감속과 가속 하중은 수용기 감각으로 들어와 신경을 타고 뇌에 들어갔다가 대응 동작을 내리는 지령을 만들게 한다. 대략 0.16초 전후의 시차가 있다.

<u>자기 몸의 근육 제어 신경 Feedback 주기와 스트로크 템포를 일치시키는 형태를 찾아 반응 시점이 서로 어긋나지 않도록 적용한다. 항상 일정한 그 반응 템포로 스트로크해야 한다.</u>

 - 2nd Tempo : 다운스트로크 가속 시작 ~ 임팩트 직전
 - 1st Tempo : 백스트로크 감속 시작 ~ 다운스트로크 가속 시작
   백스트로크 초기의 가속 모양도 1st Tempo와 2nd Tempo에 영향을 준다.

* 퍼팅 거리는 백스트로크 크기의 제곱이다. 이것이 동일 템포 만들어 준다.

⑤ 다운스트로크, 팔의 뒷면 근육(삼두박근) 폄 양 사용 조절로 회전제어

<u>삼두박근을 당겨 팔꿈치를 펴주는 다운스트로크를 해서 페이스가 덜 닫히게(펴지게) 한다.</u>
좌우 삼두박근 수축(팔꿈치 폄) 비율로 퍼터 헤드가 돌아가 닫히는 것이 조절된다. 그러면 어깨 회전과 손의 이동 시차가 0.02sec 정도 발생하는 다운스트로크가 된다. 이 시차는 여유 있는 스트로크를 하게 해준다. 부가적으로 Roll 생성 및 퍼팅 세기 조절에도 도움이 된다.

* 다운스트로크 어깨 회전 중심점은 우측 쇄골 5cm 지점이 되고, 오른팔 삼두박근 근력은 오른손 밑 날 쪽을 타고 퍼터에 전달된다.

Remarks

#1. 반복 연습 되는 동작의 들·날 신경(뇌의 Feedback) 반응 시간은 대략 0.16±0.01sec 정도라 생각하고, 이 시간(주기)에 백스트로크 감속 반응 동작이 다운스트로크 가속 시작 동작에 작용하고, 다운스트로크 시작 가속 반응 동작이 임팩트 직전에 작용하도록 하여, 근육 신경의 시차 반응을 맞추어 손목 꺾임과 그립 돌아감을 최소화한다.

* 극히 일부 골퍼 중에, 다운스트로크를 0.14sec 이내에 해서 Feedback 반응을 회피하는 형태가 있다.

#2. 입에 편한 말이라고, 혹자는 *"퍼팅은 가장 편한 자세로 스트로크한다."* 라고 말하지만, 퍼팅연습은 가장 불편한 몸동작과 그 신경 조작 행위의 길들이기라고 봐야 한다.

#3. 어떤 사람들은 *"퍼팅은 여러 가지 방법이 있다."* 라고 말한다. 각자 방법을 찾아서 하면 잘 할 수 있는 것 같다는 뉘앙스다. 이것은 모호한 말이다.

퍼팅을 잘하기 위해서는 위의 ①, ②, ③, ④, ⑤ 내용을 깨우쳐야 하는 것으로 귀결될 것이다. 이것을 모르고는(하지 않고서는) 결코 퍼팅 스트로크를 잘할 수가 없다.

#4. 입스(Yips) : 압박감에 근육이 경직되어 평소 잘해오던 뭔가가 잘되지 않는 것인데, 근육이 의지와 다르게 움직이는 상태이다. (원래 근육은 의지와 정확히 일치하지 않는 특성이 항상 존재한다.)

골프 쇼트퍼팅 입스의 원인이 어떤 압박감 때문인지 아니면 오동작이 고착된 것인지 골퍼별로 알 수는 없지만, 위에서 설명한 퍼팅 궤도 & 페이스 맞추기 5대 사항에 오류가 있어서 발생하는 것일 가능성이 크다.

특히 ③번 손과 손가락 감각을 잘 느끼려 했을 때 방향성은 극히 나빠진다.

#5. 퍼팅 똑바로 보내기 위해서는, 위의 5가지 스트로크 사항과 Roll 주는 타격이 되어야 한다. 이것 5가지 사항을 상기하는 차원의 그림 표현은 다음과 같다.

* 퍼팅은 많은 재료를 섞어서 만들어지는 찌개의 맛과 같아서, 등분 비율만큼 맛이 좋아지는 건 아니고, 하나씩 완성해나가면 +5% -> +10% -> +20% -> +40% -> +80% 비율과 같이 효과가 점진적으로 급증한다.

만약, 하나의 Know-how로 모든 것을 해결하려 한다면, 매번 5% 이내의 효과에서 맴돌고 말 것이다.

능력 향상 : 만약 똑바로 보내는 능력이 30%이고, '각각 5가지 능력 77% + 영점 조정 능력 77% + 행운 10% = 0.77^6 + 0.1 = 0.31'으로 추정할 때, 어느 것 하나 능력이 100%로 커지면 합이 0.36 되므로 5% 퍼팅 능력 향상 된다.

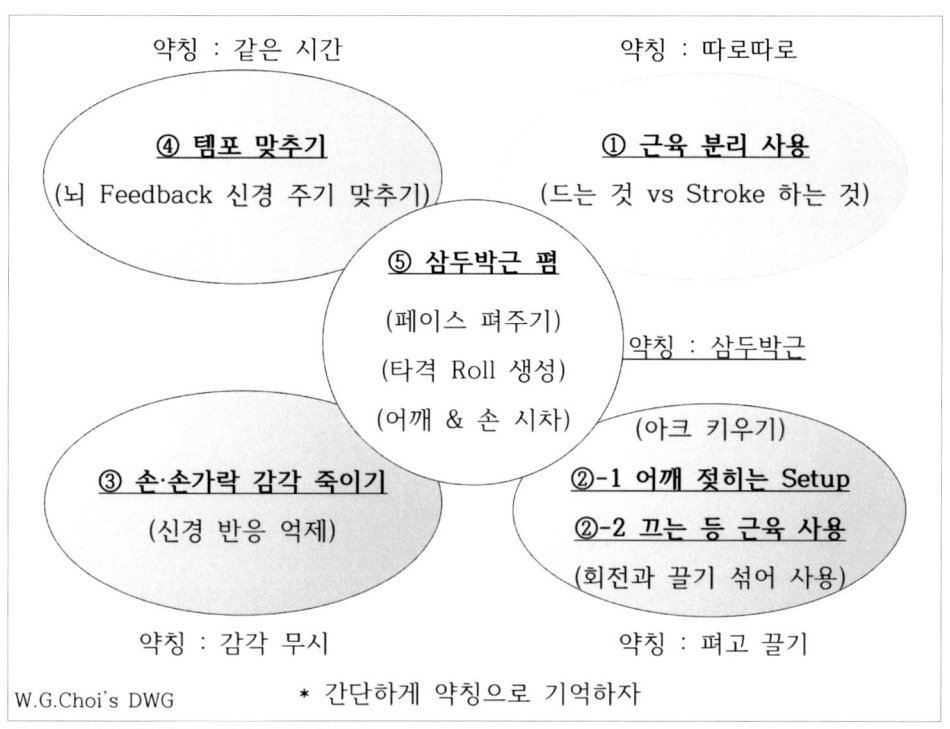

그림 1.2.41 퍼팅 똑바로 보내기 5대 사항

2) 퍼팅 방향성 인자

기본 퍼팅 스트로크가 완성되면 방향성이 더 일정해진다.

소소한 퍼팅 방향 영향 인자	방향 변화				Remark
	(형태)	좌향	우향	(형태)	
볼 위치	전방	2° ←	→ 2°	후방	타격 지점/시점 영향
그립 힘 (악력)	약&강	2° ←	→ 2°	강&약	신경 반응 영향 (혼재)
오른손 4th&3rd 끝	4th 지지 강	1° ←	→ 1°	3rd 지지 강	손가락 끝 지지 반력
양 엄지 위치	전방	1° ←	→ 1°	후방	회전 반력 영향
손목 꺾기 (손 벌림)	손목 벌림	2° ←	→ 2°	손목 모음	회전 반력 영향
양 팔꿈치 위치	몸에 붙임	3° ←	→ 3°	벌림	이동 가능량 & 신경
상체 숙임 vs 폄	폄	1° ←	→ 1°	숙임	신체 연결 강도 차이
	거리 증가 10%		거리 감소 10%		플랫한 궤도
그립 길이	반 인치 깊	1° ←	→ 1°	반 인치 짧음	상체 숙임 변화
	거리 증가 10%		거리 감소 10%		연결에너지 차이
호흡(폐 공기량)	많음	2° ←	→ 2°	적음	가슴 근력 변화
발바닥 체중 분배	후방	2° ←	→ 2°	전방	상체 전방 이동 편리성
양어깨 모양	모음	2° ←	→ 2°	젖힘	아크&궤도 변화
대기시간 (롱퍼팅)	깊	3° ←	→ 3°	짧음	악력 세기의 신경 작용
	거리 감소 10%		거리 증가 10%		
대기시간 (쇼트퍼팅)	짧음	2° ←	→ 2°	깊	근력에너지 차이
	거리 증가 20%		거리 감소 20%		
핸드포워드 양			→ 3°	많음	기하학적
핸드백워드 양	많음	3° ←			기하학적
백스트로크 템포	후반 급정지	3° ←	→ 3°	초반 빠름	신경 반응
다운스트로크 템포	반사신경 및 날·들 신경에 따라 유동적 방향 변화 ±4°, 거리 변화 ±20%				가속도/관성력 변화
타격 타점	힐 타점	0.5° ←	→1°	토우 타점	편심 타격의 헤드 회전 에너지 전달량 감소
	거리 감소 5%		거리 감소 10%		

표 1.2.42 퍼팅 방향성 조정 인자 Ⅰ의 영향 (최대 경향 예시)

방향성에 영향을 주는 것들은 표와 같이 간단하거나 단순하지 않다. 표 안의 수치들은 대략적인 최대치를 명기한 것이다. 골퍼마다 조금 상대적이다.

그립 길이 조절과 **타격 타점 조절**은 의도적으로 방향 및 거리 조정을 할 때 사용할 수 있는 제어용 항목이며, 짧은 거리 퍼팅에서 **오른손 4th & 3rd 손가락 끝 지지 감각**은 미세 방향 조정할 수 있는 항목이다.

방향성에는 앞 표에 다음과 같은 몇 가지 인자가 더 추가된다.

퍼팅 방향 영향 인자	방향 변화				Remark
	(형태)	좌향	우향	(형태)	
백스트로크 궤도	OUT	2° ←	→ 2°	IN	팔꿈치 폄과 연동
롱퍼팅에서, 볼과 Setup 거리	근	5° ←←←	→→→ 5°	원	가까이 서면 Out to In 멀리 서면 In to Out
백스트로크 회전	시계방향	2° ←	→ 2°	반시계방향	신경 보상 반응
오르막/내리막 라이	내리막	0.5°/5° ←	→ 0.5°/5°	오르막	스트로크에 중력 영향
	거리 조금 증가		거리 조금 감소		
목표지점 바라보기	많이	0.5°/1회 ←	→ 0.5°/1회	적게	어깨, 목 근육 경직도
	거리 증가 10%		거리 감소 5%		
헤드업			→→ 3°	전방	기하학적
			거리 감소 10%		동력 전달 감소
오른손 검지 살 밀기	안 밀기	3° ←←	→→ 3°	밀기	Full-Push 궤도 형성
오른팔 들어 올림	올림	3° ←←	→→ 3°	많이 폄	기하학적 손목 회전
퍼터 페이스 각 사양	0°	2° ←	→ 2°	4°	
동반자 옆에 있을 때	가까이	2° ←			급한 루틴 되어 당겨짐

표 1.2.43 퍼팅 방향성 변화 인자 II의 영향 (최대 경향 예시)

① 백스트로크 IN or OUT 궤도 : 똑바로 맞추는 스트로크를 거의 모두 습득한 상태에서,
  - IN으로 빼면 밀리고 열리는 타격이 된다.
    오른 팔꿈치가 많이 펴지는 다운스트로크가 되기 때문이다.
  - OUT으로 빼면 당겨지고 닫히는 타격이 된다.
    오른 팔꿈치가 작게 펴지는 다운스트로크가 되기 때문이다.
  * 롱퍼팅에서 특이한 현상으로, 볼과 가까이 서면 Out to In 스트로크가 되어서 5° 정도 당겨

지게 쳐지며, 볼과 멀리 서면 In to Out으로 스트로크 되어서 5° 정도 밀리게 쳐지는 신체 움직임이 만들어지는 경향이 있다.

실전, 발끝 내리막 경사에서는 볼과 가까이 서게 되어서 당겨지는 롱퍼팅, 발끝 오르막 경사에서는 볼과 멀리 서게 되어 밀어서 쳐지는 롱퍼팅 결과를 만들 수 있다. 큰 방향 편차 결과는 3-퍼팅 가능성을 크게 증대시킨다.

짧은 거리, 중간 거리 퍼팅에서는 이런 극심한 Full & Push 스트로크에 의한 방향성 변화는 적고, 오히려 페이스가 돌아가는 영향이 주류를 이룬다.

② 백스트로크 하면서 페이스 로테이션 : 헤드를 돌리면서 백스트로크 하면 보상하려는 근육 움직임을 만들게 된다.
 - 페이스를 반시계 방향으로 돌리며(닫으며) 빼면 시계방향으로 돌면서 다운스트로크 되어서 열려 타격 된다.
 - 페이스를 시계방향으로 돌리며(열며) 빼면 반시계 방향으로 돌면서 다운스크로크 되어서 닫혀 타격 된다.

③ 퍼팅 라이 경사 : 왼발 오르막/내리막이라면 스트로크하는 퍼터 헤드에 중력의 영향이 작용해서, 오르막은 0.5° 내외로 밀리고, 내리막은 0.5° 내외로 당기게 되는 현상이 있다.

④ 최종 어드레스(오른손 엄지, 검지 잡기) 직전에 목표지점 바라보는 횟수 : 횟수가 방향성에 영향을 준다. 어깨와 목 근육의 경직도가 변하기 때문이다. 평소 1회 바라보던 루틴에서 안 보면 0.5° 밀리고, 2회 보면 0.5° 당겨지는 형태이다. 바라보는 시점(시간 차이)도 영향을 준다.

추천할 만한 방법은 1차 그립 잡기 직전 목표지점을 바라보고 나서 Setup 정렬에 대해 확신을 하고, 그리고 오른손 엄지 검지를 제외한 그립을 잡고, 최종 엄지&검지를 잡기 직전 목표지점을 한 번 더 바라보는 것이다.

⑤ 퍼팅 헤드업 : 어깨(머리)가 전방으로 이동되면서 다운스트로크 진행되면 궤도가 밀리면서 페이스는 열린다.

볼의 진행 경로 및 결과를 빨리 확인하려는 심리 작용이다.

⑥ 오른팔 전완 들어 올림 : 짧은 거리 퍼팅에서, Roll을 주기 위해 오른 팔꿈치를 (이두근 사용하여) 굽혀 퍼터를 들어 올리면, 페이스가 닫힌다.

그리고 장비 사양(퍼터 페이스 각)의 차이가 있다.

페이스 각은 보통 0°~ 4°로 사이로 열려서 출시된다. 신경 작용의 닫히는 반응을 상쇄하기 위한 용도이다.

퍼팅의 방향성 각도는 거리별로 다음과 같은 편찻값 ($\tan\theta$) 이다.
(홀 직경 108mm)

각도	3m에서 편차	6m에서 편차	9m에서 편차	12m에서 편차
1°	52mm(반 컵)	105mm(한 컵)	157mm(1.5컵)	209mm(2컵)
2°	104mm(한 컵)	210mm(2컵)	314mm(3컵)	419mm(4컵)
3°	157mm(1.5컵)	314mm(3컵)	472mm(4.5컵)	629mm(6컵)

a) 매우 짧은 거리 퍼팅 방향 미스

한 클럽 길이(90cm ≒ 3ft)에서 2.1m(≒ 7ft) 거리 사이의 퍼팅 횟수는 의외로 많다. 대략 9회~12회 정도 될 것이다. 거의 드라이버 티샷 횟수와 비슷하다.
중하급 실력에서 두드러지게 Hole In 하지 못하여 타수를 까먹는 거리다.

손 감각을 죽였는데도 불구하고, 쇼트퍼팅 방향 틀어져 Hole In 못하는 책임은 대략 다음의 원인이라고 추정할 수 있다.
만약 1.2m 짧은 퍼팅 거리, 1.7도 이상 틀어져 안 들어갔다면 틀어진 원인 :
  - 목표지점 바라보기 횟수 차이에 의한 페이스 각 & 궤도 변화 : 15%
    (당겨졌다면 40%는 많이/여러 번 바라봐서)
  - 대기시간 차이에 의한 페이스 각 & 궤도 변화 : 15%
    (당겨졌다면 40%는 빨리/바로 쳐서)
  - 백스트로크 템포 차이에 의한 페이스 각 변화 : 15%
    (천천히 빼거나 급하게 빼는 평소와 다른 패턴)
  - 오른팔 전완 들어 올리는 임팩트 : 15%
    (당겨지고 닫히는 임팩트)
  - 기타 (Break 읽기, Setup, 동작 부정확, 헤드업) : 30%
    (밀렸다면 40%는 헤드업에 의한 어깨 전방 이동) 또는,
    (밀렸다면 40%는 왼 어깨 회전되지 않아 손으로 미는 타격)
  - 불가역적 (딤플, 지면 편평도) : 10%

* 짧은 거리 퍼팅에서 퍼팅 성공이 낮은 골퍼들은 스트로크 동작의 정확도로 페이스 각을 똑바로 맞춰서 해결하겠다고 생각을 하는데, 동작 정확도로 해결할 수 있는 부분은 1/3 정도에 지나지 않는다는 것을 알아야 한다.

쇼트퍼팅 미스가 많다면, Hole Cup 바라보는 횟수와 대기시간이 불규칙적인지 확인해 보는 것이 좋을 것이다. 상상하지 못했던 의외의 사항이다.

단순한 짧은 거리 퍼팅연습은 겨우 템포와 동작 정확도 읽히는 것밖에 안 된다. 목표지점을 바라보는 것과 대기시간도 염두에 두고 연습해야 한다.

cf) 동반자가 가까이서 지켜보면 루틴과 스트로크가 빨라져서 당겨진다. 고수들은 의도적으로 이런 심리 방해 상황을 연출할 수도 있다.

b) 방향성에 연동되는 거리감

퍼팅 스트로크의 목적은 일정한 방향성과 거리감을 만드는 것이다.

거리감은 일차적으로 백스트로크 크기에 의해서 결정되고, 다운스트로크 템포, 그립 악력, 그립 길이, 대기시간, 목표지점 바라보는 횟수, 상체 숙임 각도, 타점, 타격 Roll 등에 의해서 변동된다.

힐·토우에 편심 타격 되면 거리가 5%(힐 쪽)~10%(토우 쪽) 정도 감소 된다.

최종적으로 거리 정확도는 거리 읽기의 정확도에 위의 스트로크 사항이 결합하여 나타나는 결과물이다.

c) 방향성 특징

기본 퍼팅 스트로크에서 방향성 인자 속에 변화가 발생하면, 그에 상응하는 오차가 발생한다. 그래서 *"일정한 루틴과 자세 그리고 동작으로 스트로크하라."* 라는 것이다.

최종적으로 방향 정확도는 방향 읽기의 정확도에 스트로크 방향성을 만드는 인자들의 오차 영향에 의해서 결정된다. 그리고 Hole In 목표의 퍼팅에서는 거리 정확도에 의한 Break 변동이 더해진다.

라운드 중에 어떤 것을 변화시켜 영점을 보정하기는 쉽지 않다. 바로 영점 보정이 잡히지 않을 가능성이 크다는 이야기다. 30가지 정도의 항목 중에 어떤 것이 방향 오차를 키운 것인지 그것을 바로 깨닫기가 쉽지 않기 때문이다.

이때는 영점을 바로잡으려 이것저것 하는 것보다는 정답을 찾기 전까지는 차라리 오조준해서 퍼팅하는 것이 나을 수도 있을 것이며, 영점 보정은 게임이 끝난 후 연습장에서 잡아야 할 것이다. 이것저것 해 보다가는 문제없는 것을 문제 있다고 생각하고 바꾸는 '1종 과오'를 범할 수 있다.

극히 일부 인자만 방향성 보정에 응급 처방으로 사용할 수 있다. 다음 것들의 공통된 특징은 기본 퍼팅 스트로크에 영향을 주지 않는 사항이라는 것이다. 그리고 민감하지 않고 둔감하게 변한다. (cf. 민감한 것은 제어, 조정 용도로 사용 불가)
- 그립 길이 조절
- 의도적인 토우·힐 타점
- 오른손 4th vs 3rd 손가락 끝을 그립에 대는 강도
- 오른팔 삼두박근 수축 양

이것은 평상시에 어느 정도 Test가 되어 있어야 한다. 즉, Input 변화에 대한 Output 결과를 알고 있어야 제어 용도로 사용할 수 있다.

계속되는 라운드에서 일관되게 편향된 방향성을 갖는다면, Setup 또는 동작의 교정을 할 것인지, 아니면 장비의 교체 또는 헤드 페이스 각의 피팅을 할 것인지 선택을 해야 한다. 단, 그립 잡은 오른손 3rd & 4th 손가락 악력 상태를 먼저 확인할 필요가 있다.

Remarks

#1. 방향성 인자 표의 수치는 대략적인 것으로 골퍼마다, 그립 모양에 따라 상대적이다.

먼저 Primary 5대 항목을 시행하면 방향성 편차가 획기적으로 줄어들 것이다. 그리고 영향 인자의 변화에 방향성 변동의 추세가 더 수렴하게 될 것이다.

퍼팅이 잘될까 해서 표에 있는 항목 중에 제어 용도로 사용하면 안 되는 것을 바꾸면, 이렇게 저렇게 해봐도 좋아지는 것은 거의 없다. 오히려 망가지기는 쉬워도, 퍼팅 능력을 향상하기는 쉽지 않다. Primary, Secondary, Auxiliary 등급과 같이 우선순위가 있어서, 선결 사항을 먼저 해결해야 한다.

#2. 인자를 조금만 바꾸어도 방향성이 크게 변동되는 것은 조심해야 한다. 작은 조종에 큰 변화를 일으키는 것은 제어항목으로 사용하기 부적합하다.

cf) 인자의 변화량에 대해 방향성 변화가 둔감한 사항은 조정하기가 쉽다.

#3. 퍼팅하면서 이 많은 사항을 모두 관리(생각)하면서 할 수는 없다. 일정한 프리샷 루틴과 정형화된 어

드레스에 녹여 넣어야 한다.

#4. 방향과 거리에 있어서, 매번 100% 완벽한 퍼팅을 할 수는 없다. 어느 정도 오차를 인정하여야 한다. 퍼팅 능력은 일거에 확 좋아지지 않는다. 한 가지씩 정립해 나가면 아주 조금씩 방향성과 거리감이 좋아진다. 2.1m 거리 성공률에서 45%와 50%, 두 개의 차이는 엄청나게 큰 차이다.

#5. 만약 객관적인 골퍼 퍼팅 실력 비교를 하려 한다면, 직선 2.1m(7ft) 거리 20개를 쳐서 성공확률을 똑바로 치는 능력이라 하고, 직선 12m(40ft) 10개를 쳐서 나오는 Hole 접근율을 거리감 능력이라고 할 수 있을 것이다.

#6. 퍼팅 동작은 대부분 눈에 보이지 않는 것이 지배한다. 눈에 보이는 것에서 답을 찾으려 하면 안 된다.

#7. Reminder : 다음을 나누어 생각해야 한다.
- 스트로크를 좋게 하는 것 : *1장 1~5절* 5가지 퍼팅 똑바로 보내기
- 방향성을 변화시키는 것 : *2장 4절 2)항 표* 28가지 방향성 변화 인자

d) 일정한 그립 악력 분배에도 거리에 따라 방향성이 변하는 것

(거리별로 신경 반응이 변하게 되는 현상)
(정그립과 역그립 비슷한 변화)
(손가락 감각은 절대적으로 억제해야 하지만, 그래도 확인해야 하는 것)
(주의 : 본 항목 변화를 많이 사용하면 오히려 퍼팅감이 저하된다.)

① 오른손 중지 vs 약지 악력과 다운스트로크 시작 가속의 Feedback 반응 :
그립 잡는 손가락 악력 분배에서 오른손 중지(3rd)와 약지(4th) 끝마디 악력 비율이 방향성에 큰 영향을 주는데, 퍼팅 거리에 따라서 반대 변화를 만든다.

백스트로크에서 다운스트로크로 전환되면서 가속을 할 때 가속도가 급증하고, 가속도는 헤드에 관성력을 만드는데, 이것은 신경 반응 작용이 나타나게 하고, 손목과 퍼터 페이스가 돌아가게 만든다. 오른손 손가락의 악력 분배와 관성력 크기(= 퍼팅 거리)에 따라서 신경 반응 작용이 다른 방향성을 만든다.

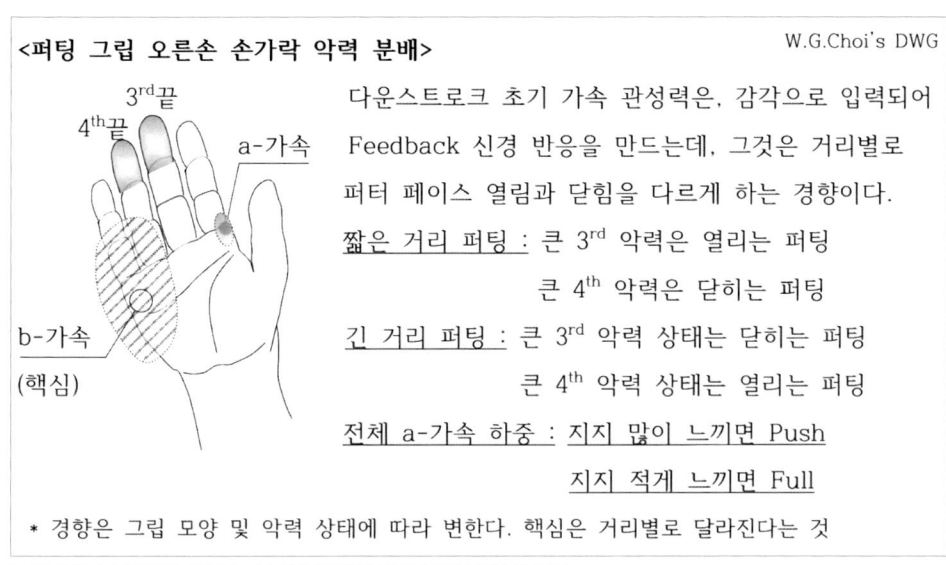

그림 1.2.44 거리별 오른손 손가락 악력에 따른 퍼팅 방향성 변화

그린 빠르기에 따라서 다르지만, 퍼팅 거리별 헤드 평균 가속도는 대략 다음과 같다. 가속도 크기에 따라 그 비율만큼 퍼터 헤드 관성력은 변한다.

퍼팅 거리	1m	4m	16m
평균 가속도	6m/s²(0.6g)	12m/s²(1.2g)	24m/s²(2.4g)
비율	1	2	4

골퍼별 퍼터 그립 모양, 그립 잡은 형태, 스트로크에 따라서 경향은 조금 다르지만, 손가락의 감각과 뇌는 이런 퍼팅 거리에 따른 가속도(가가속도) 크기 변화에 정확히 반응하기 어려워서 거리별 방향성 변화 양상을 보이게 된다.

예를 들어, 어떤 손가락 악력 분배 상태에서 4m 거리가 똑바른 퍼팅 방향성(0°)을 보였다면, 같은 손가락 끝 악력 분배 상태에서 1m 퍼팅을 할 때는 2° 당겨지고, 16m 퍼팅을 할 때는 2° 밀리는 방향성을 가질 수 있다.

-. 오른손 약지(4th) 끝에 악력 분배가 많은 그립 :
  - 짧은 거리에서는 닫힌다.
    * 끊어치는 퍼팅 타법은 초기 가속이 커서 약지에 조금 더 악력 분배 필요하다.

- 긴 거리에서는 열린다.

-. 오른손 중지(3rd) 끝에 악력 분배가 많은 그립 :
  - 짧은 거리에서는 열린다.
  - 긴 거리에서는 닫힌다.

Remarks

#1. 제어 방법 :
  - 짧은 거리에서 당겨지는 퍼팅이 나온다면, 짧은 거리에서만 오른손 중지(3rd) 악력 키우고, 약지(4th) 악력 줄인다. (1 vs 1 ---> 1.5 vs 0.5)
  - 긴 거리에서 당겨지는 퍼팅이 나온다면, 긴 거리에서만 오른손 중지(3rd) 악력은 줄이고, 약지(4th) 악력은 키운다. (1 vs 1 ---> 0.5 vs 1.5)
  * 관성력에 의한 페이스 각 변화는 헤드 무게 중심, 퍼터 축, 전완 축, 어깨 동력선이 서로 떨어져 나타나는 현상이다.

#2. 많은 연습으로 어느 정도 몸에 밴 상태일 수 있는데, 연습량이 부족하거나, 한 가지 그립 악력 상태로 모든 거리를 다 똑바로 퍼팅한다고 생각했을 때는 이런 변화를 극복하기 어려울 것이다.

#3. 퍼팅, 똑바로 보내는 능력이 부족한 사람은 위 Test에서 겨우 60%(일치) vs 40%(불일치) 정도의 방향성 변화를 경험할 것인데, 똑바로 보내는 사람은 80%(일치) vs 20%(불일치) 이상의 방향성 변화를 경험하게 될 것이다.

#4. 이 방향성 변화 및 제어 방법을 제일 나중에 설명한 이유는 처음부터 이것으로 퍼팅 방향성을 제어하려고 시도하지 않는 것을 추천하기 때문이다.
  퍼팅 똑바로 보내는 스트로크는 *1장 1~5절에 나와 있는* 퍼터 드는 방법, 어깨와 팔꿈치 모양과 등 근육 사용, 손 감각 죽이기, 템포 맞추기, 삼두박근 사용을 먼저 습득해야 한다.

#5. 스윙에서 유사한 형태 : 오른손 중지(3rd) & 약지(4th) 손가락 악력 분배는 어프로치에서 끊어치는 타법(오른손 약지에 악력 키우고 중지에 악력 뺌)과 105% 세게 치는 일반 스윙에서 약지에 악력 키우고 중지에 악력을 빼서 캐스팅 방지하는 것에 유용하게 사용할 수 있다.

② 오른손 검지 첫 마디 지지하는 가속 느낌 양 : **실상은 불필요한 느낌에 해당**

다운스트로크 시작~임팩트에서 퍼터 헤드의 가속 관성을 지지하는 것은 손 전체인데, 부분적으로 제일 많이 느낄 수 있는 곳은 그림의 'a-가속' 부분 즉, 오른손 검지 첫 마디이다. 같은 거리 퍼팅에서

- a-가속 부분에 하중을 많이 느끼면 Push 궤도를 갖는다. 대략 최고 3° 정도 Push 궤도가 나온다. 단, 페이스 각 상태는 별개이다.
    * 이 부분으로 밀어서 퍼팅하면 우측으로 튀어 나갈 가능성이 매우 크다.
- a-가속 부분에 하중을 조금 느끼면 Full 궤도를 갖는다. 대략 최고 3° 정도 Full 궤도가 나온다. 단, 페이스 각 상태는 별개이다.

Push와 Full 궤도 상태가 나타나면, 이곳에 걸리는 가속 관성 하중 분담 상태를 확인해야 한다. '전완-(손목)-손-퍼터 그립'은 거의 한 몸이 되어 움직이는 것이지, 손의 특정 부위로 밀려고 하는 것은 방향성 편차를 키우게 된다. 그렇게는 제어할 수 없는 영역이라고 인정해야 한다.

③ 오른손 밑 날 쪽으로 삼두박근 근력 전달 : **최종적으로 습득할 스트로크 기술**

등과 어깨의 동력이 팔(삼두박근)을 타고 손에서 퍼터로 전달되는 주요 부위는 그림의 'b-가속' 지점이 되어야 한다.

  * 검지 쪽 손바닥이 동력 전달 주요 부위라고 생각할 수 있지만, 실상은 정 반대 위치다. 이것을 깨달았다면 퍼팅 똑바로 보내기 동작 요령의 90% 수준에 도달한 것이다.

감각이 무딘 'b-가속' 부분으로 다운스트로크 했을 때 얻는 것은 다음과 같다.

- 삼두박근 근력이 이용되는 다운스트로크
- 오른쪽 쇄골을 중심점으로 하는 어깨 회전
- 상향·상승 타격에 의한 Roll 생성 쉬움
- 손·손가락에 의한 신경 반응 최소화
- 끊어 치는 스트로크 형태
- 방향 편차 최소화

3) 특이한 타격 방향성과 거리감
   (이따금 나타나는 현상)

퍼팅하다 보면 가끔 특이하게 우측으로 튀는 타격이 된다.
퍼팅하다 보면 가끔 생각보다 짧거나 긴 타격이 된다.
이런 현상은 골퍼 별로 차이는 있겠지만, 대충 1번/(10회~20회) 빈도 정도로 발생한다.

a) 우측으로 튀는 타격
페이스에 맞는 볼이 우측으로 3~5° 정도 튀어 맞아 어이없게도 2m 거리 이내에서 홀컵을 맞추지도 못하고 크게 벗어나는 방향성을 보이는 퍼팅이 될 때가 있다. 원인은 다음 4가지의 조합이다. 두 가지 이상의 조합 조건일 때 우측으로 튀게 될 가능성이 크다.
 - 다운스트로크에서 왼 어깨가 회전되지 않고 고정될 때 <--- Push 궤도
    (본 사항이 가장 큰 원인으로써 백스트로크에서 왼 어깨 회전량이 많으면 나타난다.)
 - Push 궤도 타격 <--- IN 궤도로 백스트로크 하여 OUT 궤도 다운스트로크
    또는 오른손 검지 첫 마디로 과하게 미는 다운스트로크 진행
 - 딤플의 좌측 모서리 가격 <--- 볼은 딤플이 형성하는 다면체 형태
 - 볼이 놓인 잔디 면에 미세한 좌측 저항 있는 상태 <--- 우측으로 튐

딤플은 볼마다 형태가 조금 다른데, 튀는 타격이 자주 발생한다면, 사용하는 볼을 바꾸는 것도 하나의 방법이 된다.
스트로크로 튀는 타격 발생을 억제하는 것은, 똑바로 빼는 백스트로크 궤도를 신경 쓰고, 타격 Roll이 좀 더 형성되게 하는 것이다.

b) 내리막 훅 라이 & 훅 잔딧결 (2~4m 퍼팅 좌측으로 튀는 경우)
2~4m 정도 거리에 내리막이면 약한 타격이 들어가는데, 훅 방향 잔딧결 위에 볼이 있고, 발끝 오르막 라이 즉 훅 라이라면, 타격 순간에 바닥의 잔딧결 저항(볼 중앙 기준 우측 점 접촉 저항)으로 볼은 좌측으로 튀어서 출발하게 된다.
결과는 상상했던 것, 계산했던 것보다 훨씬 많이 (ex. 1컵 ---> 2컵 Break) 좌측으로 가는 퍼팅이 발생하는데, 이를 염두에 두고 Break을 결정해야 한다.

cf) 동반자가 가까이 있으면 루틴이 빨라져 페이스가 감겨 맞는다. 이때는 동반자가 멀리 가도록 Break 보는 루틴부터 다시 하는 것이 현명하다.

c) 타격 경도

상하 딤플 모서리의 조건, 볼이 놓여있는 잔디 면의 저항 차이에 따라서 미세한 퍼팅 거리 변화가 있지만, 타격에서 손 & 팔 지지(Support) 상태에 따라 타격면의 반발이 달라진다.
백스트로크 크기, 템포, 헤드 스피드, Roll이 같더라도, 0.0002~0.0003sec의 타격시간 동안 손과 팔의 경직도에 따라서 퍼팅 거리 차이를 보인다.
0.0002sec은 감각으로 쉽게 느껴지지는 않지만, 미세한 타격감 차이는 느낄 수 있다.
  - 손과 팔의 경직도(주근 & 길항근 수축력)가 크면(강하면) 타격면의 반발이 조금 커진다. 그래서 퍼팅 거리가 늘어난다.
  - 손과 팔의 경직도가 약하면 손과 팔이 반발에너지를 흡수하여 퍼팅 거리는 줄어든다.

이것은 그립 악력을 세게 잡거나, 약하게 잡는 것과는 다르다.
타격 경도는 의지와 다르게, 몸(뇌)이 저장하고 있는 쌍근육(주근과 길항근)의 실시간 강도 조건이다.
  * 꽉 잡고 빈 스트로크를 하면 본 스트로크 때 경도는 세진다. 약하게 잡고 빈 스트로크를 하면 경도는 약해진다.
그날그날의 감에 따라서 기본 경도 값은 조금씩 다른데, 빈 스트로크할 때 잡는 그립 악력에 따라서 그 감을 바꿀 수 있다.
라운드하는 날 그린이 느린 상태라면, 그립을 꽉 잡고 빈 스트로크를 하면, 본 스트로크 때 근육은 강한 경도 상태가 되어 조금 강한 타격이 이루어지고, 이렇게 3 Hole 정도 진행되면 강한 경도 상태가 무의식중에 뇌에 저장되어 조금 강한 타격 이루어져 그린 스피드에 적응하는 거리감을 만들게 된다.

ex) 그립 악력 변화시키는 빈 스트로크 :
그립은 꽉 잡고 1회 빈 스트로크 --- 5~10% 거리 증가하는 퍼팅
그립은 꽉 잡고 2회 빈 스트로크 --- 10~15% 거리 증가하는 퍼팅
그립은 꽉 잡고 3회 빈 스트로크 --- 15~20% 거리 증가하는 퍼팅
  * 이것은 방향성 변화를 거의 제거하고 몸에 형성된 퍼팅 거리감을 조절하는 방법이다. 느린 그린에 몸이 어느 정도 적응될 수 있다.

7보 쳤는데, 6보 갔다면 15% 느린 그린이다.

7보 쳤는데, 9보 갔다면 15% 빠른 그린이다.

의도적으로 직접 퍼팅 그립 악력을 강하게 또는 약하게 잡고 퍼팅을 해서 거리 조절하는 것은 거의 불가능하다고 봐야 한다. (단, 롱퍼팅에서는 어깨, 팔, 손을 강하게 하고 템포를 빠르게 하는 강한 타격을 해준다. 시각적 거리 정보와 강하게 치겠다는 의지가 강한 타격을 만들어준다.)

일반 거리 퍼팅에서, 직접 강하게 잡은 그립 악력은 어드레스, 백스트로크, 다운스트로크 과정 전부에 영향을 주어서, 강한 타격이 된다는 보장도 없고, 방향성이 지켜진다는 보장도 없다. 직접 약하게 잡은 그립 악력도 마찬가지다.

cf) 느린 그린, 빠른 그린에서는 그 정도를 퍼팅 거리 계산에 반영하여, 백스트로크 크기를 가감해 주는 것을 보통 사용한다. 이것은 번거롭고 귀찮은 일이 되며, 또한 시각적인 거리와 백스트로크 크기가 달라서 몸이 무의식중에 템포를 바꾸는 영향이 있을 수 있는데, 그만큼 거리와 방향 오차는 커지게 된다.

* 일반 골퍼의 라운드, 그린이 빠를 때보다는 느린 그린인 경우가 더 많다. 기후와 관리 상태에 따라 유동적이어서, 단정 지을 수는 없지만, 그 비율은 얼추 다음과 같다.

느린 그린 : 4

Even 빠르기 그린 : 5

빠른 그린 : 1

어느 정도 적응한다고 할지라도, 그날의 그린 빠르기가 스트로크 정확도(방향 & 거리)에 영향을 주는데, 이것은 하나의 변수로 작용하는 것이다. 아울러, 18개 홀의 그린 관리 상태 및 균일성도 변수로 작용한다.

2.5 실전 퍼팅 Data

라운드에서 실제 어떤 거리의 퍼팅(퍼팅 거리 분포)을 했을 때, 그것의 결과(Hole In, OK, 3-퍼팅)는 어떻게 될까?

1) 실전 퍼팅 Data

a) 일반 퍼팅 거리 분포

실전 퍼팅 Data 1)

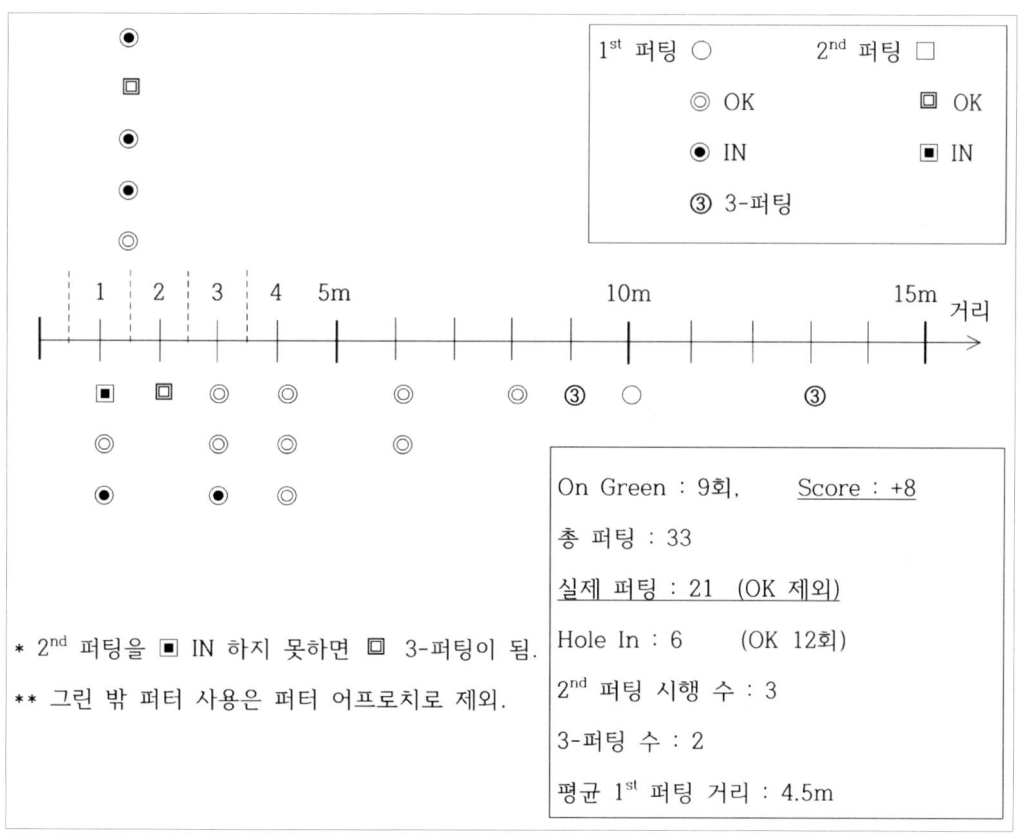

그림 1.2.45 실전 퍼팅 예1) 아이언과 어프로치가 잘된 날

- 2.25m 이하 성공률 : 5/9 = 55%
- 3.5m 이하 분포 비율 : 12/21 =57%
* 쇼트퍼팅 성공률을 높여야 하는 상태

실전 퍼팅 Data 2)

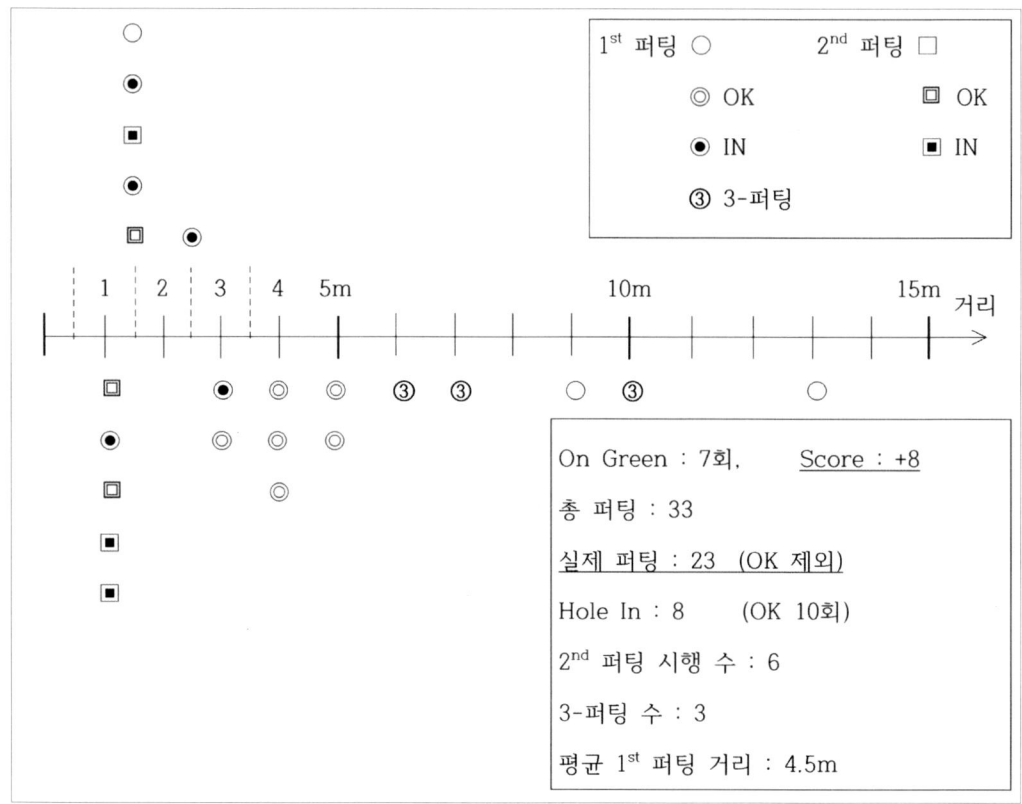

그림 1.2.46 실전 퍼팅 예2) 어프로치 잘되고, 미들 퍼팅 안 된 날

- 2.25m 이하 성공률 : 6/10 = 60%
- 3.5m 이하 분포 비율 : 13/23 = 57%
- 3-퍼팅 비율 : 3/7 = 43%
* 긴 거리에서만 3-퍼팅하는 것 아니고, 의외로 중거리에서도 3-퍼팅한다.

실전 퍼팅 Data 3)

쇼트퍼팅 잘된 날은 어프로치 성공률 높고 3-퍼팅 발생률이 낮아진다.

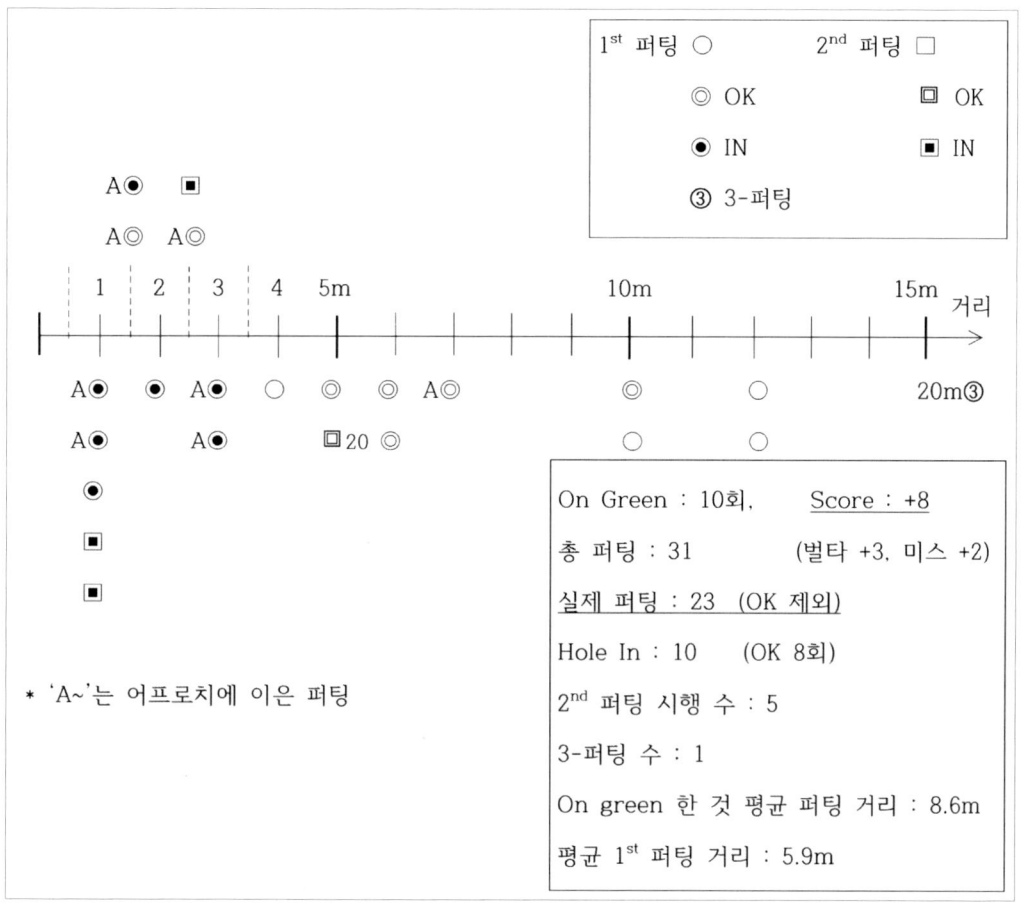

그림 1.2.47 실전 퍼팅 예3) 쇼트퍼팅 잘된 날은 어프로치 성공률 높음

- 2.25m 이하 성공률 : 9/10 = 90% (어프로치 성공률 : 5/8 = 63%)
- 3.5m 이하 분포 비율 : 12/23 = 52%
- 긴 거리 3-퍼팅 비율 : 1/5 = 20%
- 쇼트 & 미들 어프로치 성공률 : 5/8 = 63%

Remarks

#1. 1보 이내의 OK 거리를 제외한 2.25m 이하 퍼팅 시행 횟수는 전체 퍼팅에서 40~50%를 차지한다. 쇼

트퍼팅 능력의 중요성을 확인할 수 있다.

쇼트퍼팅 성공률이 낮으면 좋은 Score가 나올 수가 없다. 쇼트퍼팅 Score는 운이 작용하지 않고, 거의 실력과 직결된다.

#2. OK 거리를 제외한 총 퍼팅 수는 23±5회 정도이다. 아이언 & 우드 샷 횟수와 엇비슷하다.

#3. 1st 퍼팅 거리는 의외로 멀지 않다. 아이언과 어프로치가 잘된 날은 5m 내외이다. 아이언 & 어프로치 접근율이 떨어진 날은 7m 내외이다.

#4. 싱글 플레이어의 법칙 :
- 싱글　 : 온그린율 + 어프로치 성공률 + 쇼트퍼팅 성공률 ≥ 180%
- 85타 : 온그린율 + 어프로치 성공률 + 쇼트퍼팅 성공률 ≥ 150%
- 95타 : 온그린율 + 어프로치 성공률 + 쇼트퍼팅 성공률 ≥ 120%
- 105타 : 온그린율 + 어프로치 성공률 + 쇼트퍼팅 성공률 ≥ 　90%

b) 앞 핀일 때, 핀 뒤를 공략하여 롱퍼팅이 많이 걸린 경우
(핀 & 그린 공략 매니지먼트 했을 경우, 퍼팅 거리와 퍼팅 수는 늘어남)

실전 퍼팅 Data 4)

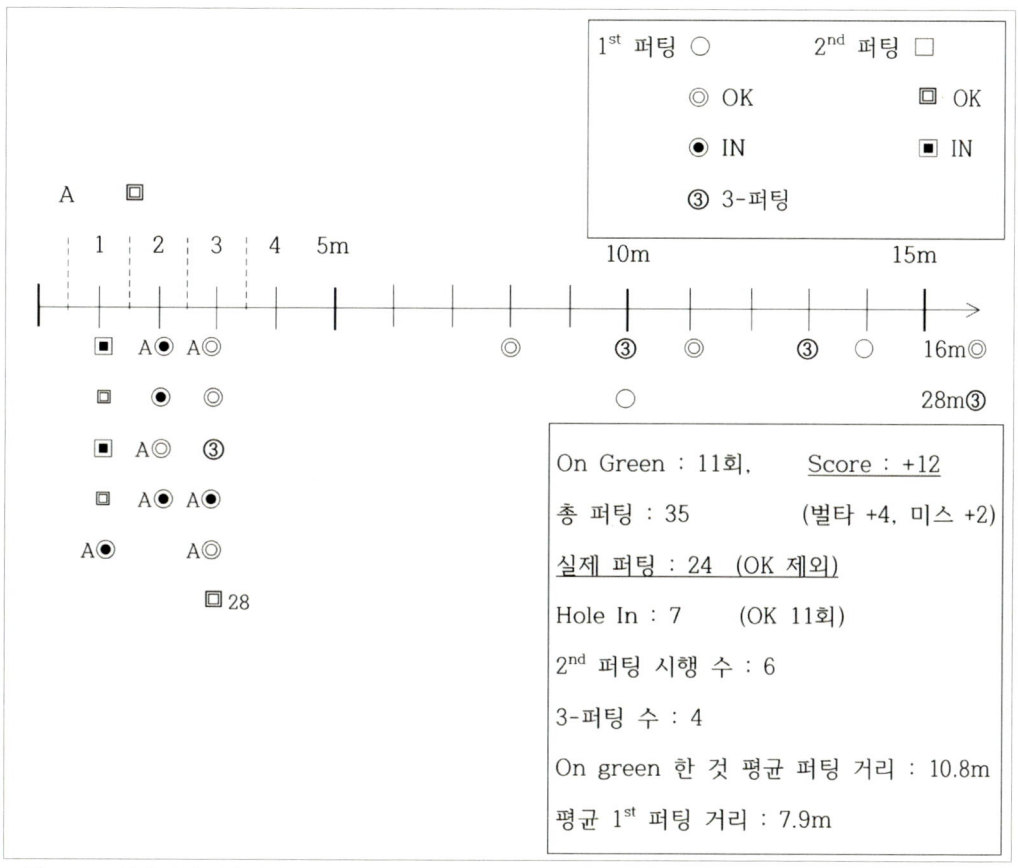

그림 1.2.48 실전 퍼팅 예4) 아이언 샷 길어서 롱퍼팅 많이 한 날

- 2.25m 이하 성공률 : 6/10 = 60%
- 3.5m 이하 분포 비율 : 16/24 = 67%
- 긴 거리 3-퍼팅 비율 : 3/7 = 43%

* 그린 중앙을 공략하면 On green 수는 늘어나고, 긴 거리에서 퍼팅을 많이 하는 것도 재미있고, 결과도 어프로치 하는 것보다는 나쁘지 않다.

c) 내리막 롱퍼팅이 자주 걸린 경우
(아이언 샷감이 좋아 핀을 계속 넘긴 경우 ≈ 다수 내리막 롱퍼팅은 3-퍼팅)

실전 퍼팅 Data 5)

Hole No.	On green / Approach	1st Putting 거리	1st Putting 결과	2nd Putting 거리	2nd Putting 결과	Score	퍼팅수
1	A15(PT)	4	OK			1	2
2	ON	10 *1		3.5	OK	1	3
3	B15(SW)	20 *2		3.5	OK	2	3
4	ON	9		1	IN	0	2
5	A40->A15(PT)	5		1	IN	2	2
6	ON	5	OK			0	2
7	A7(PT)	1	IN			0	1
8	ON	5	OK			0	2
9	ON	6	OK			0	2
10	A15(PT)	OK				0	1
11	ON	1.5		1	IN	0	2
12	A10(PT)	3	OK			1	2
13	ON	3 *3		2	OK	1	3
14	ON	12 *4		3	OK	1	3
15	ON	10 *5	OK			0	2
16	ON	9		3	OK	1	3
17	B10(LW)	4	OK			1	2
18	ON	6	OK			0	2
합	11 EA On green	평균 6.3				11	39

표 1.2.49 실전 퍼팅 예5) 긴 내리막 라인에 걸려 3-퍼팅 많이 한 날

- 샷감이 좋아 많은 Hole에서 10m Over 하여 내리막 라인 퍼팅에 자주 직면하게 되어, 3-퍼팅 5회 발생 (건조하고 맑은 날씨여서 빠른 그린 조건)

<u>5회 3-퍼팅한 상세 조건</u> :
- *1 3-퍼팅 : 내리막 10m
- *2 3-퍼팅 : 오르막 후 끝만 내리막 20m
- *3 3-퍼팅 : 급 내리막 & Side break 3m
- *4 3-퍼팅 : 끝만 내리막 12m
- *5 3-퍼팅 : 내리막 슬라이스 Break 10m

- 1st 퍼팅 평균 거리 : 6.3m (On green 한 것의 1st 퍼팅 평균 거리 : 7m)
- 그린 조건 : 경사가 심한 곳에 핀이 꽂혀있어서 롱퍼팅 어려움뿐만 아니라 쇼트퍼팅을 Hole In 하기도 어려운 조건이어서 전체적으로 매우 어려운 퍼팅 경사 환경

Remarks

#1. 전저후고(그린 앞쪽은 낮고 뒤쪽은 높은) 형태의 그린에서는 핀을 Over 하는 경우 3-퍼팅 가능성이 매우 커진다.

실전 퍼팅 예5) 의 경우 롱퍼팅 '4/5 = 80%' 비율로 3-퍼팅이 발생했다.

내리막 10~15m 퍼팅보다는 오르막 10~15m 어프로치가 더 성공률이 높다.

*2절에서 설명*한 고저 경사, 내리막 퍼팅의 난도를 실감하게 되는 경우이다.

#2. 퍼팅 난이도와 결과는 Hole Cup 배치, 그린 빠르기, 날씨 조건과 샷 공략 지점에 의해서 결정된다. 공략된 지점의 퍼팅 조건이 어려우면, 3-퍼팅은 상당수 피할 수가 없다.

#3. *예5) 의 표 방식 기록보다는 예1), 2), 3) & 4)와 같이* 거리별 기록을 거리 선에 표시(Mark)하는 방식이, 퍼팅 Data를 한눈에 파악하기 편하다.

ex) 자신의 퍼팅 결과 또는 *예5) 표를 예3) 같이* 거리 선에 표시해 보자.

#4. Hole Cup에 가까이 붙이기 어려운 경사 조건의 긴 거리 퍼팅에서 3-퍼팅을 줄이는 방법은 그다음의 난도가 있게 되는 2~3m의 퍼팅을 잘 넣는 것인데, 그것은 누구에게나 쉽지는 않다.

아마, 긴 거리 퍼팅을 거리 딱 붙여 3-퍼팅 줄인다는 것은 평지에서나 오르막에서 가능한 이야기일 것이다.

#5. 특정 실력 및 특정 조건에 한정된 것이지만, 실전 *예 3) 4) 5) 54홀로부터* OK를 제외한 2.25m 이내 정도 쇼트퍼팅이 만들어지는 것의 비율을 보면,

Ⓐ 그린 공략 샷으로부터 : <u>3회</u>/32 샷 On green = 9%, (3회/54 총 샷 = 6%)

Ⓑ 쇼트 & 미들 어프로치로부터 : 10회/22 어프로치 + 1회 2nd 퍼팅 = 50%

Ⓒ On green 된 것 거리별 1st 퍼팅에서 쇼트퍼팅 만드는 것 분석해보면,
  ^ 10m 이상 1st 퍼팅   : 6회/16 1st 퍼팅 = 38% 2nd 쇼트퍼팅 발생
  ^ 3.5~10m 이하 1st 퍼팅 : 5회/19 1st 퍼팅 = 26% 2nd 쇼트퍼팅 발생
  ^ 3.5m 이하 1st 퍼팅   : 2회/5 1st 퍼팅 = 40% 2nd 쇼트퍼팅 발생

Ⓓ 총 쇼트퍼팅 발생 수 : 3 + (10 + 1) + 6 + 5 + 2 = 27회
     각각 구성 비율 : 11% + (41%) + 22% + 19% + 7% = 100%
Ⓔ 전체 쇼트퍼팅 발생 비율 : 27/54 Hole = 50%

- <u>특징 1</u> : 통계와 같이, 어프로치에서 쇼트퍼팅 거리를 만들 가능성이 50%라면, 어프로치에서 타수를 더 잃지 않는 Save율에, 쇼트퍼팅 실력이 50% 정도 영향을 줄 것으로 추측해볼 수 있다.
- <u>특징 2</u> : 통계와 같이, 10m 이상 롱퍼팅 후에 쇼트퍼팅을 만날 가능성은 38%라면, 롱퍼팅 성공률에 쇼트퍼팅 실력이 38% 정도 영향을 줄 것으로 추측해볼 수 있다.
- <u>특징 3</u> : On green 후 3.5m 이하 짧은 거리 버디 퍼팅은 쇼트퍼팅 발생 비율이 40%로 높은 편인데, 욕심을 내어 과감하게 치는 경향이 있어서, Hole In이 안 된 경우에 쇼트퍼팅 거리를 남길 가능성이 커진다고 추측해볼 수 있다.

#6. Hole의 마무리는 OK, 쇼트퍼팅 IN, 그 이상 거리 IN, Shot In 4종류로 마무리된다. 5게임 2.25m 이내 쇼트퍼팅은 43회/90 Hole = 48%, 즉 거의 절반에 가까운 Hole에서 쇼트퍼팅을 하게 되는 비율이다.

2) 3-퍼팅의 원인과 감소(극복) 방법

혹자가 *"롱퍼팅, 거리를 딱딱 맞추는 퍼팅을 하여 3-퍼팅 없애(감소시켜) 타수를 많이 줄일 수 있다."* 라고 했을 때 믿을 수 있는 말인가?
결론은 그렇게 말처럼 간단하지(쉽지) 않다는 것이다.

3-퍼팅 현상 파악을 해보면, 실전 Data 5게임으로부터 10~20m 퍼팅 통계는, 20/5게임 = <u>4회/게임</u>이며, 3-퍼팅 비율은 9번/20회 = 45% (9/5 =<u>1.8개/게임</u>), 2-퍼팅으로 마무리한 경우는 55%다.
   - 쇼트퍼팅을 잘한 날과 못한 날에 따라서 (-)1 〈---〉 (+1) 차이를 만든다.
   - 내리막 롱퍼팅은 2nd 퍼팅을 길게 남겨 3-퍼팅 가능성이 더 크다.
   - 통계로부터 목표를 설정할 수 있는데, 2-퍼팅 55%를 70%(대략 2개/3회)로 15% 높인다면, '4회 × 15% = 0.6타' 정도 퍼팅 능력이 향상될 것이다.
      cf) 90타 골퍼: 5회 × 30% = 1.5타, 100타 골퍼: 6회 × 45% = 2.7타 향상
   - 참고로, 5~9m 거리 3-퍼팅은 '4/22=18% 발생률 (4/5=0.8개/게임)'이다.

a) 1단계 3-퍼팅 원인 및 극복 (기본)

먼저 어려운 조건이 아니고, 긴 거리의 평지 또는 오르막 라인인데도 불구하고 Hole Cup 가까이 붙이지 못하는, 첫 퍼팅 접근율이 낮은 단계이다.
보통의 라인인데, 접근율이 낮은 Case와 습득해야 하는 능력은 다음과 같다.

-. 거리를 못 맞추는 경우별 대책 :
   ^ 거리 읽기 못하는 경우   : 그린 빠르기, 잔딧결, 고저 읽기 능력 향상
                     (2절 2)항)
   ^ 퍼터 헤드 스피드 불량-1 : 손 감각 죽이기, 템포 맞추기, 일정한 Setup,
                     (1장 참조)
   ^ 퍼터 헤드 스피드 불량-2 : '백스트로크 크기^2 =퍼팅 거리' 관계로
                     퍼팅 거리별 백스트로크 크기 인지 *(2절 2)항)*
   ^ 지면 편평도 영향 오차 발생 : 타격 Roll 주어 극복 *(1장 7절)*
   * 오르막은 조금 세게 치고, 내리막은 조금 부드럽게 친다고, 거리 딱 맞는 건 아니다. 오히려 기본 스트로크 감각을 부정확하게 할 수 있으니 주의.

-. 방향 오차가 심한 경우별 대책 :
　　^ 기본 Break 읽지 못하는 경우 : 횡 경사 읽는 루틴 확립 *(3절 2)항)*
　　^ 착시, 착각에 혼동되는 경우　 : 시각 Scale 특성 이해 *(3절 2)항)*
　　^ 타격 방향성 불량 : Setup 모양, 감각 죽이기, 템포 맞추기, 타격 Roll
　　　　　　　　　　　(1장 퍼팅 똑바로 보내기)
　　＊큰 둔덕 측면을 지나는 Break 읽기 : 보통 긴 거리 퍼팅에서는 큰 둔덕 측면을 지나는 경우가 제법 있는데, 큰 Break의 양을 읽는 능력이 있어야 한다. 이 능력은 경험의 축적에서 만들어진다.
　　이 큰 Break을 읽지 못하면, 방향이 많이 벗어나 3-퍼팅 가능성을 키운다.

-. 거리와 방향 둘 다 못 맞추어 접근율이 낮은 경우 : 위 두 가지 대책 습득

b) 2단계 3-퍼팅 원인 및 극복 (쇼트퍼팅 능력)

긴 거리 첫 번째 퍼팅을 Hole 접근율 90% 이내 (1.5m 이내)에 붙였는데, 두 번째 퍼팅을 Hole In 하지 못하는 단계이다. 사실, 1단계보다 더 우선시 되는 것은 본 2단계 '쇼트퍼팅 능력'이다.
쇼트퍼팅 능력이 현저히 낮은 상황이 3-퍼팅을 만드는 것에 해당한다.
쇼트퍼팅 능력은 똑바로 보내는 능력이 제일 크게 작용한다.
혹자는 *"자신감이 중요하다."* 라고 이야기하지만, 똑바로 보내는 능력이 있어야만 자신감도 생기는 것이다.

퍼팅에서 Score 줄이는 첫 번째 방법은 쇼트퍼팅을 넣는 것이다. 실전 Data 예와 같이 라운드에서 쇼트퍼팅은 10회 내외로 수행하게 된다. 즉 전체 Hole의 50% 정도에서 하게 된다. 짧은 퍼팅인데, 똑바로 보내지 못해 Hole In 하지 못하는 Case와 습득해야 하는 능력은 다음과 같다.
　　＊비유 : 문 열쇠가 맞으면 그냥 열린다. 안 맞으면 아무리 꼽고 돌려도 안 열린다. 퍼팅 기술에는 각각에 해당하는 열쇠(요령)가 있다. 모르면 아무리 연습해도 해결되기는 쉽지 않다.

-. 방향을 못 맞추는 타격이 될 때 : 드는 근육 vs 스트로크 근육 분리, 궤도 아크 직선화,
　　　　　　　　　　머리 고정 다짐 - *1장 1절 & 2절*
　　　　　　　　　　오른팔 삼두박근 이용 – *1장 5절*

-. 홀컵은 맞추는데, 튀어나오는 경우 : Roll을 만드는 타격법 – *1장 7절*

-. 약간의 방향 오차가 있는 경우 : 섬세한 Break 읽는 방법 - *3절 2)항*

　　　　　　　　　　　　　　　 방향 영점 조절 - *4절 2)항*

c) 3단계 3-퍼팅 원인 및 극복 (공략 지점)

깃대의 위치에 따라서 볼이 가지 말아야 하는 곳이 있다.

긴 거리의 '내리막 퍼팅 < 끝만 내리막 퍼팅 < 오르막이었다가 끝만 내리막 퍼팅' 조건들이 상위 난이도 조건이다. 이런 난이도 퍼팅 라인에서는 첫 퍼팅을 접근율 90% 이내로 붙이기가 만만치 않다.

원론적인 이야기인 "거리와 방향을 잘 읽고, 세기를 더 정확히 맞춘다."라는 것은 이 퍼팅 조건에서는 거의 통하지 않는다.

어려운 위치는 첫 번째 퍼팅 환경에서 이미 3-퍼팅을 거의 만들 것이다. 퍼팅 능력이 문제가 아니라, 1st 퍼팅 위치 & 라인 조건이 난제를 준 것이다.

아이언 샷으로 그린을 공략할 때, 샷을 붙이는 것보다 더 심도 있게 고려해야 하는 것이 이런 곳에 보내지 않는 것이다. (덜 보내는 것이다.)

여유가 없고, 샷의 거리 & 방향이 마음대로 다 조절되지는 않겠지만, 그런데도, 확률적으로 조금이라도 그런 곳을 피하는 클럽 선택(거리 선택)과 샷 종류의 선택이 필요하다고 하겠다.

　* 투어 프로에서 통하려면(살아남으려면) 의도하지 않게 해야 하는 이 긴 거리 최상위 난이도 문제까지 해결해야 한다. 1st 퍼팅 2.5m 오차를 1.5m 오차 이내로 줄이고, 이 1.5m 2nd 퍼팅은 거의(꼭) 성공해야 한다. 그래야 다음 홀들에 계속해서 활기, 용기, 자신감, 확신이 생길 것이기 때문이다. 일반 골퍼도 마찬가지다.

〈온그린 비율 vs 첫 퍼팅 평균 거리〉

코스에 따라, 골퍼에 따라 조금씩 다르겠지만, 온그린 비율에 따라서 첫 퍼팅 거리는 달라지는데, 보통 온그린 비율이 높으면 첫 퍼팅 평균 거리가 멀게 된다. 온그린을 못 하면, 어프로치를 해서 Hole에 가까이 붙이기 때문에 첫 퍼팅 평균 거리는 짧게 된다. 총 퍼팅 수가 적게 된다.

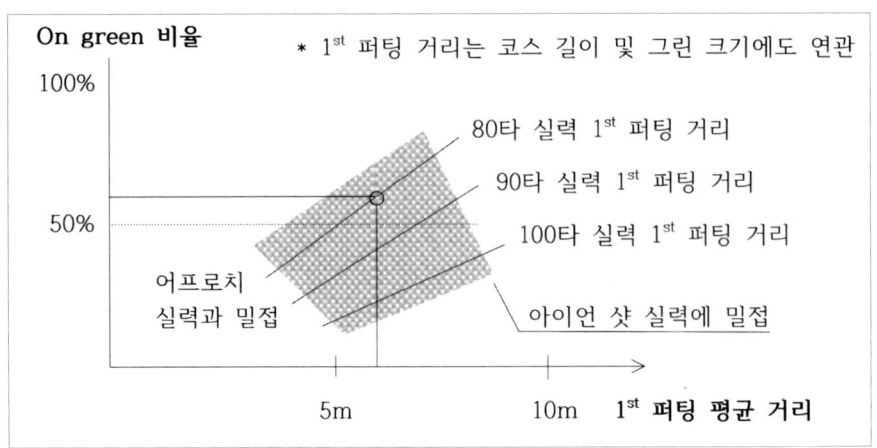

그림 1.2.50 실력별 온그린 비율 vs 첫 퍼팅 평균 거리

단순히 퍼팅 개수로 퍼팅 실력을 평가하는 것은 무리가 있으며, 다양한 실전 Data 분석이 되어야 한다. 그래야 부족한 퍼팅 부분의 연구(방법 찾기, 요령 찾기)가 되고, 효율적인 연습을 하여 실력 향상을 기대할 수 있다.

2.6 퍼팅을 못 하는 방법
(퍼팅 잘 안 되게 하는 방법들)

역설적인 서술이다. 구력이 오래되었는데도, 퍼팅을 잘 못 하려면 다음과 같이 하면 된다. 참 쉽다. 못하는 방법은 너무 쉬워서 한 페이지로 요약된다.

-. 퍼터를 바닥에 두고 있다가 번쩍 들어 올리면서 백스트로크를 시작한다.

-. 어깨를 오므린 자세를 만들어서(등과 어깨로 돌리는 회전은 하는데), 수평 아크 궤적이 작게(반경이 작은 궤도) 만들어지는 다운스트로크를 한다.

-. 손과 손가락 감각을 최대한 많이 느끼려 하면서 스트로크한다.

-. 퍼팅 거리 vs 백스트로크 크기를 3·6·9 비율로 하여, 퍼팅 거리별 다운스트로크 템포를 제각각으로 한다. 또 빠른 루틴, 느린 루틴을 번갈아 사용한다.

-. 오르막은 조금 세게(때려) 치고, 내리막은 조금 약하게(부드럽게) 밀어친다. ±0.5보는 조금 세게 & 조금 약하게 쳐서 맞출 수 있다고 생각한다.

-. 동전 따기 연습을 하듯, 퍼터 헤드를 최대한 낮게 낮게 임팩트 되게 한다.

-. 다운스트로크, 팔의 삼두박근 수축 없이, 팔(손목) 모양 유지에 신경 쓴다.
　Roll은 신경 쓰지 않고, 퍼터 헤드를 똑바로 보내 맞추려는 것에 집중한다.
　어깨와 팔(손)이 동시에 회전-이동되는 다운스트로크를 한다.

-. Break은 서서도 보고, 앉아서도 보고, 멀리서도 보고, 가까이서도 보면서, 보이는 대로 읽고 방향을 잡아 친다. 느낌으로 그린 빠르기와 거리를 잰다.

-. 느린 그린 쇼트퍼팅에서는 Over run을 길게 주는, 과감한 퍼팅을 한다.

〈양쪽 손등의 밀기와 끌기 가속(지지) 형태〉

손가락이나 손바닥으로 스트로크를 직접 느끼지 않고, 손등 느낌을 이용하여 가속을 만든다. 퍼팅 스트로크에서 *"손등으로 가속을 만든다."* 라는 표현은 등과 어깨의 동력을 퍼터에 전달하는 지지의 개념이 2/3 이상을 차지하고 일부만 직접 가속 동력을 생성한다.

손등 가속 유형	특징	Remarks
백스트로크 **오른** 손등으로 **끌고** 다운스트로크 **왼** 손등으로 **끄는** 방식 (SS 방식)	부드럽고 약한 스트로크 ((-)10%) 상승·상향 궤도로 Roll 값 큼	짧은 퍼팅에 적합
백스트로크 **왼** 손등으로 **밀고** 다운스트로크 **왼** 손등으로 **끄는** 방식 (MS-L 방식)	가속 방향 전환이 편함 조금 약한 퍼팅 ((-)5%)	미들 퍼팅에 편안함 (쇼트퍼팅에 사용 가능)
백스트로크 **오른** 손등으로 **끌고** 다운스트로크 **오른** 손등으로 **미는** 방식 (MS-R 방식)	가속 방향 전환이 편함 백스핀 발생 (뒤땅 주의) 조금 강한 퍼팅 ((+)5%)	
백스트로크 **왼** 손등으로 **밀고** 다운스트로크 **오른** 손등으로 **미는** 방식 (LS 방식)	근육 움직임 체계가 복잡함 수평 타격에 가까움 (뒤땅 주의) 일반 스윙 형태와 비슷함	긴 퍼팅에 사용 (쇼트퍼팅에서 편차 큼)
합체된 **양손 감각**으로 가속 지지 (등과 어깨 회전에 주력하는 방식)	일관성 결여 = 변동성 큼 발전성 낮음 = 제자리걸음	스트로크 연습 용도 (100% 거리)

표 1.2.51 손등을 이용한 밀기와 끌기 가속 지지 방식

Remarks

#1. 한 가지 가속 지지 방식의 스트로크로 전체 퍼팅 거리를 처리하면 각 유형의 특징에 따라 유리한 구역이 있지만 불리한 구역이 존재한다. 유형별로 근육 사용이 달라서 '스트로크 크기 vs 퍼팅 거리'의 비율 및 동작 템포와 신경 반응이 서로 같지 않다.

#2. 퍼팅 거리 및 조건에 따라서 부가적으로 2~3가지의 스트로크 방식을 혼용한다는 생각을 수용하기는 쉽지 않다. 그러나 수없이 적합한 방법 하나만을 찾으려고 노력해왔고 모두 실패했던 과거를 되돌려 본다면, 가끔 원점(Zero base)에서 스트로크 가속 형태를 바꿔 시도해 보는 것은 나쁘지 않을 것이다. 하나의 스트로크에 집착했을 때 안 느껴지던 스트로크 감각이, 함께 연습하면 서로 비교되어 잘 느껴지게 된다.

⟨퍼터 헤드 모양과 손등의 가속 지지 점⟩

퍼터 샤프트와 헤드 무게 중심(COG) 배치에 따라서 다음과 같이 퍼터 타입이 분류된다.
- 블레이드 타입 : 헤드 무게 중심이 샤프트 중심선 대비 토우 쪽에 치우친 것
- 세미 밸런스드 타입
- 말렛 타입 : 헤드 무게 중심이 후방에 치우쳐 있으면서 샤프트 진행선에 있는 것

COG 위치에 따라 발생하는 가감속 회전 관성의 밸런스를 위해서 다음과 같이 양쪽 손등의 가속 지지(밀기와 끌기)하는 위치가 달라져야 헤드가 돌아가려는 움직임을 최소화(억제)할 수 있다.

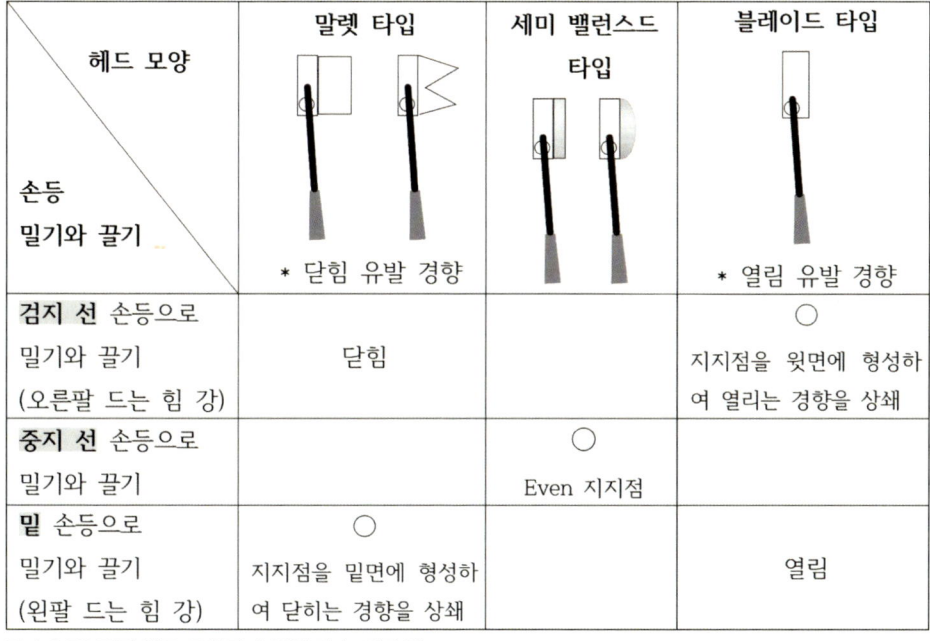

표 1.2.52 퍼터 헤드 모양과 손등의 가속 지지 점

헤드 가속 관성력에 대항하는 손의 지지 점은 손가락과 손바닥이 그립에 접촉하여 만들어지나, 감각을 줄이기 위하여 둔감한 손등으로 스트로크하는 것이 절대적으로 필요하다.

그립을 잡은 손의 모양 및 그립의 굵기/테이퍼 모양/경도(촉감)에 따라서 회전 관성을 포함한 가속 관성력이 다르게 작용한다. 이에 따라 밀기와 끌기의 손등 지지 점도 바꿔줘야 한다.

1장 1절 '퍼터를 드는 근육과 퍼팅 스트로크하는 근육 분리 사용' 내용에서 왼팔의 드는 힘이 크면 페이스는 열리고, 오른팔의 드는 힘이 강하면 페이스가 닫히는 회전 근육 반응이 나타난다. 그리고 가끔 어드레스에서 양 무릎을 비틀어 밖으로 벌리면 손 감각이 줄어 타격 순간의 볼이 눈에 잘 보인다.

선물(Present)

골프는 참 어렵다고 합니다.
지난 과거를 돌이켜보면, 실제로 모래밭에서 바늘 찾기처럼 어려웠습니다.
16년 골프 연구한 결과로 이 책을 완성했지만, 돌이켜보면 실제 14년은 거의 문외한이나 다름없었으며,
뜬구름 잡는 골프를 접하고 했던 것 같습니다.

소중한 사람이 골프 잘하는 방법을 물어온다면, 다음 네 가지를 먼저 하라고 하겠습니다.
    첫째 : 골프 백 속의 Loft 제일 큰 클럽(짧은 클럽)으로 100% 스윙을 하는데, 쓸어치는 높은 탄도 샷을 먼저
        연습하라.
        <--- 하체 펌 동작을 섭렵하게 되고, 차원이 다른 그린 공략 된다.
    둘째 : 100% 스윙 똑바로 멀리 치는 방법으로, '왼 골반 & 오른팔 회전' 또는 '오른 골반 & 왼팔 회전'
        Cross 회전력 조합을 사용하라.
        <--- 분절 회전력 최대로 사용되고, 슬라이스 & 훅 요소가 상쇄된다.
    셋째 : 쇼트 어프로치, 런닝은 로프트 45° 언저리인 클럽을 주로 사용하라.
        <--- 토핑 미스샷이 Good shot이 된다.
    넷째 : 퍼팅에서 그립(손) 감각을 죽이고 스트로크하라.
        <--- 손 감각을 없애는 것이 페이스 맞추는 첫 번째 요소가 된다.

만약 소중한 사람이 헛고생 안 하고 골프를 쉽고 빨리 배우는 방법을 물어본다면, 이 책을 추천하십시오.
이 책을 소유한 것만으로도 행복한 골퍼라 할 수 있습니다.
여러분의 소중한 사람에게 이 책을 선물해 주세요.

From : _____   To : _____

골프 표준참고서 (1권 퍼팅 요령)
Golf, Standard Practice Pt. 1 HOW TO PUTT

인 쇄 2025년 01월 03일
발 행 2025년 01월 10일

지은이 최원규
발행인 서정환
펴낸곳 신아출판사
주 소 전주시 완산구 공북 1길 16(태평동 251-30)
전 화 (063) 275-4000·0484
팩 스 (063) 274-3131
이메일 sina321@hanmail.net   essay321@hanmail.net
출판등록 제465-1984-000004호
인쇄·제본 신아문예사

저작권자 ⓒ 2025, 최원규
이 책의 저작권은 저자에게 있습니다. 서면에 의한 저자의 허락 없이 내용의 일부를
인용하거나 발췌하는 것을 금합니다.
COPYRIGHT ⓒ 2025, by Choi Wongyoo
All right reserved including the rights of reproduction in whole or in part in any form.
저자와 협의, 인지는 생략합니다.
잘못된 책은 바꿔 드립니다.

ISBN 979-11-94595-03-8 04690
ISBN 979-11-94595-02-1 04690 (세트)

값 20,000원

Printed in KOREA